EL
TRIUNFO
DEL
CRUCIFICADO

Otros libros de Erich Sauer

La aurora de la redención del mundo
De eternidad a eternidad
En la palestra de la fe

EL TRIUNFO DEL CRUCIFICADO

La historia de la salvación en el Nuevo Testamento

Erich Sauer

EDITORIAL
PORTAVOZ

La misión de *Editorial Portavoz* consiste en proporcionar productos de calidad —con integridad y excelencia—, desde una perspectiva bíblica y confiable, que animen a las personas a conocer y servir a Jesucristo.

Título del original: *The Triumph of the Crucified,* Erich Sauer. © 1964, The Paternoster Press; Exeter, Inglaterra.

Edición en español: *El triunfo del crucificado,* © 1993 por Editorial Portavoz, filial de Kregel Inc., Grand Rapids, Michigan 49505. Todos los derechos reservados.

EDITORIAL PORTAVOZ
2450 Oak Industrial Dr. NE
Grand Rapids, Michigan 49505 USA

Visítenos en: www.portavoz.com

ISBN 978-0-8254-5877-4

1 2 3 4 5 edición / año 25 24 23 22 21 20 19 18

Contenido

Parte I
LA AURORA DE LO ALTO

Los mensajes de Dios al comienzo de la nueva era 16; La encarnación del Señor como hecho histórico 18; La encarnación y la resurrección 20

El nombre "Jesús" 23; El título "Cristo" 25

El heraldo 29; El Rey 31; El reino 33; El camino al reino 37; El mensaje del reino 39; Los oyentes 43; Las gloriosas paradojas del reino 45

El significado de la cruz para Dios 47; El significado de la cruz para Cristo 49; El significado de la cruz para nosotros 51

La resurrección corporal significa la cumplida realización de la victoria

5

Prólogo

Si leemos un libro nuevo con el fin de obtener más luz sobre la verdad cristiana, tendrá para nosotros un valor especial si el autor ha sido formado en una "escuela" totalmente distinta de la nuestra, siempre que exponga fielmente la verdad cristiana, desde luego. Todo ello se halla en grado supremo en el volumen que tenemos delante. El autor es un expositor alemán de las Escrituras que pertenece a un grupo independiente de iglesias de robusta tradición evangélica, siendo director de una escuela bíblica en Rhineland. Por muchos años ha sido muy solicitado como enseñador bíblico por toda Europa central, y ha visitado también la Gran Bretaña en varias ocasiones. Por eso nos es posible hablar de su don como predicador.

Los alemanes tienen fama de ser trabajadores y concienzudos en grado notable, y estas características se destacan en el presente libro. Se abarca aquí un "cuerpo" de doctrina cristiana imponente, todo él en orden histórico, empezando con la encarnación y la persona de nuestro Señor, pasando a su muerte y resurrección, y luego a la obra de San Pablo y el carácter de la Iglesia. El autor comenta más adelante las señales de la Segunda Venida de Cristo, y añade una descripción muy completa de las enseñanzas del Antiguo y Nuevo Testamento acerca del reino de Cristo sobre la tierra, abarcando los últimos capítulos del juicio final y el estado eterno.

El material de este libro ha sido resumido en 87 bosquejos de sermones, y están consignadas no menos de 3.700 referencias bíblicas. Podemos calificar la enseñanza como eminentemente escritural. Ningún predicador que desee exponer un pasaje del Nuevo Testamento dejará de sacar provecho de lo que Sauer tiene que decir sobre el particular, y en esto se halla el valor principal del libro. Es mucho más que una mera sinopsis, ya que el autor es siempre profundo, sano, y equilibrado, sin deseos de defender ninguna tesis particular. Personas a quienes les gusta pedir prestado un libro con el fin de leerlo rápidamente, procurando captar solamente el tema principal, devolviéndolo luego, perderán el tiempo con éste, pues es preciso comprarlo para guardarlo, con el fin de acudir a él una y otra vez cuando surge la ocasión. Casi todos los 90 sermones podrían servir de base para nuevos mensajes con mucho provecho.

A. RENDLE SHORT

Catedrático de Cirugía
Universidad de Bristol

Prefacio del autor

El triunfo del Crucificado: he aquí el punto central de la reve–lación histórica del Nuevo Testamento. La formación de la Iglesia, la conversión de las naciones y la transformación del universo, son las tres principales etapas en el curso triunfante del proceso de su redención. Las primicias son Cristo mismo, quien es, en su persona, el principio de una nueva humanidad. En armonioso ritmo de edades y períodos, el orden divino marcha hacia su meta eterna, y el fin de todo, así como su principio, es Dios mismo (1 Co. 15:28).

La finalidad de la presente historia de la salvación es la de poner de manifiesto este enlace, siendo nuestro intento el de trazar las líneas generales del desarrollo del plan divino de la redención que culmina en la Jerusalén celestial.

En una época de la historia mundial caracterizada por grandes sucesos, este libro presenta el mayor acontecimiento que jamás se realizó sobre la tierra —y que sigue desarrollándose aún— la obra redentora del Hijo de Dios. El libro hablará del pueblo espiritual llamado su Iglesia, como tambien de la realización de sus planes en cuanto a su reino, sin olvidar aquellos que ordena para Israel y las naciones. Todo ello se relaciona tanto con el individuo como con el universo.

Nuestra mirada trascenderá la oscuridad que nos rodea para dirigirse a la aurora que surge de la eternidad, y a la victoria de la causa de Cristo, con el porvenir glorioso de su Iglesia. Así nuestros corazones se regocijarán en los planes de su amor, y mientras andamos a través de este mundo con sus crisis y catástrofes, sabremos que "luz está sembrada para el justo" (Sal. 97:11), porque "la senda de los justos es como la luz de la aurora que va en aumento hasta que el día es perfecto" (Pr. 4:18).

ERICH SAUER

Prefacio de los traductores

El plan y el propósito de esta gran obra se destacan muy claramente en el Prefacio del autor, el admirado enseñador bíblico Erich Sauer de Wiedenest (Alemania). El prólogo del clarividente profesor A. Rendle Short, ya con el Señor, avalora la obra de una forma magistral, y si bien recomendaciones sobran para ensalzar las enseñanzas del señor Sauer, no cabe ningún aprecio más eficaz de *El triunfo del Crucificado* que éste que surge de la esclarecida mente y la aguda percepción espiritual del finado cirujano y catedrático de Bristol quien llegó a ser una figura casi legendaria en las esferas de la cirugía, de la ciencia y de los conocimientos bíblicos durante toda una generación en la Gran Bretaña.

Nosotros nos sentimos honrados al haber tenido el privilegio de intentar siquiera verter el pensamiento de Sauer, a través de la "traducción autorizada" inglesa al castellano. No ha sido empresa fácil, y, "curándonos en salud" frente a posibles críticas, rogamos al amable lector de habla española que tome en cuenta la "densidad" y la profundidad del pensamiento del enseñador de Wiedenest, que luego, con la supervisión del mismo autor, se pasó a la lengua inglesa por el señor Lang. El material, tanto en su presentación original como en la traducción, se redacta en forma a la vez analítica y sintética, abundando los bosquejos por medio de los cuales las grandes verdades se apuntan con un mínimo de palabras, a veces insinuadas más que expresadas. Todo ello resulta en una obra muy distinta en su índole de las normales en el campo de la exposición bíblica en castellano. Después de varios "tanteos", y con la aprobación del insigne autor, hemos optado por un tratamiento algo libre, que se preocupa más por la transmisión del concepto y del pensamiento del autor que por conservar la exacta equivalencia de las palabras inglesas. En algún lugar el material demasiado complicado ha sido abreviado; en otro, la esencia de notas al pie de las páginas ha sido incorporada en el texto, y otras frases que resultaron enigmáticas a causa de su excesiva condensación, han sido ampliadas, pero siempre con el más absoluto respeto por el pensamiento del autor. Si hemos servido como humildes instrumentos para pasar algo de la riqueza de las enseñanzas bíblicas de Sauer, según el plan evangélico, atento a las verdades divinas, de los países de habla española, habremos recibido por este mismo hecho una gran recompensa. El trabajo ha sido arduo, pero pedimos a nuestro Dios que lo digne bendecir para el enriquecimiento espiritual de muchos hermanos y para la honra y gloria de su Nombre.

Los traductores agradecen la ayuda voluntaria y eficaz de la señora de Vangioni y de la señora de Trenchard en la preparación de la traducción para la imprenta.

RICARDO F. HUCK, AFIF CHAICK, FERNANDO VANGIONI,
FERNANDO PUJOL, Y ERNESTO TRENCHARD

Buenos Aires, Madrid y Barcelona
Enero de 1959

1
■■■■■■■■■■■■■■■■■■■■■■■■■■■■■■

La manifestación del Redentor del mundo

Acompañado por las alabanzas triunfales de los ejércitos celestiales, el evangelio hizo su entrada en el escenario del mundo terrenal. "Gloria en las alturas a Dios, y en la tierra paz. Buena voluntad, para con los hombres": he aquí el canto que resonó por los campos de Belén Efrata (Lc. 2:14). Aquel cuyo advenimiento habían esperado los padres por tanto tiempo, hizo su entrada en medio de su pueblo como la esperanza y la consolación de Israel. "Dios ha sido manifestado en carne . . . ¡grande es el misterio de la piedad! (Hch. 26:6; Lc. 2:25; 1 Ti. 3:16). Verdad es que vino en forma de siervo, en pobreza y humildad (Fil. 2:7; 2 Co. 8:9), pero lo externo no era más que el tabernáculo donde residía su inherente deidad (véase Jn. 1:14 donde el vocablo griego *eskenosen* significa "hizo su tabernáculo"). Aún hallándose en el reino de la muerte, siguió siendo el Autor de la Vida, y "en él estaba la vida y la vida era la luz de los hombres" (Hch. 3:15; Jn. 1:4).

LOS MENSAJES DE DIOS AL COMIENZO DE LA NUEVA ERA

Tomemos nota del triple testimonio a cargo de los mensajes celestiales que anunciaron al Cristo de Dios.

Cristo, el Hijo de Dios

El primer anuncio fue hecho al sacerdote Zacarías cuando ministraba en el templo: testimonio vinculado a la última y suprema profecía del Antiguo Testamento (Lc. 1:8-13; Mal. 4:5) Este anuncio habló en primer término del nacimiento del precursor —el segundo Elías— declarando que aquel que vendría detrás de este "Elías", no sería otro sino el mismo Señor, el Dios de Israel. Por eso dijo el ángel a Zacarías: "Y a muchos de los hijos de Israel convertirá [el hijo anunciado] al Señor y Dios de ellos. Porque él irá delante de él con el espíritu y virtud de Elías" (Lc. 1:16-17). Este "Señor y Dios" que venía era aquel que Malaquías había visto en visión por el Espíritu, y a quien denominaba "Jehová de los Ejércitos" (Jehová Sabaot) y quien vendría luego (inesperadamente) a su templo (Mal. 3:1). ¡Cuán apropiado fue por lo tanto que el inminente cumplimiento de este mensaje profético se anunciara precisamente en un templo y a un sacerdote!

Cristo, el Hijo de David

El segundo anuncio fue hecho a María, la piadosa virgen de la casa de David (Lc. 1:26-38). El ángel comenzó con la primera promesa dada a David mismo por el profeta Natán, en la que el Mesías fue descrito como el Hijo de Dios y el Hijo de David (1 Cr. 17:11-14), añadiendo estas palabras con referencia al hijo que había de nacer de María: "Este será grande y será llamado Hijo del Altísimo; y el Señor Dios le dará el trono de David su padre" (Lc. 1:32). De nuevo vemos cómo el mensaje tuvo un significado especial para la persona que lo recibió.

Cristo, el Salvador

El tercer anuncio fue hecho a José, quien, a pesar de haber descendido de David, no se presenta como el padre del niño, sino solamente como su guardián y padre putativo, destinado sencillamente, como israelita creyente y contrito, a albergar en su casa al Redentor. A él, por lo tanto, le fue explicado lo que sería el

Mesías para con el pueblo de Israel en su parte creyente, que necesitaba la redención. José fue informado, pues, que el niño era el "Emanuel . . . con nosotros Dios," de quien hablaba Isaías (Is. 7:14) y recibió esta orden: "Llamarás su nombre Jesús, porque él salvará a su pueblo de sus pecados" (Mt. 1:21-23). Aquí el cargo y la obra del Redentor se hacen constar concretamente, aun antes de su nacimiento humano, lo que subraya el importante punto de que Cristo no llegó a ser Redentor con el fin de ser luego el Hijo de Dios y el Hijo de David, sino que apareció siendo Hijo de Dios y cual Hijo de David a fin de poder ser Redentor. Jesús, que quiere decir "Jehová es salvación," es por lo tanto su nombre propio y particular, e indica que su obra de redención se enlaza tan íntimamente con su propio ser, que se refleja hasta en el nombre personal y humano que lleva.

El mensaje de las huestes celestiales a los pastores resume en sí los tres anuncios angelicales que hemos mencionado:

- "Que os ha nacido . . . un Salvador." He aquí el cumplimiento de la profecía de Isaías y la reiteración de la orden dada a José respecto al hombre Jesús.
- "Que es Cristo el Señor". En esta frase se recalca de nuevo la profecía de Malaquías sobre el que venía como Señor y Dios, tal como el ángel lo había reiterado ya a Zacarías en el templo.
- "En la ciudad de David". He aquí una indicación del cumplimiento de la profecía de Natán sobre el Hijo de David según la declaración del ángel a María.

Siete testimonios por boca de hombres y mujeres fieles. En perfecta armonía con los tres testimonios angelicales, hallamos otros siete testimonios del Espíritu por medio de seres humanos y que son como antorchas encendidas en el vestíbulo de los nuevos tiempos, echando su resplandor sobre aquel que venía, la Aurora de lo alto y el gran Redentor de la casa de David. Así Zacarías alabó a Dios por cuanto había visitado a los hombres (Lc. 1:68, 76-79). Los *pastores* alabaron a aquel que había venido como Salvador (Lc. 2:20; cp. 2:11). Los *magos* dirigieron su alabanza al Rey (Mt. 2:11; cp. 2:2). *Simeón* alabó a aquel que venía para ser luz del mundo (Lc. 2:31-32). *Elisabet* celebraba la llegada de la verdadera felicidad (Lc.

1:41-55). *María* cantaba la misericordia divina (Lc. 1:54, 50; cp. 1:48). *Ana* ponderaba la redención (Lc. 2:38).

LA ENCARNACIÓN DEL SEÑOR COMO HECHO HISTÓRICO

Maravillosas disposiciones en la esfera superior deben haber precedido la manifestación del Hijo de Dios en esta tierra, pero las Sagradas Escrituras nos revelan poco al respecto. Solamente nos informan de una palabra que el Hijo dirigió al Padre con referencia a su entrada en el mundo, como si fuera un fragmento de un diálogo: "Sacrificio y presente no quisiste, mas me apropiaste cuerpo. Holocaustos y expiaciones por el pecado no te agradaron. Entonces dije: Héme aquí (en la cabecera del libro está escrito de mí) para que haga, oh Dios tu voluntad" (He. 10:5-7).

Fue entonces que se realizó el sublime hecho, más allá de la comprensión del hombre. El Hijo de Dios dejó el esplendor del cielo para hacerse realmente hombre. Dejando la "forma" de Dios en la que se manifestaba de derecho propio sobre todas las esferas, se relacionó voluntariamente con los hombres en este mundo. La forma de Dios era aquella manifestación libre, incondicionada, que correspondía al dominio del Hijo eterno. En la encarnación, el Hijo, sin mengua de su deidad absoluta, entró en los límites de tiempo y de espacio que corresponden a la criatura, y el Verbo eterno llegó a ser universal, para ceñir luego otras coronas de gloria a sus sienes. La mente egoísta humana procura retener tenazmente cual botín apetecido, aun aquellas posesiones extrañas a sí misma que ha adquirido por medios injustos, pero Él, siendo la fuente primordial del amor, no tuvo empeño en retener su posesión legítima y original de la forma de Dios, antes la cedió para salvarnos (Fil. 2:6) El Hijo descendió "a las partes más bajas de la tierra" (Ef. 4:9) con el fin de llevarnos a nosotros, los redimidos, a las alturas del cielo en íntima asociación con sí mismo. Dios participó de la naturaleza humana a fin de que los hombres participasen de la naturaleza divina, y Él que era tan rico, "por amor de nosotros se hizo pobre, para que por su pobreza fuésemos enriquecidos" (2 Co. 8:9).

La historia de la redención se concentra en la manifestación de Cristo en la tierra como en su punto culminante y céntrico, y podemos decir que todo cuanto sucedió antes de su advenimiento solamente adquiría realidad en anticipación de la manifestación de su persona, de la forma en que los verdaderos acontecimientos posteriores tenían que llevarse a cabo en su nombre. Todo lo demás es negativo y será anulado. De la forma en que los variados colores del prisma, pese a todas sus diferencias, proceden de la misma luz blanca, así también la historia de la revelación, con todas sus dispensaciones, es el producto de un solo principio uniforme de vida, siendo Cristo, el Mediador, la piedra angular de todo el conjunto. Su obra sobre la tierra es el eje de todo desarrollo histórico, y la presentación de su persona es el contenido esencial de toda la historia. Por lo tanto la encarnación del Hijo de Dios descubre el fundamento divino de cuanto existe, pues el Señor y Soberano de toda historia se digna entrar Él mismo en las páginas de la historia.

Concretando todo ello en un pequeño bosquejo, podemos decir que en el pesebre de Belén, conjuntamente con la cruz del Gólgota, se manifiesta:

- El punto eje de todos los tiempos.
- El punto culminante de todo amor.
- El punto de partida de toda salvación.
- El punto céntrico de toda adoración.

El misterio de la encarnación. Es inútil procurar explicar *cómo* se unen la naturaleza divina y la humana en la persona única y perfecta de nuestro Señor Jesucristo, y el misterio de su humillación voluntaria permanecerá para siempre insondable. Cristo no sólo hacía maravillas, sino que Él mismo en su propia persona es la maravilla de maravillas. Tengamos la humildad suficiente para reconocer los estrechos límites de nuestra comprensión, pues aun el paso del tiempo, factor imprescindible de nuestra vida, es un enigma que nadie ha podido resolver, y mucho menos podemos abarcar el concepto de la eternidad, que no es una continuación indefinida de tiempo, sino algo que supera totalmente el tiempo, y que pertenece a la naturaleza de Dios. Si no logramos comprender estos conceptos, ¿cómo podremos descifrar el enigma de todos los enigmas, o sea, la encarnación, que es la unión de estos dos misterios opuestos, el tiempo y la eternidad, y el cruce en la historia de estas dos líneas paralelas, que implica también la unión orgánica y armoniosa de lo infinito con lo finito, lo divino con lo humano? Es asunto que corresponde a la esfera de la revelación, que hemos de recibir por fe, postrándonos después para adorar ante una manifestación tan sublime del amor y de la sabiduría del Eterno.

Nota sobre la preexistencia del Cristo. El hecho de la preexistencia real, personal y consciente del Cristo se enseña claramente en pasajes como Juan 8:58; 17:5; Filipenses 2:5-8, donde se habla de una actuación voluntaria del Hijo de Dios antes de que los muchos fuesen. Tales pasajes excluyen la idea de que la preexistencia no fuese más que ideal. Pensemos en los muchos pasajes que declaran que el Padre envió al Hijo, y que éste salió de la presencia del Padre (cp. Miq. 5:2; Jn. 1:14, especialmente los versículos 1-5; He. 10:5-7).

LA ENCARNACIÓN Y LA RESURRECCIÓN

Para poder llegar a una comprensión adecuada del significado del misterio de la encarnación, como parte del plan de la redención debemos considerarlo con relación a la resurrección de nuestro Señor, según los siguientes términos contrastados:

* La humillación y la exaltación del Señor.
* Una salvación otorgada y perfeccionada.
* Una forma histórica que encarna un concepto eterno.

La humillación y la exaltación del Señor

No era el descenso desde las glorias del cielo en sí que constituyó para el Hijo del Altísimo tan inmensa humillación, sino más bien el hecho de asumir la forma del hombre deshonrado ya por las consecuencias del pecado, sin que eso signifique, desde luego, que Él se manifestara en carne pecaminosa, sino sólo en semejanza de carne de pecado" (Ro. 8:3). Si la humillación del Hijo de Dios hubiese consistido en el hecho mismo de tomar forma humana, entonces imposible sería que su exaltación consistiera en manera alguna en la glorificación de su naturaleza humana; antes bien, habría significado la renunciación de esta naturaleza de la forma más completa. La doctrina bíblica, sin embargo, enseña de forma inequívoca que el Señor Jesús retuvo su forma humana (Jn. 20:15; Lc. 24:13ss; cp. 24:36-43; Hch. 1:11; Ap. 1:13; Fil. 3:21; 1 Ti. 2:5).

Así es que su resurrección y su ascensión al cielo implican nada menos que la eternización de su humanidad en una forma transfigurada y glorificada, aun siendo la manera de efectuar todo ello un profundo misterio para nosotros. En verdad El tomó aquella "forma de siervo" (*esclavo* en el griego, Fil. 2:9) que pertenece al hombre en su presente bajeza, pero, en el curso de su obra redentora, la exaltó y la transfiguró hasta tal punto que ya no constituye ni limitación ni antítesis a su propia gloria como aquel que está sentado a la diestra del Padre, ya que la gloria del Hombre transfigurado en el cielo, Cristo Jesús, se enlaza en doble brillo con la del Verbo Eterno, según su misma petición al Padre: "Glorifícame tú cerca de ti mismo con aquella gloria que tuve cerca de ti, antes que el mundo fuese" (Jn. 17:5).

Una salvación otorgada y perfeccionada
Pero aún hay más. Esta eterna continuidad de la humanidad del Hijo de Dios constituye la condición imprescindible para la consumación y conservación de su obra, ya que solamente como el hombre glorificado pudo ser el postrer Adán y la Cabeza exaltada del "nuevo hombre", juntamente con el organismo humano, redimido y glorificado ya, que es su Iglesia (Ro. 5:12-21; 1 Co. 15:21, 22, 45; Ef. 2:15; 4:15; Col. 2:19). Sólo así llegó a ser posible que los salvos estuviesen en Cristo, unidos con El en una comunión orgánica y vital como miembros de su cuerpo siendo El mismo la Cabeza. Es evidente, pues, que Cristo sigue siendo hombre como parte indefectible y esencial de su exaltación, y que el portento de Belén sólo puede situarse en su debida perspectiva bíblica destacándolo contra el fondo de la resurrección y la ascensión.

Una forma histórica que encarna un concepto eterno
El Hijo se hizo hombre con el fin de ser el "postrer Adán" que es el concepto básico de su manifestación en forma humana, que no humilla sino que glorifica a su persona como Redentor. Pero Jesús como hombre tuvo que humillarse con el fin de alcanzar las glorias del postrer Adán a través de los padecimientos. He aquí la forma histórica de su venida al mundo, que sólo en esta parte ha de considerarse como el hecho de "anonadarse a sí mismo".

Pero esta forma histórica no fue sino el medio para realizar un sublime concepto eterno. Cristo vino para servir, y para entregar su vida en rescate por muchos (Mt. 20:28) a fin de que, a través de la "hora" del Gólgota, pudiese salvar eternamente a quienes respondiesen en sumisión cuando recibiesen el llamado al arrepentimiento, dejando que el Salvador les buscase y les hallase (Lc. 9:10). Gracias a nuestra incorporación en El, que es nuestra vida, el Cristo celestial puede crecer en nosotros victoriosamente, mediante una continua encarnación de su santa naturaleza en nosotros los redimidos (2 P. 1:4). De este modo la encarnación del Hijo, como eje de la historia universal, llega a ser también el punto central de nuestra propia vida espiritual y la meta de nuestro porvenir.

2

El nombre "Jesucristo" y su triple cargo

"Ungüento derramado es tu nombre" (Cantar de los Cantares 1:3).

"Y en ningún otro hay salvación; porque no hay otro nombre debajo del cielo, dado a los hombres, en que podamos ser salvos" (Hechos 4:12).

Hemos de preguntarnos el significado de este nombre averiguando por qué el Redentor fue llamado precisamente "Jesucristo".

EL NOMBRE "JESÚS"

Jesús es sencillamente el nombre personal del Señor, que le corresponde también de forma especial en el período de su humillación, indicando además su obra como Salvador.

Es su nombre personal

A José le fue dicho: "Llamarás su nombre Jesús," porque tal

había de ser su designación personal (Mt. 1:21). En cambio, como veremos en más detalle abajo, "Cristo" es un título que traduce el término "Mesías" del Antiguo Testamento. Si esto se toma en cuenta se comprenderá por qué los autores sagrados emplean "Cristo" y no "Jesús" o "Jesucristo" en textos como Efesios 2:12 y Hebreos 11:26, donde la referencia es al Mesías según se presentaba en la antigua dispensación.

Es su nombre en su humillación

Hasta tal punto se halla el nombre "Jesús" vinculado con la época de la humillación del Señor, que lo encontramos como designación de otras personas también, como en el caso de Josué hijo de Nun, sucesor de Moisés (He. 4:8); en el de Josué el gran sacerdote (Zac. 3:1); en el de Jesús el Justo (Col. 4:11) y aun en el del padre del mago arábigo-judío, Barjesús, "hijo de Jesús." (Hch. 13:6).

Es muy natural, pues, que los evangelistas empleen mayormente el nombre "Jesús" mientras que, a través de las epístolas, el título de "Cristo" pase a primer plano, ya que los evangelios tratan del tiempo de su humillación, mientras que las epístolas testifican de aquel que Dios había exaltado y glorificado. En el nombre "Jesús" predomina el pensamiento de la *salvación*, pero en el título "Cristo" se subraya su *gloria*. En las epístolas el nombre "Jesús" no se halla solo sino en los casos cuando se desea subrayar su humillación anterior, como en las citas siguientes: 2 Corintios 4:10; Filipenses 2:10; 1 Tesalonicenses 4:14; Hebreos 2:9; 12:2; 13:12 (cp. con 13:8).

Según la declaración de Pedro en el día de Pentecostés, fue sólo por la resurrección y la ascensión que Jesús llegó a ser el Cristo (Mesías) en toda la extensión de la palabra: "Sepa pues ciertísimamente toda la casa de Israel, que a este Jesús, que vosotros crucificasteis, Dios le ha hecho Señor y Cristo" (Hch. 2:36). De la manera en que la senda del Señor pasó desde la humillación voluntaria hasta la gloria, de igual forma el Nuevo Testamento traza el camino por el cual Jesús llegó a la plena dignidad del Cristo. En el Antiguo Testamento el proceso se invierte, pues se arranca de la idea general del Mesías para llegar por fin a la manifestación histórica de Jesús de Nazaret.

Es su nombre como Salvador

Pero el sentido más profundo del nombre "Jesús" se encierra en la etimología de la palabra misma, que en su forma completa "Jehoshua" significa "el Señor es salvación." Por ser el niño el Redentor del mundo, José había de darle el nombre de "Jesús": "porque él salvará a su pueblo de sus pecados" (Mt. 1:21). Al analizar este texto hallamos estos tres importantes elementos: 1) *El solo* puede salvar, como se indica por el énfasis sobre el pronombre en el griego: "El salvará... (cp. Hch. 4:12). 2) Se señalan los *límites* de su salvación, porque salvará a su *pueblo*, o sea, a aquellos que acudan a El para ser salvos de todas las naciones (cp. 1 P. 2:9; Tit. 2:14; Hch. 15:14). 3) Vemos *la profundidad y la extensión* de su salvación, pues no sólo redime de las consecuencias del pecado —la condenación y el juicio— sino también del dominio, señorío y poder de los pecados que reducen al hombre a la esclavitud moral. En otras palabras El es la Fuente, no sólo de la justificación, sino también de la santificación (1 Co. 1:30).

Así es que el nombre "Jesús" por sí solo declara el propósito por el cual el Redentor vino al mundo, y sirve como "índice de temas" que resume la historia de su actividad salvadora, siendo a la vez su título símbolo y lema. No debe extrañarnos, pues, que este nombre ha de ser tema de las alabanzas de los redimidos por toda la eternidad, y que al pronunciarse, toda rodilla se doblará de cuantos seres habiten el cielo, la tierra y las regiones inferiores (Fil. 2:10).

EL TÍTULO "CRISTO"

Si preguntamos por el método y la manera que emplea el Señor para revelar los tesoros del nombre "Jesús", nuestro pensamiento pasa al significado de su título "Cristo", que como hemos visto ya, es la traducción griega de la voz hebrea "Mesías" o "Ungido".

Hemos de considerar cuatro hechos que nos admiten al sentido íntimo del título, analizando cada uno en tres facetas.

- La *unción* de varias personas en el Antiguo Testamento que correspondía oficialmente a los cargos de *sumo sacerdote, rey* y *profeta.*
- *Cristo, el Ungido de Dios*, quien se presenta en el Nuevo

Testamento como el antitipo del sacerdote, rey y profeta del Antiguo Testamento.
- *Tres aspectos de la esclavitud espiritual del hombre*, que requieren esta triple obra del Cristo en el desarrollo de la obra redentora.
- *La obra victoriosa del Cristo* como Profeta, Sacerdote y Rey.

La unción en el Antiguo Testamento

En la época de la salvación propia del Antiguo Testamento, Dios ordenaba tres principales unciones en el estado teocrático de Israel: la del *sacerdote* (Lv. 8:12; Sal. 133:2), la del *rey* (1 S. 10:1; 16:13; etc.), y la del *profeta* (1 R. 19:16, etc.). De este modo, cuando al Mediador de la salvación se le aplica el título "Cristo", significa que en su persona se resumen los más elevados cargos y dignidades de la totalidad del antiguo pacto, elevándose todo a un sublime plano espiritual. Así todas las profecías han llegado a su eterno cumplimiento en el Cristo.

Conforme a la *profecía de Jeremías sobre el nuevo pacto* (Jer. 31:31-34, cp. He. 8:8-12), el Mesías bendice a los suyos de una forma triple que corresponde a sus propios cargos: 1) establece una extensión de su señorío en su vida interior (Jer. 31:33; cp. 2 Co. 3:3); 2) les brinda un don generalizador de profecía; y 3) les concede una eterna consumación del sacerdocio (Jer. 31:34). En el Nuevo Testamento estos términos se aclaran más todavía, y vemos cómo hace a su pueblo partícipe de su propia naturaleza, determinando que sean reyes, sacerdotes y testigos de su verdad profética (1 P. 8:9; Ap. 1:6, etc.). De esta manera el Dador llega a ser El mismo la sustancia del don que concede, a fin de que su resplandor como Cristo se refleje abundantemente en los redimidos (2 Co. 9:15; Hch. 11:26).

Cristo, el Ungido de Dios

El Señor no revela todo el glorioso contenido de su título como el Cristo en un momento, sino a través de tres grandes etapas.

El Profeta. Primeramente, se manifiesta como Profeta, o sea como el Hijo en quien Dios habló en estos postreros días (Dt. 18:15-19; He. 1:1-2) Como el "resplandor de la gloria de Dios",

Cristo da a conocer la naturaleza del Padre con incomparable claridad, siendo esta luz muy superior a aquella que brilló en los mensajes proféticos de la antigüedad (Jn. 1:18; 3:13).

El Sacerdote. Luego este Profeta camina hacia la cruz, y al permitir que sean cargados sobre sí los pecados del mundo, se convierte a la vez en el cordero del sacrificio y en el sacerdote que presenta la ofrenda, efectuando por su propia obra la purificación de los pecados (Jn. 1:29; Jn. 2:2; He. 9:12, 14, 25, 26; He. 1:3).

El Rey. Finalmente, el Cristo es exaltado, sentándose a la diestra de la Majestad en las Alturas (He. 1:3) y ahora vemos a "Aquel que fue hecho por un poco de tiempo menor que los ángeles ... coronado de gloria y de honra" como *Rey* por el hecho mismo de haber sufrido hasta la muerte (He. 2:9, VHA).

Tres aspectos de la esclavitud espiritual del hombre

Es maravilloso ver cómo este triple cargo y esta triple actividad del Redentor corresponden a una triple necesidad en el hombre, que exigía precisamente estos tres aspectos de la salvación.

Dios creó al hombre para ser, en su esfera como criatura, el reflejo de su propia naturaleza *espiritual, santa y bendita* (o le capacitaba para ser un vaso, recipiente de su bienaventuranza feliz. Con el fin de que reflejara su espiritualidad, le dotó de *entendimiento*; para que fuese una copia de su santidad y amor le dio una *voluntad propia*; y concediéndole sus *sentimientos*, y felicidad.

Pero bajo la embestida del pecado el hombre cayó en su totalidad, quedando entenebrecido su entendimiento (Ef. 4:18), volviéndose perversa su voluntad (Jn. 3:19) y convirtiéndose sus sentimientos en vehículos de tristeza (Ro. 7:24).

La obra victoriosa de Cristo

De esta ruina total el hombre se salva por la victoriosa obra de Cristo en los tres aspectos que hemos venido considerando.

Como *Profeta* hace resplandecer la luz del conocimiento de Dios que libra el entendimiento del hombre de la oscuridad del pecado, estableciendo de este modo un reino de paz y de gozo en el interior del hombre redimido.

Como *Sacerdote* presenta el sacrificio y anula la culpabilidad, aliviando así la conciencia (con los *sentimientos* asociados con ella) de la carga abrumadora de la tristeza. El creyente pasa de este modo a una esfera de paz y de gozo.

Como *Rey* dirige la *voluntad* de los redimidos, guiándola por senderos de santidad, fundando un reino de amor y de justicia en el corazón.

Así es que su título de "Cristo", el Ungido, al abarcar estos tres aspectos de la salvación, llega a ser la revelación y la explicación de su nombre "Jesús", el Salvador. El ejercicio de su triple cargo libra al hombre de la esclavitud del pecado con respecto a las tres potencias de su ser —el entendimiento, los sentimientos y la voluntad— introduciéndole en la esfera de una salvación plena, libre y completa, que no puede ser más cabal de lo que en realidad ha llegado a ser. La triple miseria de la oscuridad, la desdicha y la pecaminosidad ha sido vencida por una triple salvación portadora de la iluminación, la felicidad y la santidad al alma redimida, sin que su triple carácter mengüe su unidad orgánica. Notemos cómo la *espiritualidad* de Colosenses 3:10, la radiante *felicidad* de 2 Corintios 3:18 y la *santidad* de Dios que se expone en Efesios 4:24, brillan de nuevo en la criatura que fue hecha a la imagen de Dios.

3

El mensaje del reino de los cielos

"Arrepentíos, porque el reino de los cielos se ha acercado" (Mateo 3:2; 4:17).

EL HERALDO

En el desierto, junto al Jordán, Juan proclamaba el bautismo del arrepentimiento para perdón de los pecados (Mr. 1:4, etc.). El nuevo elemento en el ministerio de Juan no consistía en el hecho del bautismo —porque los judíos practicaban el llamado "bautismo de prosélitos" en el caso de los gentiles que se convertían a la fe de Jehová— sino en el hecho de bautizar a *judíos*, colocándoles así en el mismo nivel que las naciones.

La importancia de la persona y el ministerio de Juan el Bautista se destaca en muchos pasajes, de los cuales entresacamos los puntos siguientes:

- Juan era aquel Elías cuyo advenimiento había de preceder el del Mesías (Mal. 4:5; Lc. 1:17; Mt. 17:10-13).

- Juan se revestía de mayor autoridad que todos los profetas anteriores (Mt. 11:9).
- Juan era el testigo quien señalaba a Cristo como luz y Cordero (Jn. 1:7, 8, 29, 36).
- Juan era el heraldo del Rey cuyo advenimiento se hallaba ya a las puertas (Mal. 3:1; Jn. 10:3).
- Juan era moralmente el mayor de todos los nacidos de mujer, aparte del Hijo del hombre mismo (Mt. 11:11).
- Juan era antorcha que ardía y alumbraba (Jn. 5:35).
- Juan era una voz que clamaba en el desierto, rogando atención para aquel VERBO que salía de la eternidad (Jn. 1:23; 10:3).

¿Qué quiere decir que Juan era una "voz que clamaba"? Una voz no pasa de ser un mero sonido, ruido o clamor confuso si no es medio para la expresión de una palabra. Una bestia o un trueno puede tener voz (Ap. 9:9; 6:1) pero solamente *por la palabra* puede ser medio de expresar un claro sentido y tener un contenido determinado. De igual forma, si la misión de Juan el Bautista no se hubiera completado por la persona del Cristo, la voz del precursor habría quedado en un mero sonido desprovisto de significado.

En cambio la palabra puede existir sin una voz, porque aun si no llega a hablarse o escribirse, sigue siendo palabra en todo su sentido, pues mensajes hay que no dependen de esta forma de expresión. Así el VERBO puede existir en su plenitud sin la voz del Bautista, pero ésta no podía tener sustancia aparte de aquél. Juan necesitaba a Jesús, pero éste no necesitaba a Juan, aparte de lo que El mismo dispusiera.

Pero si la palabra y la voz se combinan, la voz precede la palabra desde el punto de vista del oyente, porque es la que primeramente alcanza el oído, y sólo después el significado —la "palabra"— llega a su espíritu. Según este orden el Bautista vino primeramente al mundo, y después se manifestó el Cristo.

Desde el punto de vista del que habla, este orden se invierte, pues la palabra precede a la voz, ya que ha de concebirse interiormente antes de que llegue a articularse por medio de la lengua y los labios. Por eso dijo Juan: *"Detrás de mí* viene el que era *antes de mí,* porque era primero que yo"* (Jn. 1:30).

Finalmente, una vez que la palabra haya sido pronunciada, la voz cesa, se extingue y no existe más. La palabra, sin embargo, permanece porque ha sido implantada en el corazón del oyente. Por eso Juan pudo decir de Jesús: "A él le conviene crecer, mas a mí menguar" (Jn. 3:30). Tan pronto como Juan hubo cumplido su misión, fue quitado del escenario, pero Jesús permanece eternamente.

EL REY

El Rey recogió el mensaje del heraldo (Mt. 4:17; cp. 3:2) e hizo ver que, en su persona, el reino de Dios se había acercado a los hombres, ya que en El se encarnaba el reino esperado (Lc. 17:21; 10:9, 11). El Señor expresaba esta verdad, tanto velada como abiertamente, al designarse a sí mismo por el título del "Hijo del hombre".

El origen del título "el Hijo del hombre"

Este título se halla más de ochenta veces en los evangelios y casi siempre en los labios del Señor mismo. Como título mesiánico tiene su origen en las visiones del libro de Daniel. El profeta había presentado los imperios mundanos bajo los símbolos que ilustraban su naturaleza salvaje del león, del águila, del oso, de la pantera y de la terrible fiera que combinaba en sí las características de todos los demás. Después, en vivo contraste con la visión anterior, describió el reino mesiánico como el reino del "Hijo del hombre," indicando que sería el primer reino (y el único) de la historia en el cual la verdadera humanidad —en el sentido de las Sagradas Escrituras— regiría la tierra. He aquí las palabras de Daniel: "Vi en visiones de la noche, y he aquí, venía en las nubes del cielo uno semejante al Hijo del hombre, y vino junto al Anciano de Días, y le fue dado imperio, y gloria y reino" (Dn. 7:13, 14).

Sin duda alguna Cristo aplicaba a sí mismo esta profecía del Hijo del hombre, el Mesías Rey que establecía su reino, no sólo en el discurso profético ante los cuatro discípulos (Mt. 24:30; véase todo el capítulo) sino también cuando fue juramentado por el sumo sacerdote delante del sanhedrín, declarando solemnemente: "De aquí adelante veréis al Hijo del hombre sentado a la diestra de Dios, viniendo en las nubes del cielo" (Mt. 26:64).

El significado del título "el Hijo del hombre"

En primer término el título nos recuerda su humildad y su humillación durante el ministerio terrenal en contraste con la gloria que era la suya en el cielo, ya que, siendo Hijo de Dios, se había dignado hacerse hombre (Fil. 2:5-11).

En segundo término nos hace ver que El, el Inocente y el Santo, es el único hombre verdadero y cabal, según el pensamiento del Creador, ya que el pecado ha estropeado la imagen divina en todos los demás hijos de Adán (Gn. 1:27).

Pero sobre todo el título *se relaciona con el porvenir* y revela la dignidad de Jesús como el Mesías, y declara que El, como el hombre glorificado, al aparecer en las nubes del cielo, implantará el reino de Dios en el tiempo de la consumación. Por este hecho, y en su propia divina persona elevará hasta el trono de la historia humana la realización del concepto divino de lo que ha de ser la verdadera humanidad.

La designación "el Hijo del hombre" es, por lo tanto, un título divino del Mesías como Rey, tal como David el salmista había descrito su gloria en el Salmo 8:5-6 (cp. He. 2:6-9). "Coronástele de gloria y de honra, hicístele enseñorear sobre las obras de tus manos; todas las cosas sujetaste debajo de sus pies". Y por este título velado de "Hijo del hombre" encierra también el escondido misterio de su relación con el Padre como Hijo. Cristo respondió a la pregunta del sumo sacerdote: "¿Eres tú el *Hijo de Dios?*" con referencia a la visión de Daniel: "De aquí adelante veréis al *Hijo del hombre* sentado a la diestra de Dios y que viene en las nubes del cielo." Vemos pues que este último título encierra el primero (Mt. 26:63-64).

Una y otra vez se destaca esta vinculación divina y real en el título "Hijo del hombre", como se aprecia por los pasajes siguientes: "El Hijo del hombre vendrá en la gloria de su Padre" (Mt. 16:27); "entonces ... verán al Hijo del hombre viniendo sobre las nubes del cielo, con poder y gran gloria" (Mt. 24:30); "cuando el Hijo del hombre venga en su gloria y todos los ángeles con El ..." (Mt. 25:31). La segunda venida del Hijo del hombre será "como el relámpago que sale del oriente y se deja ver hasta el occidente" (Mt. 24:27), y el propósito será el de "sentarse el Hijo del hombre en el trono de su gloria" (Mt. 19:28). Este es el Rey ante quien "serán reunidas todas las gentes y apartará los unos de los otros, como aparta el pastor las ovejas de los cabritos" (Mt. 25:32, 34, 40; cp. Jn. 5:27).

¿Por qué quería el Señor velar su realeza divina detrás del título del "Hijo del hombre"? Por la razón de que, en su primera manifestación, deseaba que fuese reconocido como Mesías sólo por la fe (Mt. 8:4; 9:30; 17:9; Jn. 6:15). No se dio a conocer públicamente como Mesías hasta poco antes de su muerte en la cruz, y aun entonces fue por medio del acto simbólico de hacer su entrada triunfal en Jerusalén sentado sobre el asno (Lc. 19:29-40; cp. Zac. 9:9). Sólo dentro del círculo íntimo de los discípulos Jesús se había revelado como Mesías, y eso desde el principio de su ministerio, pero con creciente claridad, hasta llegar el momento cuando Pedro, por revelación directa del Padre, pronunciara la admirable confesión: "Tú eres el Cristo [Mesías], el Hijo del Dios viviente" (Jn. 1:41, 49; 4:25, 26; 9:35-38; Mt. 16:16).

EL REINO
El término "el reino de los cieloxs"

Antes del principio del ministerio de Juan el Bautista los judíos ya hablaban del "reino de los cielos" (*malekut schamayin*) comprendiendo por la frase el gobierno de Dios sobre todas las cosas creadas, con referencia especial a su gobierno como Rey sobre Israel, que tendría por consumación el reino glorioso del Mesías al final de la historia. Por eso hallamos en el Talmud: "Si alguno al orar coloca su mano delante de su rostro, toma sobre sí el yugo del reino de los cielos." También el Targum (comentario) de Jonatán sobre Miqueas 4:7 dice: "Cuando Israel aceptó el libro de la Ley en Sinaí, aceptó conjuntamente la Ley del reino de los cielos." El mismo dice en otro lugar: "El reino de los cielos será manifestado en Sion."

Esta fraseología se debe a la reverencia que sentían los judíos por el santo nombre de Jehová, que les impulsaba a substituirlo por expresiones perifrásticas tales como "la altura", "el Nombre", "la potencia", "el cielo", etc. Por eso Daniel, al señalar a Nabucodonosor la soberanía de Dios, dijo: "Para que conozcas que gobiernan los cielos" (Dn. 4:26).

Podemos comparar estas expresiones rabínicas con otras modernas tales como: "Hemos de pedir el perdón al cielo". . . , "los cielos hacen maravillas", "la divina providencia", etc., bien que éstas surgen de ideas vagas e imprecisas de Dios, mientras que las de los judíos se basaban en un elevado concepto de su santidad.

De todo ello se deduce que el Maestro y su precursor no eran los primeros para utilizar la frase "el reino del cielo", sino más bien la hallaron en el lenguaje del Antiguo Testamento, y en el del judaísmo de su tiempo, bien que llenaron el término con un nuevo sentido mucho más completo. Notemos algunos ejemplos: "Padre, he pecado contra el cielo [es decir, Dios] y contra ti" exclamó el pródigo arrepentido (Lc. 15:21); "el bautismo de Juan, ¿de dónde era, del cielo [Dios] o de los hombres?" preguntó el Maestro a los fariseos (Mt. 21: 25); "habéis de ver al Hijo del hombre sentado a la diestra de la *potencia* [Dios]", declaró Cristo frente al sanhedrín (Mt. 26:64). Todos estos son claros ejemplos de expresiones perifrásticas que son equivalentes al nombre de Dios, y el Maestro hizo uso preferentemente del término el "reino de los cielos".

Los distintos aspectos del reino del cielo

El designio primordial de la obra de Cristo era el de proclamar, habilitar y consumar este dominio real de Dios que es su reino. Como Profeta Jesús lo proclamaba; como Sacerdote y sacrificio colocó el único fundamento posible, y como Rey lo consumará.

La proclamación del reino era la característica más significativa del ministerio del Señor, hasta tal punto que todas sus parábolas son "del reino", aun cuando la frase "reino de los cielos" no se halla explícitamente en ellas (p. ej., Mt. 13:3; 21:33). Deducimos que "el reino del cielo" no equivale exactamente al "cielo" como morada de Dios, ni al reino celestial, ni únicamente al futuro reino mesiánico (cp. 2 Ti. 4:18) ni precisamente a la Iglesia en esta dispensación (cp. Col. 1:13; Ro. 14:7) sino, expresando el concepto sencilla y llanamente, corresponde a todas las formas de Dios según procede del cielo por vía de la obra redentora de Cristo, sea en la Iglesia, sea en el reino mesiánico futuro en la tierra vieja, sea en la continuación eterna del gobierno de Dios en la nueva tierra.

El Rey como heraldo de su propio reino (cuatro períodos)
El Rey mismo testificó como heraldo (verbo *kerussein* del sustantivo *kerux*, heraldo) de todos los distintos aspectos de su reino.

- *El reino de Israel*, o sea el reino del Antiguo Testamento por medio del cual se había preparado el camino de la salvación. Este reino, dijo el Señor, había de ser quitado de los judíos que anteriormente lo habían poseído (Mt. 21:43).
- *El reino manifestado en la persona de Cristo*. Hallamos declaraciones del Maestro que manifiestan que el reino estaba "presente" en su persona y en sus obras al hallarse encarnado en medio de Israel (Lc. 17:21; 11:20).
- *El reino en la Iglesia* (cp. Col. 1:13). Este es el presente reino "escondido", que se "acercó" a los hombres en la persona del Rey, y que durará en misterio a través de esta dispensación hasta la consumación del siglo (Mt. 4:17; 13:24-47, 49; 18:23; 20:1; 22:2).
- *El reino en consumación*. Este será el glorioso reino mesiánico predicho tantas veces por los profetas, que se establecerá por fin en potencia (Mr. 9:1) y en plena manifestación (Lc. 19:11). Será dotado por el Padre a la "manada pequeña" (Lc. 12:32) para quienes será tanto una recompensa como una heredad (Mt. 7:21; 5:10-12; 25:34; 8:11; 13:43).

El evangelio del reino

Todo lo que venimos expresando pertenece al evangelio del reino, que es el tema básico del mensaje de Cristo (Mr. 1:14, 15; Lc. 4:43). Sólo la consideración del contexto puede aclarar el sentido exacto, o sea la faceta del reino de que se habla en determinado lugar. Pablo, por ejemplo, a veces entiende por "reino" algo que existe en la actualidad (Ro. 14:17; 1 Co. 4:20; Col 1:13; 4:11), pero a menudo expresa algo que se manifestará en el porvenir (1 Co. 6:9-10; Gá. 5:21; Ef. 5:5; 1 Ts. 2:12; 2 Ts. 1:5; Hch. 14:22). Así hemos de comprender que el mensaje del reino se refiere a veces a la época actual, en otros lugares a algo cercano, en otros a algo distante, y finalmente al reino eterno.

El reino, pues, no es exclusivamente israelita y futuro, pues Pa-

blo lo predicaba también a los gentiles y *después* de haberse apartado de los judíos (Hch. 20:25; 28:31). Y hablando de su actividad
durante su ministerio en Efeso la describe indiferentemente por la
frase "dar testimonio del evangelio de la gracia de Dios", como por
la otra "proclamar el reino de Dios" (Hch. 20: 24, 25).

Pero se trata siempre del mismo reino en esencia: aquel que
procede del cielo y de la eternidad, y continuando a través de los
siglos, vuelve a desembocarse en la eternidad. Por lo tanto, debemos precavernos contra la tendencia de identificar el reino con el
reino milenial de una forma constante y dogmática, ya que hemos
de partir del concepto amplio y general del dominio de Dios, o sea
su señorío vivo y poderoso que determina su actividad desplegada a
través de las diferentes dispensaciones en manifestaciones que constantemente se renuevan. Como hemos notado ya, aun los judíos de
la época precristiana comprendían por "el reino de los cielos" algo
más que el reino glorioso del Mesías, pues la aplican a menudo al
gobierno moral, espiritual e invisible de Dios sobre la naturaleza,
las naciones e Israel.

Es importante notar que Cristo mismo se opuso a varios de los
conceptos de sus contemporáneos y compatriotas sobre el reino,
rechazando la idea de que se había de limitar escuetamente a
asuntos terrenales (Lc. 17:20, 21; 19:11ss). Guardamos firmemente nuestra expectación de un reino venidero y visible, pues tal
reino se describe en muchísimos pasajes bíblicos a los cuales
hemos de dar su verdadero valor (cp. Mt. 19:28 y Hch. 1:6-7 con
Is. 11 y tantas otras profecías análogas) pero comprendemos al
mismo tiempo que la enseñanza del Maestro sobre el reino no
puede explicarse sin más ni más por referencias a las ideas judai-
co-fariseicas sobre este tema.

Distintas facetas del evangelio único (Gá. 1:6-9)

* Es el evangelio de *Dios*, porque en El halla su origen (Ro. 1:1;
  15:16).
* Es el evangelio de *Cristo* porque El es su Mediador (Ro.
  15:19; 1 Co. 9:12).
* Es el evangelio de la *gracia* porque surge únicamente del libre
  impulso del amor de Dios (Hch. 20:24).

- Es el evangelio de la *salvación* porque ésta es el don que otorga. (Ef. 1:13; 2:8).
- Es el evangelio del *reino* porque éste es su meta (1 Co. 15:28).
- Es el evangelio de la *gloria*, porque el efecto total del mensaje es la gloria (1 Ti. 1:11).
- Es *"mi* evangelio" o *"nuestro evangelio"* según referencias de Pablo y de sus colaboradores, porque ellos eran los mensajeros que proclamaban las nuevas (Ro. 16:25; 2 Ti. 2:5; 2 Co. 4:3; 1 Ts. 1:15; Gá. 1:11; 1 Ti. 1:11).

Nota especial sobre los términos "reino de los cielos" y "reino de Dios." La expresión "reino de los cielos" se halla únicamente en Mateo (32 veces) porque se dirige este escritor en primer término a los judíos. Es natural que los otros evangelistas, teniendo delante las necesidades de los lectores gentiles, utilizaran la frase equivalente más comprensible para éstos, el "reino de Dios" (32 veces en Lucas). La realidad detrás de las dos frases es idéntica como queda demostrado por los siguientes pasajes paralelos: Mateo 4:17 = Marcos 1:15; Mateo 5:3 = Lucas 6:20; Mateo 11:11 = Lucas 7:28; Mateo 19:14 = Lucas 18:16; Mateo 19:23 = Lucas 18:24. En todos estos casos Marcos y Lucas refieren las mismas palabras del Señor en las mismas ocasiones, pero en lugar de la expresión de Mateo, "el reino de los cielos", utilizan "el reino de Dios".

EL CAMINO AL REINO

El camino hacia la corona va a través de la cruz. Por ende el Rey, después de destacar el tema del reino —el *resultado* de su obra como punto central de su mensaje— procedió a subrayar en grado creciente el *medio* para llegar a la meta, o sea, sus sufrimientos.

Cuando profirió la pequeña ilustración del esposo que sería quitado del acompañamiento de las bodas (Mt. 9:15) señaló de forma velada su propia muerte, como también cuando hizo referencia a la copa que había de beber y el bautismo con el cual le fue necesario ser bautizado (Mr. 10:38, 39). Añadió a estas indicaciones figurativas tres claras profecías que declararon sin ambages el hecho de sus sufrimientos situándose la primera después de la confesión de Pedro en Cesarea de Filipo, la segunda durante un viaje privado por Galilea y la tercera de camino hacia Jerusalén (Mt. 16:21-23; 17:22, 23; 20:17-19). En las predicaciones que hemos notado el Maestro destacó los siguientes aspectos de su muerte:

- *Su muerte era necesaria.* Hubo una divina necesidad ineludible que exigió que el Hijo del hombre fuese levantado de la tierra cual la serpiente de metal en el desierto (Jn. 3:14); de igual forma el "grano de trigo" tuvo que caer en tierra y morir para poder llevar mucho fruto (Jn. 12:23-24; cp. Lc. 24:26, 46).
- *Su muerte era voluntaria.* En su discurso sobre el buen pastor el Maestro declaró: "Yo pongo mi vida para volverla a tomar; nadie me la quita, mas yo la pongo de mí mismo" (Jn. 10:17-18).
- *Su muerte es el fundamento de una salvación completa.* La salvación que se ofrece a los hombres pecadores surge únicamente de la muerte vicaria de Cristo en la cruz, siendo la obra consumada frente a Dios, y universal en su aplicación a los hombres. Basado sobre esta muerte se establece un nuevo pacto bajo el cual los pecados son remitidos (Jn. 19:30; 3:14-15; 12:32; Lc. 24:46; Mt. 20:28; 26:28).
- *Su muerte es la fuente de la santificación práctica.* En el lenguaje del Maestro la santificación práctica se expresa en términos del discipulado, en el cual el discípulo ha de negarse a sí mismo y tomar su cruz para seguir a su Señor (Mt. 10:38; Lc. 14:27; Jn. 12:24-26).
- *Su muerte se relaciona siempre con su resurrección y su glorificación.* Recordemos a este respecto las palabras del Señor al hablar de la destrucción y el levantamiento del templo de su cuerpo (Jn. 2:18-20) como también de la señal de Jonás que saca su significado del hecho de la muerte y la resurrección de aquel que era mayor que Jonás (Mt. 12:29-40). El mismo pensamiento se trasluce en la piedra rechazada que llega a ser "cabeza de esquina" (Mt. 21: 42) y en el "grano de trigo" que muere para llevar después abundante cosecha (Jn. 12:23-24). Según las enseñanzas del Maestro, este hecho de la resurrección, como medio para comunicar su vida a los

verdaderos creyentes, constituía la única esperanza para el pecador, si éste había de participar luego en el valor salvador de su obra. De ahí sus palabras en cuanto al "comer" de su cuerpo y "beber" de su sangre para que el hombre pueda recibir la VIDA (Jn. 6:51, 58).

EL MENSAJE DEL REINO

Es imposible describir en forma completa el contenido moral del mensaje del reino de los cielos, y tenemos que hacer nuestras las palabras de Juan al referirse al ministerio terrenal del Señor: "Ni en el mundo pienso cabrían los libros que se habrían de escribir" (Jn. 21:25). Nos limitamos, pues, a subrayar algunos rasgos típicos y fundamentales del tema.

La autoridad del mensaje es sagrada y sublime

Los judíos percibían pronto que Cristo "enseñaba como quien tiene autoridad, y no como los escribas" (Mt. 7:29; Jn. 7:46) y luego su mensaje fue confirmado por señales y milagros de carácter especial y único (Jn. 5:36; He. 2:4, etc.). Según el Evangelio de San Juan el propósito principal de los milagros del Señor fue precisamente el de confirmar el mensaje (Jn. 2:23; 3:2; 6:14; 9:32-33; 11:47; 12:37). Pero estas señales tienen valor para quienes anhelan la salvación, y sirven en primer lugar para personas que desean recibir la verdad (Mt. 8:8; 15:28), y por eso el Señor siempre rehúsa conceder señales a quienes carecían de esta disposición de fe (Mt. 12:38-39; Mr. 6:4-5). Pero no perdamos de vista que las mismas palabras del Señor eran "hechos espirituales", y que estos hechos eran maravillas que correspondían al carácter del Príncipe de la Vida nombrado por Dios (Hch. 3:15).

El mensaje es maravillosamente sabio en su instrucción

El mensaje de Cristo es explicativo de lo que antes se había dado a los hombres en el Antiguo Testamento, revelando que el pacto anterior era preparatorio con relación al nuevo, constituyendo tanto la prueba, de su verdad como profecía del nuevo mensaje (Jn. 10:34-35; Lc. 20:41-44).

También es *transfigurador* porque transforma la naturaleza de las circunstancias de la vida humana y de la historia en cuadros y parábolas que ilustran el reino de los cielos (Mt. 13; Lc. 19:12ss).

Es también *victoriosamente apologético*, ya que siempre hacía callar a los enemigos que querían enredar al Maestro por medio de sus argumentos y sutilezas (Mt. 15:2-3; 21:23-25; 22:17-22, 41-45). El mensaje es *instructivo* por excelencia, ya que por su medio el Maestro iniciaba a los discípulos en los misterios del reino (Mt. 13:18ss; Mr. 4:34). Dios mismo señaló a su Hijo como el Enseñador cuando declaró: "Este es mi hijo amado ... ¡a El oíd!" (Mt. 17:5) y el mismo Señor testificó de Sí mismo que era mayor que Salomón en su sabiduría (Mt. 12:42; cp. 1 R. 10:1-10).

El mensaje se enlaza con la revelación anterior del Antiguo Testamento

La actitud del Maestro en relación con el Antiguo Testamento es hondamente significativa pues es evidente que para Cristo —el Verbo divino, vivo y personal— la Palabra Escrita constituía un organismo indisoluble en su unidad, siendo LA ESCRITURA por antonomasia (Jn. 10:35). Según sus propias palabras, y las de los apóstoles, el Antiguo Testamento era:

• La *autoridad* bajo la cual se colocó (Gá. 4:4).
• El *alimento* del cual se nutría (Mt. 4:4).
• El *arma* por medio de la cual se defendía (Mt. 4:4, 7, 10; 12:3).
• El *libro de texto* que explicaba (Lc. 25:27, 32, 44, 45).
• La *profecía* que cumplía (Mt. 5:17-18; Jn. 5:39).
• La *etapa preparatoria* que superaba (Mt. 5:22, 28, 32; 12:6, 41, 42).
• Su *propia Palabra* que El profundizaba más al par que la interpretaba (1 P. 1:11; Mt. 5:28).

Su mensaje era severo en su juicio

Cristo amaba al hombre, y vino al mundo con el fin de salvarlo, pero esto no impidió que comprendiese cual ningún otro el estado corrompido del hombre caído, como es evidente por las referencias siguientes: el hombre es malo por naturaleza (Mt. 7:1) y los judíos de su día formaban una "generación adúltera" (Mr. 8:38). Una sola alma vale más que todos los tesoros del mundo (Mr. 16:26), pero la mera religión carnal es "abominación delante de Dios" (Lc. 16:15). Poseído de celo consumidor por la justicia divina, Cristo se enfrentaba con los fariseos, cuya hiprocresía les impulsaba a ser sus enemigos llamándoles sepulcros blanqueados, llenos de huesos muertos, necios, ciegos, mentirosos, hipócritas, ladrones, lobos rapaces, hijos del diablo, serpientes y generación de víboras (Jn. 2:17; Lc. 19:27; Mt. 15:14; 23:13-15, 27; Jn. 8:44, 55; 10:8; Mt. 7:15; 22:7; 23:33). El Maestro calificó el templo como "cueva de ladrones" (Mr. 11:17) a Herodes llamó "aquella zorra" (Lc. 13:31-32) y a aquellos que le confesaban falsa e hipócritamente denominó "obradores de maldad" e "hijos del malo" (Mt. 7:23; 13:38). En Mateo 10:15 y 11:23-24 declaró que la suerte de Sodoma y Gomorra sería tolerable comparada con la de las ciudades que iban rechazando obstinadamente su mensaje. Y no sólo ellas, sino que no había esperanza alguna para quienes insistieran en rechazarle, que eran perdidos y malditos, cuya suerte es la del "llanto y el crujir de dientes" en un lugar de "fuego que no puede ser apagado" (Mt. 16:25; 25:30, 41; 24:51; Mr. 9:43).

El mensaje como "buenas nuevas" es de compasión infinita

Este mensaje presenta a Cristo como:

- el amigo de los pecadores (Mt. 11:19; 9:13).
- el médico de los enfermos (Mr. 2:17).
- el dador de paz a los trabajados (Mt. 11:28).
- el protector que bendecía a los niños (Mt. 19:15).
- el heraldo de las buenas nuevas para los pobres (Lc. 4:18).
- el fiador del paraíso para los arrepentidos (Lc. 23:43).

De acuerdo con estos títulos que relevan su gracia, el Rey digna hacerse Siervo de sus siervos, aprestándose para ministrar a favor de ellos aun como el Glorificado diciendo: "Bienaventurados aquellos siervos a los cuales, cuando el Señor viniere, hallare velando; de cierto os digo que se ceñirá y hará que se sienten a la mesa, y pasando les servirá" (Lc. 12:37; cp. Jn. 13:1-12). Todos los milagros de Jesús revelan esta compasión infinita, pues todos, al par que simbolizan el propósito de su misión, son obras de auxilio y de bendición. El único milagro de juicio —el de maldecir la higuera (Mt. 21:19)— se convierte en una manifestación de amor si nos acordamos que fue una amonestación simbólica a Israel sobre el juicio que visitaría su esterilidad espiritual.

El mensaje exige la entrega total a su Señor

El mensaje exige nada menos que una obediencia sin reservas, y a la vez que concede tanto, impone sus mandatos de una forma total, siendo al mismo tiempo un don que se otorga y una tarea que se ha de cumplir. Ningún otro reino ha sido jamás tan totalitario en sus demandas como el de Cristo, pues a la autoridad tan sublime que El ejerce ha de corresponder la obediencia más rendida. Es preciso seguir donde guía el Caudillo, sin murmurar jamás, en absoluta sumisión a las órdenes recibidas. El Rey es absoluto en su autoridad, tanto en el reino como en la Iglesia.

La tibieza de corazón es una abominación a los ojos de este Rey, pues a El le pertenece el todo del hombre —espíritu, alma y cuerpo— y eso en todas las relaciones, sean celestiales o terrenas. Es preciso que el súbdito-discípulo renuncie a todo lo suyo, cargando con la cruz, para seguir a Jesús, amándole por encima de los seres más queridos. Se exige aun que el discípulo esté dispuesto a perder su propia vida, aborreciéndose a sí mismo en comparación con su amor al Maestro y en su afán de servirle. Esta entrega es perder la vida en sentido natural, pero esta aparente pérdida es la garantía de que el discípulo ha de ganar la verdadera vida en su plenitud para la eternidad. Nada menos que todo eso exige nuestro Rey (Lc. 14:10, 26, 33; 16:13; Mt. 10:37; 16:24; Jn. 12:25).

Pasando al detalle de sus mandatos, vemos que exige de nosotros el *amor fraternal* que es el reflejo del amor que hemos de dar a Dios (Mr. 12:28-31), juntamente con la *verdad,* la *fidelidad,* la *humildad* y la *abnegación* (Mt. 5:33-37; Jn. 13:1ss; Mt. 6:24). El discípulo, hallándose vestido de fe y de valor, ha de estar libre de la ansiosa perplejidad, al par que se goza en la esperanza celestial porque es hombre de oración (Mt. 6:6, 26; 21:21; Lc. 12:35-48).

Desde luego, todo eso nace de la vida que es de estirpe real, engendrado de la simiente divina. He aquí la base de la exhortación:

"Sed, pues, perfectos, como vuestro Padre que está en los cielos es perfecto" (Mt. 5:48). Pero con todo eso hemos de gemir: "Siervos inútiles somos, porque lo que debíamos hacer, hicimos" (Lc. 17:10).

El mensaje tiene por meta la liberación del mundo

Por fin llegará la consumación, según el intento de la frase: "El campo es el mundo" dentro del cual el arrepentimiento y la remisión de los pecados en su nombre ha de proclamarse a todas las naciones (Mt. 13:38; 28:19-20; Lc. 24:47). El mensaje será para testimonio a todos los gentiles, según el último mandato del Señor a los suyos: "Me seréis testigos en Jerusalén, en toda Judea, en Samaria y hasta lo último de la tierra" (Mt. 24:14; Hch. 1:8).

Cuando el Rey aparezca de nuevo, el reino se hará visible; los benditos del Padre heredarán sus dominios y los justos resplandecerán como el sol para siempre jamás (Mt. 25:34; 13:43).

He aquí *la esperanza* del mensaje del reino.

LOS OYENTES

El Señor pronunció todo lo que antecede en la esfera nacional de los judíos, pues en los días de su carne era siempre el "ministro de la circuncisión por la verdad de Dios para confirmar las promesas hechas a los padres" (Ro. 15:18), y aun El mismo nació "bajo la ley" (Gá. 4:4; cp. Lc. 2:22, 24, 41). A la mujer sirofenisia extranjera a las promesas hechas a Israel, el Señor declaró: "No soy enviado sino a las ovejas perdidas de la casa de Israel" (Mt. 15:24; cp. 10:5-6). Los auditorios que escucharon el sermón del monte, las pláticas en las playas, las parábolas todas y el discurso profético que el Maestro pronunció en el Monte de los Olivos, consistían exclusivamente de israelitas (Mt. 5—7; 13; cp. 24—25). Solamente después de haber sido derribada la "pared intermedia de separación" por medio de la cruz, y de haber sido abierta la puerta del reino de los cielos a los gentiles en la casa de Cornelio, tienen las naciones derecho de apropiar para sí, en igualdad de condiciones con los judíos, las enseñanzas esenciales de los evangelios. Fue bastante después de la terminación del ministerio terrenal del Señor cuando Pedro, en la casa de Cornelio, y aplicando el verdadero sentido de la cruz, abrió a los no-judíos la puerta de la "aula" de los evangelios donde el Maestro mismo, en forma directa, enseña a los suyos (Ef. 2:13-16; Mt. 16:19; Hch. 10).

Mas ahora ya no existen diferencias, porque tanto los judíos como los gentiles poseen la misma salvación (Hch. 28:18; 11:17; 15:9). No hay dos evangelios (uno judaico-cristiano y el otro gentílico-cristiano) sino uno solo, como también una sola Iglesia (Gá. 1:6-9; Ef. 2:11-22). La opinión que algunos sostienen al efecto de que el *contenido doctrinal* del evangelio se limitaba a Israel —aun después de abrirse la puerta del reino a los gentiles sobre la base de la obra de la cruz— y que cree que tal doctrina en sus relaciones dispensacionales se diferencia del mensaje que Pablo dio a la Iglesia, constituye una evidente contradicción de la doctrina novotestamentaria de la salvación, sobre todo según se presentaba por Pablo mismo. Este apóstol testifica que "su evangelio" en toda el área de su proclamación, tenía que pasar por dos fases, pues tratándose siempre del mismo evangelio se presentaba *primeramente* a los judíos, y *después* a los gentiles (Ro. 1:16; Hch. 13:46; 28:28).

De igual forma el autor de Hebreos —uno de los colaboradores del apóstol Pablo (He. 13:23)— declaró que la salvación de ese período de la Iglesia comenzó a ser predicada por el mismo Señor durante su ministerio terrenal y, por consiguiente con anterioridad a los mensajes de Pablo (He. 2:3). Y si bien Pablo describe su evangelio como "espíritu" y "vida" (véase 2 Co. 3:6, "el espíritu vivifica"), hallamos una descripción análoga de las palabras del Señor Jesús, y en el mismo plano dispensacional, en Juan 6:63: "Las palabras que yo os he hablado son espíritu y son vida." Por consiguiente, lo que fue proclamado por Pablo y sus colaboradores en el período de la Iglesia no era —en lo que concierne al mensaje de los evangelios— un nuevo mensaje dispensacional, sino sencillamente una continuación del anterior, ampliado éste y profundizado por nuevas revelaciones del Espíritu Santo (Gá. 1:11-12; Ef. 3:3; 1 Co. 11:23; 1 Ts. 4:15).

Finalizando, comprendemos que en el período de los evangelios, la esfera, el ambiente y hasta la forma de la doctrina del reino de los cielos se encuadraban dentro de los límites del marco del Antiguo Testamento y de la nación judaica (Mt. 5:21, 23-27, 31, 38, 43). Pero su esencia y su espíritu participaban ya de la libertad del nuevo pacto. Las dispensaciones de la ley y de la gracia no se dividen por la frontera de un solo suceso, sino que los márgenes se matizan como los distintos colores del arco iris.

LAS GLORIOSAS PARADOJAS DEL REINO

El reino...

Tiene un Rey que muere por sus súbditos.

El Juez es también el Salvador de todo aquel que quiere ser salvo.

Los aristócratas de ahora eran antes esclavos (Lc. 12:32; Ro. 6:20).

Tiene jueces que antes eran criminales (1 Co. 6:2-3).

Sus "fieles" eran antes rebeldes contumaces.

Una ley que es libertad completa (Ro. 8:2; Stg. 1:25).

Una libertad que está totalmente atada (Ro. 6:18).

Todos los súbditos eran antes enemigos (Ro. 5:10).

Todos sus líderes son a la vez esclavos (Ap. 1:6).

Cada súbdito ha nacido dos veces; primeramente a la vida natural, y después a la espiritual (Jn. 3:3).

Muchos de los súbditos no morirían jamás (1 Co. 15:51).

Todos los súbditos han pasado de la muerte a la vida (Jn. 5:24).

Los súbditos son "derrotados" y "vencedores" al mismo tiempo (2 Co. 6:9, 10).

Los héroes se glorían en su flaqueza (2 Co. 12:9).

Los "despreciados" son "exaltados" por el Rey del universo (Lc. 12:32).

Tiene dominios sobre la tierra, pero su metrópoli se halla en el cielo (Gá. 4:26).

Los súbditos forman una "manada pequeña", y a la vez son innumerables como las arenas del mar (Gn. 22:17; Ap. 7:9).

No tiene país donde establecerse, pero tiene derecho de dominio sobre todo el mundo (1 P. 2:11; Mt. 5:5; 1 Co. 6:2).

¿Qué constituye la clave para entender tanta paradoja?

Un Rey coronado de espinas.

¡He aquí la gloria del reino!

4

La batalla decisiva en el Gólgota

"Theologia crucis — theologia lucis" (La teología de la cruz es la teología de la luz —Martín Lutero).

El odio de los fariseos llevó a Cristo a la cruz, siendo su ejecución el crimen judicial más infame de la historia del mundo. Se ha calificado el hecho como "el asesinato más cobarde de un embajador que jamás se ha visto, y el ultraje más vil que rebeldes jamás han perpetrado contra el benefactor de su patria".

Pero detrás del crimen máximo de todos los tiempos se halla la obra de Dios quien cumple por medios tan extraños el plan eterno.

Dios ha convertido este acto de alevosa y diabólica rebelión contra su persona en el medio para la expiación de los pecados y la salvación de los mismos rebeldes. Al golpe insultante que asestaron a su rostro santo, respondió con el beso de amor y de reconciliación. Nosotros llegamos al límite de toda maldad por nuestra rebelión contra El, mas El escogió aquella misma hora para la manifestación más sublime de toda gracia y bondad para con nosotros. Así es que el hecho vergonzoso de la cruz, en cumplimiento del plan de redención, llegó a ser el eje de la historia humana, y no sólo eso, sino de toda la suprahistoria universal.

El momento en el calendario humano sería, con toda probabilidad, según los más recientes cálculos de los eruditos, el día 7 de abril del año 30 d.C., pero como "hecho eterno" la cruz es el fundamento de todo el victorioso proceso de la redención.

EL SIGNIFICADO DE LA CRUZ PARA DIOS

La cruz es el hecho más trascendental de la historia de la salvación: mayor aun que el de la resurrección, bien que los dos son inseparables. Se puede decir que la cruz es la *victoria*, mientras que la resurección es el *triunfo*, siendo más importante aquélla que éste, bien que el triunfo es la consumación natural e inevitable de la victoria. En la resurrección, pues, se manifestó públicamente la victoria del Crucificado, bien que la victoria en sí había sido ganada cuando el vencedor exclamó: "¡Consumado es!" (Jn. 19:30).

La cruz es la evidencia suprema del AMOR de Dios

En la cruz el Señor de toda vida entregó a la muerte a su Amado, a su Unigénito Hijo, al Mediador y el Heredero de la creación (Col. 1:16; He. 1:2-3). El Cristo que murió en la cruz era el SEÑOR de todo, en honor de quien los astros siguen su curso por el espacio, y al otro extremo de la creación, en cuya honra los insectos revolotean en un rayo de sol (He. 2:10). Verdaderamente, en este gran acontecimiento, "Dios da prueba de su amor para con nosotros, porque siendo aun pecadores, Cristo murió por nosotros" (Ro. 5:8).

La cruz es la mayor prueba de la JUSTICIA de Dios

En la cruz el Juez de toda la tierra, y "como manifestación de su justicia", no perdonó aun a su propio Hijo (Ro. 3:25; 8:32). En el transcurso de los siglos, pese a muchos juicios individuales y parciales. Dios no había castigado jamás el pecado con juicio final (Hch.17:30). Tanto es así que a causa de su paciencia su santidad aparentemente estaba en tela de juicio por "haber pasado por alto, en su paciencia, los pecados pasados" (Ro. 3:25). En vista de ello, solamente la muerte expiatoria del Redentor, como acto justificativo de Dios frente a la pasada historia de la humanidad, pudo demostrar la justicia irrefutable del Juez supremo de los hombres. Comprendemos, desde luego, que la paciencia de los tiempos anteriores se fundaba exclusivamente en el hecho futuro de la cruz, de la manera en que todo pecado presente y futuro puede ser expiado por la "justificación" del pecador tan sólo por la mirada retrospectiva de la justicia divina hacia la cruz. Por ende la paciencia pasada, el juicio presente y la gracia futura hallan todos su punto de convergencia en la cruz (Ro. 3:25-26; 1 Jn.1:9; Jn. 12:31).

En el evangelio se revela por primera vez "una justicia de Dios" (Ro. 1:17 VHA) que no es sólo un atributo de Dios, sino también un don que procede de Dios, y que es válido delante de su trono de justicia al ser aceptado en sumisión y fe por el pecador (Ro. 1:17; 2 Co. 3:9; 5:21).

La cruz aumenta maravillosamente las RIQUEZAS de Dios

Los redimidos en el cielo cantan: "Tu fuiste inmolado, y nos has redimido para Dios con tu sangre de todo linaje y lengua y pueblo y nación, y nos has hecho para nuestro Dios un reino de sacerdotes y reinaremos sobre la tierra" (Ap. 5:9-10). El cántico expresa maravillosamente el hecho de que los salvos, en su conjunto, son la posesión de Dios, un pueblo adquirido, que es de su propiedad exclusiva (1 P. 2:9; Tit. 2:11). Claro está que no queremos decir que esta riqueza adquirida por medio de la cruz signifique un incremento de la gloria esencial de Dios, porque es infinito en todo. Sin embargo, las Escrituras afirman que, al redimir la Iglesia, Dios ha ganado un instrumento eficaz para la *revelación* de su gloria, puesto que aun ahora, en este período en que vivimos, la función de la Iglesia no se limita a testificar en la tierra, sino, según Efesios 3:10-11, existe "para que la multiforme sabiduría de Dios sea ahora notificada por la Iglesia a los principados y potestades de los lugares celestiales". Ante tal pensamiento, ¡que se eleve nuestro espíritu por encima del polvo de nuestra jornada de hoy, hermanos! Por medio nuestro los principados de los lugares celestiales han aprendido *hoy* algo de la rica diversidad de la sabiduría de nuestro Dios! ¡Que nuestro corazón vuele, pues, por *encima de* las estrellas, para morar al abrigo del trono de Dios el Omnipotente, quien se digna ser nuestro Padre por medio de su Hijo!

EL SIGNIFICADO DE LA CRUZ PARA CRISTO

Para Cristo y para Dios la cruz es la expresión suprema de la AUTORIDAD de Dios

Al iniciar su misión redentora en el mundo el Hijo exclamó: "¡Heme aquí para que haga, oh Dios, tu voluntad!" y la entera sumisión a la voluntad divina le hizo ser "obediente hasta la muerte, y muerte de cruz" (He. 10:7; Fil. 2:8; Ro. 5:9). En vista de que el Hijo, igual al Padre en esencia y gloria, se sometiera a la voluntad divina, es evidente que todo otro ser tendrá que rendirse ante la autoridad del trono celestial.

La cruz en grado SUPREMO DELEITA el corazón de Dios

Debiéramos pensar siempre en primer término en lo que es la cruz *para Dios mismo*, teniendo en cuenta el simbolismo del holocausto del primer capítulo de Levítico que era "ofrenda encendida, olor suave a Jehová". Fue preciso ante todo que Dios quedara satisfecho por medio del gran acto de obediencia de su Hijo, y por eso Pablo, recogiendo el lenguaje levítico, nos declara que Cristo "se entregó a sí mismo por nosotros, ofrenda y sacrificio a Dios en olor suave" (Ef. 5:2).

La cruz es la base de una manifestación especial del AMOR de Dios para con su Hijo

El amor que une al Padre con el Hijo en el seno de la Deidad ha de ser necesariamente perfecto en su eternidad, pero tal fue el agrado del Padre ante la entrega voluntaria del Hijo que esta produjo una manifestación especial de amor y de aprobación: "Por eso me ama el Padre, porque yo pongo mi vida para volverla a tomar" (Jn. 10:17).

Para Cristo personalmente la cruz es el CAMINO a la diestra del trono como el Dios-Hombre triunfador

La posición esencial del Hijo es "en el seno del Padre" (Jn. 1:18), pero habiendo aceptado la misión de redimir al hombre caído, y en cumplimiento de ella se encarnó, llegando a ser el "Hijo del hombre": el campeón de la humanidad que libra la batalla contra Satanás. En la cruz ganó la victoria, derrotando al enemigo por el hecho de anular el pecado y agotar la muerte. Así pudo ascender a la diestra de la Majestad en las alturas (lugar de todo poder ejecutivo) revestido de la doble gloria de su divinidad esencial e inalienable, unida ya con la *gloria que adquirió* como el hombre vencedor (Jn. 1:18; Fil. 2:6-11; He. 2:9; 8:1).

Por la cruz Cristo SE POSESIONÓ de su Iglesia redimida

Por haber pasado a través de la muerte, no se halla ya solo como "el grano de trigo", sino acompañado de los suyos, gozándose en el fruto abundante de la cruz en victoriosa glorificación (Jn. 12:24). Sólo así pudo alcanzar el gozo que le fue propuesto y ser hecho perfecto como el autor y consumador de la fe; sólo así pudo ser el "primogénito entre muchos hermanos", la Cabeza de los innumerables miembros del Cuerpo, adquiriendo aquella Iglesia que es "su cuerpo, la plenitud de Aquel que hinche todas las cosas en todos" (He. 2:10; 12:2; Ro. 8:29; Ef. 1:22-23).

Ciertamente Cristo, como persona divina, no pudo ganar nada por medio de la cruz, ya que su gloria eterna era infinita. El hombre glorificado a la diestra del Padre no posee más divinidad ahora de la que era suya en la eternidad, antes de encarnarse, sino que pide al Padre la renovada manifestación de la misma gloria: "Padre, glorifícame tu cerca de ti mismo con aquella gloria que tuve cerca de ti antes que el mundo fuese" (Jn. 17:5). En cambio, como Redentor y el "postrer Adán", Cristo ha ganado una nueva exaltación, teniendo ya un nombre que es sobre todo nombre", en el cual se doblará "toda rodilla en el cielo, en la tierra y debajo de la tierra" (Ro. 5:12-21; 1 Co. 15:45; Fil. 2:9-10).

La cruz, para nosotros personalmente, es la expresión más sublime del AMOR del Hijo de Dios

Pablo se deleita en contemplar este amor revelado en la cruz: "El Hijo de Dios que me amó, y se entregó a Sí mismo por mí". . . Cristo amó a la Iglesia y se entregó a Sí mismo por ella" (Gá. 2:20;

Ef. 5:25). Cristo ha hecho que su muerte agonizante en la cruz sea la bendita fuente de nuestra . . . ¡He aquí la respuesta de su amor redentor a nuestra rebeldía y odio! Por tal medio la victoria aparente de Satanás se convirtió en una derrota tremenda y decisiva, al par que la aparente derrota de Cristo llegó a ser su victoria suprema, manifestación de su poder infinito (cp. Jn. 4:9, 10; Ro. 5:6-8).

EL SIGNIFICADO DE LA CRUZ PARA NOSOTROS

El aspecto individual

Para el cristiano, como individuo, la cruz encierra un doble significado: por una parte es la base de su *justificación* por la que se arregla su vida pasada frente a la justicia de Dios; y por otra, es el fundamento de su *santificación*, por la que se gobierna su vida presente segun la voluntad de Dios

La base de la justificación

Preciso era que nuestros pecados fuesen cargados sobre el Fiador, quien debió llevarlos como sustituto en lugar de otros, a fin de que éstos, habiendo muerto al pecado, viviesen luego a la justicia (Is. 53:6; 1 P. 2:24; He. 9:28; 2 Co. 5:21). De la forma en que la ruina del hombre se produjo por un solo acontecimiento histórico —el de la Caída— así también tuvo que ser levantado de su postración por el Fiador mediante un solo suceso: el acto de justicia del Gólgota (cp. Gn. 3 con Ro. 5:18). En Romanos 5:18 Pablo emplea la voz griega *dikaioma* que indica un *hecho justo*, y no la palabra más corriente *dikaiosune* que significa la calidad de la *justicia* o de la *rectitud.*

La naturaleza esencial del pecado es la rebeldía, que conduce indefectiblemente a la separación de la criatura del Creador como fuente de vida, y por consiguiente, resulta en la muerte del pecador. Obviamente la expiación ha de corresponder a la naturaleza del pecado, y por lo tanto, el Redentor debió sufrir la sentencia de la muerte para poder efectuar la restauración de la vida. He aquí el significado de la declaración: "Sin derramamiento de sangre no se hace remisión" (He. 9:22). Solamente por medio de tal muerte pudo el Redentor anular el poder de quien tenía el imperio de la muerte, es a saber, el diablo (He. 2:14). En la sabiduría eterna de Dios hubo esta necesidad: que la misma muerte, el gran enemigo de los hombres, llegase a ser el instrumento de su salvación, y que aquello que era tanto el resultado como el castigo del pecado se convirtiera en camino para redimir al hombre de su pecado (1 Co. 15:56; Ef. 2:16).

Pero se desprende de todo ello que la muerte de Cristo es "la muerte de la muerte", según la figura de la serpiente de metal en el desierto, ilustrándose el mismo hecho por la manera en que David mató a Goliat con la misma espada del gigante (Nm. 21:6, 8; cp. Jn. 3:14; 1 S. 17:51; He. 2:14).

He aquí la lógica de la salvación, que se arraiga profundamente en el plan divino de la redención, siendo irrecusable y demoledora frente a todos los orgullosos ataques de la incredulidad. La "teología de la sangre" —segun la despectiva frase de los enemigos de la cruz— que tiene a Cristo crucificado como su centro, permanece inconmovible como nuestra roca de salvación (He. 9:22; 1 Co. 2:2; Gá. 3:1). Para muchos, ciertamente, es piedra de tropiezo, roca de escándalo y señal que será contradicha, pero para los redimidos es "la piedra viva, elegida, preciosa", el fundamento inamovible de su fe (1 P. 2:4, 6, 8; Is. 28:16; Sal. 118:22). Esta piedra está puesta "para caída y levantamiento de muchos", o según la figura de Pablo en 2 Corintios 2:15-16, es "olor de muerte para muerte" en el caso de algunos, pero "de vida para vida" tratándose de otros. Para los judíos es tropezadero y para los griegos locura, pero no por eso deja de ser "potencia de Dios y sabiduría de Dios" (Lc. 2:34; 2 Co. 2:15-16; 1 Co. 1:18, 23-24).

El concepto de la sustitución había dejado tan honda mella en las prefiguraciones del Antiguo Testamento que se emplea la misma voz (heb. *chata-ah*) tanto para indicar el *pecado mismo* como la *ofrenda por el pecado*. En Exodo 34:7 y 1 Samuel 2:17 *chata-ha* significa *pecado*; en cambio, en Números 32:23 e Isaías 5:18 equivale al *castigo* que recibe el pecado, mientras que en Levítico 6:18, 23 y Ezequiel 40:39 es la *ofrenda* por el pecado. Este uso echa luz sobre la gran declaración de 2 Corintios 5:21: "Al que no conoció pecado, [Dios] hizo pecado por nosotros, para que nosotros fuésemos hechos justicia de Dios en él", que puede leerse: "[Dios] le hizo ofrenda por el pecado a nuestro favor." Ciertos teólogos modernistas calumnian a Pablo, tildándole de falsificador del cristianismo, por haber enseñado este concepto de sustitución, pero de hecho no arranca de sus enseñanzas en primer término, sino de las del Maestro mismo quien testificó que no había venido para ser servido, sino para servir y "dar su vida en precio de rescate en lugar de muchos" (Mt. 20:28, trad. lit.). La frase griega *anti pollon* que Reina-Valera traduce "por muchos" significa, sin que haya lugar a contradicción, "en lugar de muchos" según muchos ejemplos que se hallan en la versión griega del Antiguo Testamento tan usada por los judíos en el primer siglo, la "Alejandrina" o "Septuaginta" Así en Génesis 22:13, Abraham ofreció el carnero "en lugar de su hijo" (griego, *anti*); en algunas listas de reyes, para indicar que el hijo llegó a reinar "en lugar de su padre", se emplea la misma palabra (Gn. 36:33-35, etc.), siendo clarísima la idea de sustitución. Pablo no inventa novedades, pues, cuando describe la ofrenda del Señor de sí mismo como "un precio de rescate en lugar de muchos" (*antilutron*, 1 Ti. 2:6), sino que se basa en las enseñanzas del Cristo, de la forma en que éstas concretaban e interpretaban las indicaciones del Antiguo Testamento.

La cruz es la base de la santificación para los salvos

Cristo el Señor murió en la cruz para que nosotros fuésemos salvados de la cruz. Esta afirmación subraya la parte negativa y judicial de su muerte, o sea la *liberación* que fue provista por el Gólgota. Desde otros puntos de vista Cristo murió en la cruz con el fin de que fuésemos asociados con El allí, lo que nos incluye en el significado de su muerte a los efectos morales de una vida santa, y eso señala la *obligación* del Gólgota. Nosotros somos "plantados juntamente" con el Crucificado, siendo vinculados orgánicamente a la "semejanza de su muerte" (Ro. 6:5). Todo eso es otra manera de expresar las enseñanzas del Maestro en los evangelios: que somos discípulos que llevamos su cruz en pos de El o según otra figura, somos granos de trigo a semejanza de Cristo mismo, sabiendo que no llegamos a vivir espiritualmente sino a través de la muerte (Mt. 10:38; Jn. 12:24-25). Así somos llamados a participar en lo que era la fundación de nuestra redención, o sea de la muerte, que no por ser tenebrosa deja de ser preciosa.

Según Gálatas 2:20 hemos sido "crucificados con Cristo" y por eso:

* El mundo *alrededor* está muerto por medio del Crucificado, pues por la cruz el mundo está crucificado a nosotros, y nosotros a El (Gá. 6:14).

* El mundo *dentro de nosotros*, o sea la carne en nosotros, ha sido crucificada igualmente en la cruz, según la afirmación de Pablo: "sabiendo esto, que nuestro viejo hombre fue juntamente crucificado con él ... a fin de que no sirvamos más al pecado" (Ro. 6:6, 11).

* El mundo *debajo de nosotros* ha sufrido una derrota total por medio de la cruz, de forma que Pablo pudo declarar que Cristo, "despojando los principados y las potestades, sacólos a la vergüenza en público, triunfando de ellos en sí mismo" (Col. 2:15, cp. Gn. 3:15).

* El mundo *encima de nosotros* se ha convertido en una esfera de gracia y de bendición, ya que ha sido abolida la maldición de la ley, siendo clavados en la cruz, de modo que el creyente puede exclamar: "Yo por la ley soy muerto a la ley, para vivir a Dios" (Gá. 2:19).

El pecador vivía bajo la amenaza de la ley, pero ahora Cristo ha cumplido su fatídica sentencia en su lugar, muriendo por medio de la ley (Gá. 4:4; 3:10). Por este cumplimiento total de la sentencia de la ley, ésta ya no puede levantar acusación alguna contra El, como representante de la raza, a la manera en que el hombre ajusticiado pierde toda relación con la autoridad que le condenó a la muerte. Cristo, pues, está muerto a la ley. Ahora bien, el creyente en Cristo tiene su parte en la misma experiencia de Cristo por el hecho de su identificación con El —resultado de la fe verdadera— y por ende, él también ha muerto a la ley y vive ya en la libertad de su unión vital con aquel que fue levantado de entre los muertos (Ro. 7:4).

El aspecto colectivo

Por medio de la cruz se abre ante la humanidad un régimen nuevo en el que vemos:

- La anulación del poder de la ley, que crea una nueva situación *interna.*
- La admisión de todas las naciones a la esfera de la salvación, que ha creado una nueva situación *externa.*
- El triunfo universal del Crucificado que ha creado una nueva situación *universal.*

La anulación del poder de la ley

En la vida interior del creyente la cruz significa el cumplimiento y la abolición de todos los sacrificios levíticos, y por lo tanto, la abolición de la ley levítica en general, porque los sacrificios eran la base de la función sacerdotal, de la forma en que ésta lo era de la ley misma (He. 10:10, 14; 7:11, 18). Así por la cruz, Cristo llegó a ser fin de la ley, como también Fiador de un pacto nuevo y mejor por medio del cual los llamados "reciben promesa de la herencia eterna" (Ro. 10:4; Mt. 26:28; cp. He. 7:22; He. 9:15-17). Pero siendo disuelto el sacerdocio levítico, ha pasado también el primer tabernáculo, se ha rasgado el velo del templo, el camino al lugar santísimo está expedito y todo el pueblo de Dios se ha transformado en un reino de sacerdotes espirituales (He. 9:8; Mt. 27:51; He. 10:19-22; 1 P. 2:9; Ap. 1:6).

Lo antedicho no obsta a que la ley siga cumpliendo su función de dar el conocimiento del pecado a los hombres, siendo buena en sí, y necesario freno en un mundo de impíos (1 Ti. 1:8-11; Ro. 3:20; 7:12).

La admisión de todas las naciones en la esfera de la salvación

No sólo ha perdido la ley su poder interior, en la vida de los creyentes, sino que ha cesado de ser barrera entre Israel y las naciones. Hasta el momento de cumplirse la obra de la cruz la ley —que actuaba de ayo para conducir a Israel a Cristo (Gá. 3:24)— constituía una valla que separaba el pueblo hebreo de los demás pueblos del mundo (Ef. 2:14). Por eso las naciones se hallan sin ley y extranjeras a los pactos de la promesa, lo que producía una tensión entre ambas partes: una especie de enemistad en los anales de la salvación que impedía que aquellos "de lejos" se acercasen a los otros "de cerca". Pero ahora, Cristo, que es nuestra paz, por el cumplimiento de la ley en la cruz, ha derribado la "pared intermedia de separación", reconciliando a ambos pueblos, no sólo entre sí, sino también con Dios, formando las dos partes UN SOLO CUERPO, que es su Iglesia (Ro. 2:12; Ef. 2:11-22).

Vemos que el cumplimiento de la ley por la muerte de Cristo ha roto el cerco de la ley mosaica (cp. Gn. 12:3; cp. Gá. 3:13-14), ensanchando así la esfera de la salvación que no se limita ya por las fronteras de Israel sino que abarca todos los pueblos del mundo. El camino de la cruz fue en extremo angosto y angustioso, pero conduce a una esfera sumamente amplia, que incluye a toda alma sumisa, y así pasamos de la estrechez del período de la *preparación* hasta la universalidad del *cumplimiento* del plan de salvación: "Y yo —dice Cristo— si soy exaltado de dentro de la tierra, a todos traeré a mí mismo" (Lc. 12:50; Jn. 11:52; 12:32, trad. lit.).

El triunfo universal del Crucificado

La declaración del Señor en Juan 12:31 es de gran importancia, y debiera leerse como en la Versión Hispano-Americana margen: "Ahora hay un juicio de este mundo; ahora será echado fuera el príncipe de este mundo." Cristo profirió estas palabras en la sombra de la cruz, cuando pronto había de consumarse el triunfo de aquel que murió: el triunfo que había de despojar de sus armas a los principados de las tinieblas y destruir por la muerte al que tenía el imperio de la muerte. Fue en vista del "juicio de este mundo" y la derrota del "príncipe" que Cristo pudo dar su grito triunfal al expirar: "¡Consumado es!" (Jn. 12:31-32; Col. 2:14-15; He. 2:14; Jn. 19:30).

En cuanto a la *derrota de Satanás* vemos:

* La *potencia* para ella brota de la obra de la cruz (Jn. 12:31).
* Su *realización y manifestación* necesitarán un proceso gradual por el que el "hombre más fuerte" atará "al fuerte" (Mt. 12:29).
* Su *consumación* será absoluta y final (Ap. 20:10).

Es importante notar que la Escritura emplea el verbo "levantar" (*hupsoo*) en sentido doble cuando se refiere a la obra de la cruz, pues abarca no sólo el levantamiento en la cruz para morir, sino también el ser exaltado hasta la diestra de la Majestad de las Alturas, siendo íntimamente relacionados estos dos aspectos. El Crucificado es también el Coronado y es necesario que sea echado fuera el príncipe usurpador y antiguo de este mundo para que tome posesión de sus dominios el nuevo monarca legítimo. Los dos aspectos se pueden estudiar en los siguientes pasajes: Juan 3:14; 8:28; 12:32; Filipenses 2:8-11; y Hebreos 2:9.

No debe extrañarnos, pues, que la tierra temblara cuando el Señor murió o que el sol rehusara dar su luz (Mt. 27:52; Lc. 23:44-45) porque en la cruz de Cristo Dios pronunció su ¡NO! frente a toda manifestación del pecado (Jn. 12:31). De igual forma la tierra será conmovida en el día cuando sea juzgada. Al mismo tiempo se cubrirá de vergüenza el sol, la luna no dará su luz y palidecerán las estrellas, y los cielos y la tierra huirán de la presencia de aquel que se sentará sobre el gran trono blanco (Hag. 2:6; He. 12:26-27; Is. 24:23; Ap. 20:11).

Pero entonces, por la transmutación de los elementos del antiguo mundo material —"siendo abrasados", como dice el apóstol Pedro— surgirá un mundo nuevo y glorioso. Al final de los tiempos, pues, el mundo también experimentará su "muerte" para pasar inmediatamente a su "resurrección" sobre la base de la muerte y la resurrección de Cristo, y así amanecerá su "mañana de Pascua" por el poder transformador de Dios. He aquí el significado profético del oscurecimiento del sol y del estremecimiento de la tierra en el momento de la muerte del Redentor.

Cristo, el grano de trigo (Juan 12:20-33)

Mucho de lo que antecede se resume en la figura de Cristo como el "grano de trigo que cae en tierra y muere".

- Fue "echado en tierra" gracias a su amor de Redentor en el primer Viernes Santo.
- Su tallo abrió paso por la tierra en el Domingo de la Pascua, orientándose hacia el cielo.
- Su tallo dorado penetró los cielos en el día de la Ascensión.
- Su espiga se llenó de multitud de granos en la era indicada por el día de Pentecostés.

La cruz desde la eternidad hasta la eternidad

- *La cruz en la eternidad.* La cruz es un pensamiento eterno de Dios puesto que el Cordero fue "conocido ya, de cierto, antes de la fundación del mundo (1 P. 1:20).

- *La cruz en el pasado.* Es el hecho histórico llevado a cabo en la consumación de los siglos y asociado con los nombres de Getsemaní, Gabatha y Gólgota. (He. 9:26).

- *La cruz en el presente.* "Cristo crucificado" es el tema único y fundamental de la predicación del evangelio, como también norma para la vida del creyente muerto con Cristo" y que desea vivir "en conformidad con su muerte" (1 Co. 2:2; Gá. 2:20; 6:14; Fil. 3:10).

- *La cruz en el porvenir.* Será el Salvador que murió en la cruz coronado de espinas —colocando así la piedra fundamental de su propio reino— quien gobernará gloriosamente como Rey en el reino mesiánico visible (Fil. 2:8-11).

- *La cruz en la gloria del cielo.* El hecho de la cruz será el tema de las alabanzas de los redimidos, y "en medio del trono" se verá un "Cordero como inmolado". Los apóstoles *del Cordero* tendrán su parte en el fundamento de la ciudad eterna (Ap. 5:6-10; 21:14).

5

El triunfo de la resurrección

"¡Cristo ha resucitado!" He aquí el grito de victoria que el evangelio ha extendido por todas las tierras del mundo, pues el mensaje de la cruz es al mismo tiempo el mensaje de la resurrección, siendo esto lo que hace invencible la buena nueva (Hch. 1:22; 2:32).

No sería imposible concebir el retorno del Redentor al cielo sin que mediara la resurrección corporal, pues si hubiese vuelto a la gloria del Padre en su naturaleza espiritual inmediatamente después de su muerte, todavía habría sido el Hijo de Dios, el Viviente. Antes de su encarnación había existido eternamente en el cielo sin cuerpo humano, siendo siempre Manantial y Príncipe de toda vida creada (Hch. 3:15; Jn. 1:4). La continuidad de la existencia después de la muerte, y su ascensión al trono celestial, no habrían sido afectadas por la falta de la resurrección del cuerpo. Sin embargo, tal resurrección corporal era el requisito imprescindible para la consumación de la redención por las causas que hemos de considerar a continuación.

59

LA RESURRECCIÓN CORPORAL SIGNIFICA LA CUMPLIDA REALIZACIÓN DE LA VICTORIA DEL REDENTOR SOBRE LA MUERTE

Si Cristo hubiera regresado al cielo sin la resurrección corporal, no habría desplegado toda la extensión de su obra como vencedor absoluto de la muerte (Sal. 16:10). Habrían triunfado espiritual y moralmente sobre ella, pero no habría manifestado su victoria, como soberano, sobre la muerte física, ya que la personalidad humana está constituida de espíritu, alma y cuerpo, y un triunfo que hubiera alcanzado tan sólo a los dos primeros elementos, quedando fuera del cuerpo, habría sido parcial, de "dos terceras partes" por decirlo así, y no total.

Pero aún hay más, porque aparte de la resurrección corporal, Cristo no habría podido ser *en grado alguno* el vencedor de la muerte, puesto que ésta no es la cesación de la existencia ni tampoco el aniquilamiento del ser, sino la disolución de la personalidad humana por la rotura de los lazos entre espíritu, alma y cuerpo. La conquista de la muerte ha de demostrarse pues en la restauración de esta unidad por el restablecimiento del enlace orgánico entre el espíritu, alma y cuerpo, cosa que sería imposible aparte de la reunión del cuerpo con el alma y el espíritu. *No* podría haber ninguna clase de triunfo sobre la muerte, pues, ni fruto alguno de victoria, aparte de la resurrección corporal, siendo ésta la única evidencia fidedigna de que la muerte ha sido vencida. Habríamos tenido que llegar a esta conclusión lógica aun si no tuviéramos el testimonio que los cuatro evangelios nos dan en cuanto a la tumba vacía del Señor (1 Co. 15:54-57; Mt. 28; Mr. 16; Lc. 24; Jn. 20).

LA RESURRECCIÓN CORPORAL DEL SEÑOR ES LA BASE DE LA FE DE LOS REDIMIDOS

"La fe viene por el oír, y el oír por la palabra de Dios" dice Pablo en Romanos 10:14-17, con obvia referencia a la fe de los creyentes en el *primer* período de la historia de la Iglesia. El individuo sólo puede creer gracias al testimonio de quienes creían antes que él, y esta cadena no tendría existencia alguna aparte de la fe de la primera generación de creyentes (Ef. 2:20). Pero los testigos escogidos por el Señor perdieron su fe al ver la muerte de Cristo en la cruz (Jn. 20:19, 25; Lc. 24:21-22; Mr. 16:14) y no pudo restablecerse su confianza aparte de las evidencias de la resurrección corporal del Señor a través de las manifestaciones del Resucitado (Jn. 20:8, 20; 1 P. 1:21). Sin la resurrección corporal de Cristo ningún hombre razonable habría creído jamás en el Crucificado porque su fin habría constituido la negación de sus propias predicciones anteriores que señalaban su resurrección y su triunfo (Mt. 16:21; 17:23; 20:19; cp. Mt. 12:40 y Jn. 2:19).

La resurrección del Señor viene a ser, pues, el sello por el cual el Padre garantiza la persona y la obra del Cristo, quien, por este hecho, se demuestra ser el Profeta y el Hijo de Dios (Hch. 2:23; Ro. 1:4).

La resurrección del Señor como sello

• Es el sello del testimonio de los profetas que predijeron el hecho (Sal. 16:10; Os. 6:2; Is. 53:8-10; cp. "la señal de Jonás" en Mt. 12:39).
• Es el sello sobre el testimonio que Jesús dio en cuanto a sí mismo (Mt. 16:21; Jn. 2:19-22).
• Es el sello sobre el testimonio de los apóstoles (1 Co. 15:15).
• Es el sello que garantiza que Jesús es el Hijo de Dios (Ro. 1:4; Hch. 13:33).
• Es el sello que afirma que Jesús es Rey (Hch. 13:34).
• Es el sello que refrenda la plena autoridad de Jesús como Juez universal (Hch. 17:31).
• Es el sello que garantiza la resurrección y la gloria del creyente (1 Ts. 4:14).

Tengamos en cuenta que la resurrección del Señor es el hecho más firme y mejor atestiguado de toda la historia de la salvación. Leamos el capítulo 15 de 1 Corintios —carta reconocida como genuinamente paulina aun por los críticos más radicales— y veremos que Pablo pudo apelar al testimonio de centenares de testigos oculares que aún vivían cuando El presentaba el hecho delante de sus lectores, siendo algunos de éstos opuestos a la doctrina, y por lo tanto, difíciles de convencer sin testimonios adecuados (1 Co. 15:6).

Las pruebas de la resurrección del Señor

1. *La prueba de la experiencia.* Los mismos cristianos de Corinto habían sido salvos por medio del mensaje que tenía por centro el Resucitado de entre los muertos (1 Co. 15:1-2).
2. *La prueba escritural.* No sólo había muerto Cristo, sino también había sido levantado "según las Escrituras" (1 Co. 15:3-4).
3. *La prueba testificativa.* Más de 500 personas, en circunstancias que se prestaban muy poco a ilusiones, le habían visto personalmente después de su resurrección (1 Co. 15:5-12).
4. *La prueba de la lógica de la salvación.* Pablo declara a los corintios: "Si Cristo no resucitó, entonces nuestra predicación es vana; vana es también vuestra fe, y aquellos que durmieron en Cristo están perdidos y los más miserables somos de todos los hombres" (1 Co. 15:13-19). La cruz y la resurrección están íntimamente unidas, pues el Crucificado muere para volver a tomar su vida, mientras que el Resucitado se presenta eternamente como el Crucificado (Jn. 10:17; 1 Co. 2:2; Ap. 5:6). Según 1 Corintios 2:2 Pablo predicaba a Cristo como el Crucificado, donde el participio pasado en el griego expresa la permanencia del estado indicado. Es decir, Cristo, el Resucitado, se ve para siempre en su relación con la cruz. Análogamente Tomás Dídimo contempla al Resucitado con las heridas del Calvario en su cuerpo y Juan recibe la visión del Señor como el "Cordero inmolado" (Jn. 20:27; Ap. 5:6).

Los inspirados autores del Nuevo Testamento siempre hablan de los benditos resultados de la obra de la redención en relación con el doble hecho de la muerte y la resurrección del Señor según los aspectos que notamos a continuación.

La muerte y la resurrección de Cristo conjuntamente son la base de:

- La reconciliación con Dios de aquellos que antes eran enemigos (Ro. 5:10).
- La liberación del dominio del pecado en la vida del creyente (Ro. 6:10-11).
- El señorío de Cristo (Ro. 14:9).

- La obra intercesora de Cristo a la diestra del Padre (Ro. 8:34).
- La unión venidera del Señor con los suyos (1 Ts. 4:14ss).
- Una manifestación especial del amor de su Padre celestial para con el Hijo (Jn. 10:17).

LA RESURRECCIÓN DE CRISTO ES LA BASE DE LA NUEVA VIDA DE LOS CREYENTES

La ofrenda por el pecado que Cristo realizó no puede beneficiar al pecador culpable sino por su fe en aquel que cumple el simbolismo de la serpiente de metal "levantada", o sea, en el Cordero de Dios que lleva y quita el pecado del mundo (Jn. 3:4; 1:29). Pero tal fe sería imposible aparte de la resurrección, siendo ésta el triunfo que manifiesta públicamente la victoria del Gólgota. Por eso dice el apóstol Pablo: "Si confesares con tu boca a Jesús como Señor, *y creyeres en tu corazón que Dios le resucitó de entre los muertos, serás salvo*" (Ro. 10:9).

La salvación que se consiguió a nuestro favor en la cruz sólo puede ponerse a nuestra disposición por medio del Mediador levantado y exaltado, y sólo a través del Cordero manifestado en gloria se abren las puertas de la gracia para todos. Dios pudo enviar el Espíritu de su Hijo a nuestros corazones solamente porque habíamos recibido el perdón de los pecados por la fe, siendo hechos justos gracias al juicio que nuestro sustituto agotó por nosotros en la cruz (Gá. 4:6). La muerte expiatoria del Hijo de Dios es la base de la recepción del Espíritu, y de nuestra reconciliación con Dios. A su vez la presencia del Divino Residente produce bendito fruto en nuestra unión orgánica con Cristo, que es la comunión de los redimidos en la muerte y la vida de resurrección del Salvador, quienes, según el simbolismo de Juan 6, "comen su carne y beben su sangre". Este simbolismo surge del tipo del Antiguo Testamento por el cual los sacerdotes y adoradores comían ciertas partes de los sacrificios. Podemos resumir todo lo que antecede con decir que el Cristo que se ofreció por nosotros llega a ser "Cristo en nosotros la esperanza de la gloria" (Ro. 6:5; Gá. 2:19-20; Col. 3:3; Jn. 6:32-35; 6:48-58; Lv. 7:32-34; 1 Co. 5:7; 10:16: He. 13:10; Col. 1:27).

Es evidente que la doctrina bíblica de la sustitución encierra más que un mero proceso intelectual de "sumar y restar", o de abonar en cuenta méritos o culpabilidad, revelándose más bien como un principio completamente nuevo de unión orgánica vital, en la que hay una intercompenetración completa de la vida de resurrección de su Señor, divina y personal, con la del creyente.

Cristo sólo puede otorgar los dones en sí mismo, y de esta manera llega a ser realmente el Dador (2 Co. 9:15). Así no sólo prepara y señala el camino, sino que Él es el Camino en su persona, y no sólo es el Propiciador, sino la misma sustancia de la propiación, de la manera en que, siendo Redentor nos ha sido hecho redención (Jn. 14:6; 1 Jn. 2:2; 4:10; 1 Co. 1:30). En todos los casos la mención del aspecto abstracto e impersonal de una faceta de la obra de salvación nos lleva invariablemente a la persona quien encarna todos estos aspectos en sí mismo. La fe en Cristo, por lo tanto, no es un mero asentimiento intelectual, sino una confianza absoluta y total que nos une personalmente con el Salvador, y al mismo tiempo nos introduce a la intimidad de la comunión con Él, como indica la frase griega *pisteuein eis* en Hechos 10:43; Filipenses 1:29; 1 Pedro 1:8, etc.

Para Pablo —juntamente con todos los redimidos— la frase "en Cristo" ha llegado a ser el lema que describe el origen y la esencia de su experiencia de la salvación. Pablo emplea esta frase 164 veces, explayándose sobre diferentes y característicos aspectos de este bendito secreto vivificador en todas las epístolas suyas.

- En Romanos presenta la *justificación* en Cristo.
- En Corintios presenta la *santificación* en Cristo.
- En Gálatas presenta la *libertad* en Cristo.
- En Efesios presenta nuestro *unión* en Cristo.
- En Filipenses presenta el *gozo* en Cristo.
- En Colosenses presenta la *plenitud de Dios* en Cristo.
- En Tesalonicenses presenta la *glorificación* en Cristo.

Es necesario tener muy en cuenta que el sacrificio propiciatorio de Cristo sólo puede beneficiar al pecador culpable, dejando incólume la justicia de Dios, si se halla unido con el Redentor Santo por medio del nuevo nacimiento. Pero esta unión orgánica sólo puede existir en el conjunto de Cabeza y miembros que tienen la misma naturaleza, y eso implica que Cristo permanecerá siempre como hombre, ya que sólo así puede ser la Cabeza de un organismo humano (He. 2:14-17).

Recordemos que el cuerpo forma parte de la naturaleza intrínseca del hombre, siendo necesario en el concepto básico de la humanidad, así que no hemos de considerarlo como la cárcel del alma a la manera de Platón, Aristóteles y Orígenes. En contraste con esto, Pablo considera que el alma del hombre sin el cuerpo se halla desnuda (2 Co. 5:3). Deducimos, pues, que si Cristo ha de retener su humanidad, es necesario también que retenga su cuerpo humano, pues sin la resurrección corporal habría salido, por decirlo así, del orden humano, no pudiendo consumar la obra de la redención que inició al encarnarse (He. 2:14).

La resurrección corporal significa que el Redentor había vuelto a tomar la plenitud de la naturaleza humana, inmortalizándola, transfigurándola y glorificándola en su propia persona, llegando a ser el "postrer Adán" y el "segundo hombre del cielo". Como tal, y exaltado a la diestra de Dios, es el principio creador y la Cabeza orgánica de la humanidad redimida y espiritual (Ro. 5:12-211; 1 Co. 15:45-47; Hch. 1:11; Dn. 7:13; Ap. 1:13; Fil. 3:21; Ef. 1:22).

Reconocemos que estas verdades sobrepasan nuestra plena comprensión, y nos es difícil formar una idea de cómo el Redentor, aun después de su exaltación a la gloria, puede permanecer como hombre, manifestándose en la forma de un cuerpo transfigurado. Recordamos su promesa de estar con los suyos "todos los días", y sobre todo el hecho de su naturaleza esencial como segunda persona de la Deidad, y nuestro pobre pensamiento no puede abarcar el misterio de estas diversas relaciones y manifestaciones. Pero en todo ello nos asomamos al abismo de lo eterno, y hemos de reconocer la imposibilidad de explicar aquello que se halla más allá del espacio y del tiempo. Nosotros hemos de emplear los términos bíblicos de lo material y de lo corporal, pero comprendemos bien que cuando se refieren a la esfera eterna a donde Cristo ha pasado, se revisten de un significado especial más allá de nuestra comprensión actual.

Lo importante es que las Sagradas Escrituras enseñan claramente esta eterna humanidad del Redentor, y es este mismo hecho que garantiza la consumación y la permanencia de su obra, su victoria sobre la muerte ha de abarcar necesariamente la continuidad eterna de su humanidad, puesto que sólo como el "primogénito entre muchos hermanos" puede ser "causa de eterna salvación" (Ro. 8:29; He. 2:10; 5:9; 6:20; Col. 1:10ss). Es únicamente por este medio que el individuo puede ser renovado, y que los redimidos pueden tener su existencia "en Cristo", habiendo sido engendrados para una esperanza viva" y unidos a la Iglesia como miembros (1 P. 1:3; Ef. 4:15-16). En virtud del gran hecho que consideramos, los salvos pueden experimentar aun ahora la "potencia de su resurrección" y andar en novedad de vida como resucitados con El, ya que les ha sido dada "vida juntamente con Cristo" y pueden servirle como Dios vivo con eficacia vital (Fil. 3:10; Ro. 6:5-11; Ef. 2:5; He. 9:14; Ro. 7:4-6).

Hemos de distinguir dos aspectos de la resurrección del Crucificado. En primer término, se señala la obra del Padre quien levantó de entre los muertos a su hijo, sellando la obra y aprobando su persona después de la consumación de la obra de la redención. La expresión típica de este aspecto se halla en Romanos 6:4: "Cristo fue levantado de entre los muertos por la gloria del Padre" (véase también Hch. 2:32). Pero además de esta obra del Padre, y como elemento indispensable del misterio, se señala la obra como la del Hijo mismo en el ejercicio de su propia voluntad y poder, según su declaración en Juan 10:17-18: "Por esto me ama el Padre, porque yo pongo mi vida para volverla a tomar. Tengo poder para ponerla y tengo poder para volverla a tomar (véase también Jn. 2:19).

LA RESURRECCIÓN DE CRISTO ES LA BASE DE LA TRANSFORMACIÓN DEL MUNDO

Del hecho central de la resurrección se extienden olas de bendición en círculos progresivos, garantizando en cuanto a:

- La vida del individuo, que llegue éste a la resurrección del cuerpo.
- La historia de la tierra, que aparezca el reino de gloria.
- La esfera del universo, que sea transfigurada en una nueva creación.

La resurrección del cuerpo

La resurrección de los cuerpos de los creyentes será posible solamente por el hecho de la resurrección del Señor Jesús que era la transformación de su humanidad, llegando El a ser "las primicias de los que duermen" (1 Co. 15:20, 23; Col. 1:18). Que el camino está expedito para la resurrección de los redimidos se indicó por el levantamiento de muchos de los santos del antiguo régimen cuando El resucitó (Mt. 27:52-53). Esta resurrección de "las primicias" es la base de toda otra resurrección, y así su triunfo sobre la muerte garantiza la nuestra, y su cuerpo de gloria es el patrón y muestra de lo que serán nuestros cuerpos futuros (Jn. 5:26-29; Ro. 8:11; 1 Ts. 4:14; Fil. 3:21; 1 Co. 15:49).

Aun la resurrección de juicio se efectuará por medio del Hijo, por el hecho mismo de ser el Hijo del hombre, de modo que *toda* resurrección, tanto de los creyentes como de los incrédulos, queda garantizada por la resurrección del postrer Adán, segun la declaración de 1 Corintios 15:21-22: "Pues por cuanto la muerte vino por un hombre, por un hombre también la resurrección de las muertos. Porque como en Adán todos mueren, así también en Cristo todos serán vivificados" (cp. Jn. 5:26-29).

El reino milenial

Este reino se ha de fundar sólida y exclusivamente en el hecho de la resurrección del Señor Jesús puesto que la promesa que Dios dio a David garantizó un reino humano transfigurado y eterno (2 S. 7:13). Para que ello sea posible, se requiere un Rey humano y eterno, quien en efecto será el Hijo del hombre manifestado en las nubes del cielo (Dn. 7:13; Mt. 26:64; Ap. 1:13). En principio el cumplimiento de la profecía del reino dado a David se halla en la permanencia de la humanidad de Cristo en resurrección, que es el fundamento de la "regeneración" del mundo mesiánico, de modo que la inauguración del reino que se producirá a la segunda venida de Cristo no será más que la manifestación histórica del cumplimiento en principio que se realizó en la primera venida (Mt. 19:28).

En vista de esta verdad Pablo pudo decir a los judíos: "Y en cuanto a que Dios le resucitó [a Jesús] de entre los muertos, para nunca más volver a corrupción, lo había dicho así: Os daré las santas y fieles misericordias prometidas a David" (Hch. 13:34; cp. Is. 55:3; Hch. 2:30, 31). Según múltiples profecías las energías vitales del Resucitado han de llenar toda la tierra, y el reino visible del Mesías significará la regeneración y una vida transformada para toda la creación terrenal. Entonces se verá la resurrección espiritual de Israel, la regeneración espiritual de las naciones, la eliminación del poder destructivo de las fieras y un aumento de las energías vitales y de la longevidad de los hombres (Ez. 37:1-14; Sal. 87:4-6; Is. 25:7-8; 19:21-25; 41:18; 55:12-13; 11:6-7; 65:20, 22).

Cielos nuevos y tierra nueva

Aun el reino milenial no es más que la introducción y preludio de la meta final: nuevos cielos y una tierra nueva (Ap. 21:1; cp. 20:11-15). La nueva creación traerá la transfiguración, no sólo del alma y del espíritu, sino también de la materia y de la naturaleza, de la forma en que, en la Jerusalén celestial, el oro será "transparente como cristal". La meta que Dios propone para sus criaturas no es un estado simplemente espiritual sino una creación en que el espíritu será manifestado en formas adecuadas a su naturaleza (Ap. 21:18-21).

Pero la base creadora de la nueva creación es también la resurrección del heredero de todas las cosas, y en su cuerpo de resurrección la materia fue transfigurada por primera vez: hecho en la historia de la salvación que evidencia que tal transformación es posible, y que garantiza la realidad futura (Jn. 20:27; cp. Lc. 24:39-43). En este aspecto también vemos que Cristo es "las primicias", y desde el momento de su triunfo sobre la muerte, toda transfiguración del cielo y de la tierra descansa sobre la resurrección del cuerpo del Redentor. Después del juicio del gran trono blanco la actividad vital del Resucitado será desplegada por todo el universo, y se manifestará el significado más amplio de la resurrección según se resume en la declaración profética: "He aquí, yo creo nuevos cielos y nueva tierra" (Is. 65:17; 2 P. 3:13).

6

La ascensión del Vencedor

El Vencedor resucitado ascendió al cielo, pues Dios exaltó a la gloria a aquel que los hombres levantaron en una cruz, cumpliendo así la gran declaración del Salmo 10: "Siéntate a mi diestra en tanto que pongo tus enemigos por estrado de tus pies" (véase también Jn. 12:32-33; 8:28; 3:14; Fil. 2:9; Hch. 2:33; 5:31).

La ascensión del Redentor al cielo se reviste de significado inequívoco en relación con todos los tres cargos que ostenta:

- En cuanto a su función como *Profeta*, señala la transición de la esfera de la profecía inmediata y personal a la de la profecía indirecta y espiritual.
- En cuanto a su función como *Sacerdote*, señala la consumación de la obra de sumo sacerdocio, siendo nombrado Cristo como sacerdote eterno "según el orden de Melquisedec".
- En cuanto a su función como *Rey*, señala la extensión de su autoridad real, que se convierte en dominio efectivo en nuevas y amplias esferas.

SU CARGO PROFÉTICO

El testimonio de su ejemplo

Desde la encarnación del Redentor hasta el principio de su ministerio público, Dios se manifestaba por medio de la personalidad del Cristo, que en sí constituyó una profecía, o sea una revelación de un mensaje divino por medio de un instrumento humano. El Dios a quien nadie vio jamás, "se declaraba" en el Hijo (Jn. 1:18). Aun la vida del niño y del muchacho revelaba la santidad de Dios e hizo patente lo que era el ideal divino para el desarrollo normal de una vida humana, de modo que podemos decir que el tema de esta profecía era el hombre de Dios. Por eso el Bautista, que conocía este testimonio, le dijo: "Yo he menester ser bautizado de ti, ¿y vienes tú a mí?" (Lc. 2:40, 52; Mt. 3:14).

La profecía por la Palabra

Esta profecía del Señor por medio de su vida y ejemplo fue un factor constante e importantísimo durante todo su ministerio terrenal, pero después de su bautismo fueron añadidas a ella sus enseñanzas directas, por las que "enseñaba como quien tiene autoridad, y no como los escribas", siendo su tema, según nuestras consideraciones anteriores, el reino de Dios (Mt. 7:29; Jn. 7:46; Mt. 4:17). Por su ascensión esta profecía directa fue convertida en una obra profética indirecta, por la que hablaba desde el cielo por medio del Espíritu Santo: su Espíritu que derramó sobre los suyos en el día de Pentecostés.

La profecía por el Espíritu

Todavía el Profeta exaltado viene a quienes hemos de ser instruidos por El en esta dispensación por medio de la Palabra y del Espíritu (Jn. 14:18, 28). Lo que ven nuestros ojos son los mensajeros —apóstoles, profetas, pastores, enseñadores y evangelistas, dones de Cristo a su Iglesia, con todos los demás testigos suyos— pero Cristo mismo se acerca a nosotros en la persona de ellos y en su mensaje sigue profetizando por el Espíritu. Así dijo Pablo acerca del Señor crucificado y ascendido: "*Vino* y *anunció* la paz a vosotros que estabais lejos [los no-judíos] y a los que estaban cerca [los judíos]" (Ef. 2:17 comparándose con Mt. 10:40; Ef. 4:11; Hch. 1:8).

El contexto de la cita de Efesios 2:17 hace patente que Pablo no habla de la venida y la predicación de Cristo durante los días de ministerio terrenal antes del Gólgota, sino de una época posterior a la obra que consumó la paz en la cruz, y por lo tanto, de la manera en que se acerca *actualmente* en palabra y por el Espíritu a Israel y a todos los pueblos de la tierra (cp. Ef. 2:13-16). Su tema ahora es el de la redención perfectamente terminada, de la que brotan los hermosos frutos de paz y de luz (Hch. 26:23).

SU CARGO COMO SUMO SACERDOTE

El hecho de la ascensión se reviste de aun mayor importancia en relación con la función sacerdotal del Vencedor. En la tierra Cristo cumplió toda la parte esencial del sacerdocio aarónico mediante el sacrificio expiatorio de sí mismo, que es la base de la salvación del pecador; pero quedaba otro aspecto de esta función que había de cumplirse al ser levantado de entre los muertos, pasando a la esfera celestial, hecho más sublime que los cielos, puesto que *posteriormente* Dios le saludó como Sumo Sacerdote según el orden de Melquisedec (He. 5:1-4; 6-23; 10:1; Col. 2:16-17; He. 9:24; 4:14; 7:26; 5:10; Ef. 4:10). Vemos, por lo tanto, que la ascensión no es solamente la divisoria entre su humillación y su exaltación, sino también entre dos maneras de ejercer su función como Sumo Sacerdote. Por la ascensión no entró en el lugar santísimo en las alturas "con la sangre de otros", de la manera en que entraban los sumo sacerdotes del antiguo régimen en el lugar santísimo del tabernáculo en el día de expiaciones, sino "en virtud de su propia sangre", es decir, sobre la base de su propia VIDA de infinita flor que ofrendó en el Gólgota: base totalmente suficiente para su presentación actual en la presencia de Dios a favor de nosotros (cp. He. 9:11-14, 24, 25; cp. Lv. 16:15-19; véase también Ro. 8:34).

Por las razones expuestas, la ascensión de Cristo llegó a ser al mismo tiempo la *justificación del Crucificado* y la prueba de que el Padre había aceptado la obra del Hijo, puesto que fue la Suprema Majestad de las regiones celestiales declaró la validez de la obra sumo sacerdotal que Cristo había realizado en la tierra (Jn. 16:10; 1 Ti. 3:16; Hch. 2:34-36). La ascensión señala, pues, el cumplimiento del hondo simbolismo del acto sacerdotal más solemne, de la mayor de todas las fiestas religiosas de Israel: la entrada del Sumo Sacerdote en el lugar santísimo en un solo día del año, el *yom kippur*, el gran día de las expiaciones (Lv. 16; cp. He. 9:7).

Melquisedec y Cristo

Muchos preguntan: "¿Quién era Melquisedec?" y hemos de contestar sencillamente que era el rey de cierta ciudad llamada Salem (ciudad de paz) sin que se pueda decir nada con exactitud sobre su posición geográfica. Los padres de la Iglesia pensaban que sería el pueblo Salem de Enón que se menciona en Juan 3:23 (ahora Scitópolis del Jordán), pero es más probable la suposición de Josefo y de los rabinos de que se trataba de la misma ciudad de Jerusalén, llamada Urusalim en las cartas de Tel-el-Amarna escritas sobre el año 1.300 a.C. El nombre Jerusalén se compone de esta manera: *ir* equivale a *ur* y quiere decir "ciudad". *Salem* equivale a *shalom* que quiere decir "paz". En cierto lugar el salmista emplea la forma más sencilla de Salem para indicar la capital de Judea: "Dios es conocido en ... y en Salem está su tabernáculo" (Sal. 76:1-2).

Según las antiguas leyes en Canaán —que coincidían en esta parte con las del mundo antiguo en general— el rey era también el sumo sacerdote de su ciudad. Hemos de pensar que Melquisedec —igual que Job en su tiempo— era conocedor y representante de la revelación original que Dios había dado de sí mismo según los capítulos 1 a 11 del Génesis, y por lo tanto, actuaba como sacerdote del Dios Altísimo (Gn. 14:18). Hebreos 7:3 no quiere decir que Melquisedec era él mismo el Hijo de Dios, lo que supondría una encarnación anterior al hecho único y especial de la encarnación del Hijo. Tampoco hemos de entender que se trata de una teofanía como en Génesis 8:2, porque Melquisedec gobernaba una ciudad-estado como rey legítimo en la antigua tierra de Canaán. Deducimos, pues, que era un hombre piadoso normal, contemporáneo de Abraham, quien se compara con el Hijo de Dios en Hebreos 7:3. Por su función como rey-sacerdote, según un antiquísimo orden establecido por Dios, reflejaba en la tierra la obra mediadora del eterno Hijo de Dios, al par que, por varias circunstancias de la narración de su presentación a Abraham, pudo ser tipo de Cristo en

la más elevada de sus funciones. He aquí la recompensa de su fe.
Veamos algunos detalles del tipo:

* Por la unión en su persona del sacerdocio y de la realeza, puede ser a la vez sacerdote y rey.
* Por su nombre personal, Melquisedec, se destaca como "rey de justicia".
* Por el nombre de su ciudad, Salem, es también "rey de paz".
* Por recibir los diezmos de Abraham era típicamente mayor que el patriarca, por ende, mayor que Leví el descendiente de Abraham, cuya tribu ejercía las funciones del sacerdocio aarónico.
* Por bendecir a Abraham, a quien se había dado la promesa, es mayor que el patriarca, siendo mayor el que bendice que aquel que recibe la bendición.
* Por el silencio de la narración bíblica sobre sus antecesores y descendientes se hace semejante a aquel que realmente no tiene principio de días ni fin de vida (Gn. 14:17-20; cp. He. 7:1-10).

Necesitamos discurrir más sobre algunos de estos detalles de este sublime tipo de Cristo. Históricamente, y en el desarrollo del plan de la salvación, Abraham es un personaje de mayor importancia que Melquisedec, y lo que se indica aquí es que éste es mayor que aquél en relación con el tipo que se presenta. Como tipo de Cristo es mayor que el patriarca porque recibió de él diezmos, y por lo tanto es mayor que la ley (He. 7:4-6), ya que debajo de la ley son hombres mortales que reciben diezmos, pero en Melquisedec fueron recibidos por uno sobre el cual se da testimonio de que vive. Además, como consecuencia de la unión orgánica que existe entre antecesores y sus descendientes, Leví, quien recibió los diezmos bajo la ley, los presentaba a Melquisedec en la persona de Abraham (He. 7:8-10). No sólo eso, sino que Melquisedec bendijo a Abraham, el beneficiario de la *promesa*, siendo por lo tanto, mayor que la promesa misma (He. 7:6-7). En la persona de Abraham el rey sacerdote recibió diezmos de la tribu de Leví, y también la bendijo, destacándose por lo tanto su supremacía sobre el sacerdote levítico, o sea sobre todos los ministros humanos de la ley y la promesa (He.

7:9-10). Así el antitipo es mayor que todo el conjunto del antiguo pacto, que descansaba en su totalidad sobre las columnas de ley y promesa.

Por el silencio de la narración bíblica sobre su ascendencia, nacimiento y muerte, Melquisedec se presenta en esta parte como aquel que es en verdad sin principio de días, quien existía en el principio y quien permanece eternamente como Rey y Sacerdote. En este concepto de la eternidad del sacerdocio, hallamos la característica más destacada del orden de Melquisedec, ya que el sacerdocio de Cristo no es una función que puede ser transferida a otro, sino que es su posesión personal y eterna, con notable ventaja por lo tanto sobre el sacerdocio levítico. No se concede ya el sacerdocio a hombre alguno mortal, sino a aquel a quien se da testimonio de que vive (He. 7:16).

La enseñanza del capítulo 7 de Hebreos insiste, pues, en que Cristo es el *único* Sumo Sacerdote, y que su cargo, establecido por juramento de Dios, no puede pasar a otro jamás (He. 7:23-24). Se destaca también que Cristo, por ser Hijo de David, descendió de la tribu de Judá y no de la de Leví, y este cambio de tribu indica en sí que el orden levítico ha sido anulado para siempre, juntamente con el régimen legal que sobre él se fundaba (He. 7:12-18). Eso no quiere decir que los postulados morales de la ley, como manifestaciones de la justicia de Dios, hayan sido abolidos y no afecta la vigencia del pacto anterior y básico de Dios con Abraham (Gá. 3:15-17; Mt. 5:18).

El orden sacerdotal de Melquisedec

Este sacerdocio celestial es el complemento necesario del sacerdocio terrenal, que como hemos visto, cumplió la tipología aarónica. Sobre la tierra Cristo era a la vez Sacerdote y *sacrificio,* mientras que en el cielo es tanto Sacerdote como *Rey* (He. 9:12-14; 7:2; 8:1). Sobre la tierra el "centro de gravedad" era su *muerte,* o sea la disolución de su vida humana en el Gólgota, empero en el cielo tal centro de gravedad es su *vida,* y la indisolubilidad de ella en la potencia de la resurrección y de la ascensión (He. 9:15-23; 7:16, 3, 24; Sal. 110:1-4).

Al cumplir la esencia del sacerdocio aarónico *adquirió* la salvación a nuestro favor, legalmente y por medio de sus sufrimientos, siendo así "Cristo *por* nosotros". Como el Sacerdote según el orden de Melquisedec nos *otorga* la salvación por medio de su victoria, siendo unido con nosotros orgánicamente como "Cristo *en* nosotros" (Col. 1:27).

Como Sacerdote en la tierra colocó una vez para siempre el fundamento de la salvación a través de una obra histórica que llevó a su conclusión, pero como Sacerdote en el cielo trabaja sin interrupción, pues este servicio sacerdotal según el orden de Melquisedec es eterno, y nunca terminará (He. 10:10, 14, 18; 9:26; 7:25).

Como Sacerdote sobre la tierra llevó a cabo su servicio en humildad para la redención de *todo* el mundo, y sin la cooperación de los hombres, ofreció el sacrificio de reconciliación *a favor de todos*. Como Sacerdote en las alturas su glorioso servicio se limita a los suyos, y solamente *a favor de nosotros*, los miembros de su cuerpo místico, aparece delante del trono de Dios (Ro. 8:34; He. 9:24; Jn. 17:9).

Pero el sacerdocio en la tierra según el simbolismo levítico, y aquel otro en el cielo según el orden de Melquisedec, son inseparables aun hasta la eternidad, pues la intercesión depende del sacrificio, la administración de la salvación tiene por base la adquisición de la misma; lo eterno se enlaza con lo histórico y la gloria surge de los sufrimientos.

Vemos por lo tanto, que su sacerdocio según el orden de Melquisedec es la consumación del otro según el simbolismo aarónico, y que Cristo se presentó delante del Padre a nuestro favor como Sacerdote en el cielo en virtud de lo que había ganado como Sacerdote sobre la tierra (He. 9:24-25). A la salvación adquirida se añade ahora la apropiación, la preservación y la glorificación, llegando a ser la eternidad de su dignidad como Melquisedec, prenda y arras de la eternidad de nuestra propia redención, "por lo cual puede salvar eternamente [o completamente] a los que por él se allegan a Dios, viviendo siempre para interceder por ellos" (He. 7:25).

Su cargo como Rey

La ascensión significa preeminentemente *la entronización del Rey de gloria*, tomando posesión de su dominio aquel a quien pertenece el *derecho real* por su nacimiento, la *dignidad real* en su persona, y la *plena autoridad real* para el cumplimiento de su misión (Mt. 2:2; Jn. 18:37; Jn. 1:49; Mr. 1:27; 4:41; Mt. 7:29). Al volver al cielo se reveló su majestad antes oculta (1 Ti. 3:16), llegando a abarcar el mundo su autoridad personal y moral, siempre exaltado el Rey sobre todo principado, dominio y señorío (Ef. 1:20-21). Ahora vemos a Jesús en el trono de Dios, exaltado a la diestra de la Majestad en las alturas, "coronado de gloria y de honra" (He. 8:1; Fil. 2:9; He. 1:3; Sal. 110:1; Ro. 8:34; 1 P. 3:22). En la ascensión Jesús llegó a la consumación de su cargo como Cristo (Mesías), siendo ya Señor con autoridad sobre todas las esferas (Hch. 2:36; Ro. 14:9; Mt. 28:18).

Desde el cielo Cristo da a conocer su realeza de distintos modos

- En la *fundación de su Iglesia*, que efectúa por el derramamiento del Espíritu Santo (Hch. 2:33; 1 Co. 12:13).
- En la *extensión de su reino*, que lleva a cabo por la confirmación del mensaje de su salvación (Mt. 28:18-20; Mr. 16:17-20).
- En el *control de su reino*, que efectúa por contestar las oraciones de los suyos y por sus mandatos que van revestidos de plena autoridad (Jn. 14:12-14; He. 1:13).
- En la *consumación de su reino*, que realizará al manifestarse en gloria (1 Ti. 6:14-15).

Las Escrituras hablan de *tres tronos que corresponden simbólicamente al Rey*, con distinción de los tres períodos principales de su soberanía celestial.

El trono de su Padre

Este es el trono del Rey durante este tiempo presente, desde su ascensión y hasta su segunda venida: "Como yo ... vencí y me senté con mi Padre en su trono" (Ap. 3:21; cp. He. 8:1). He aquí el cumplimiento del importantísimo Salmo 110:1: "Siéntate a mi diestra *hasta que* ponga a tus enemigos por estrado de tus pies." A través de este tiempo de espera (He. 10:13) su majestad y señorío son supranacionales, invisibles y puramente espirituales, ejerciéndose en el desarrollo de la obra de salvación. Por eso es un *reino de gracia*.

El trono de David

En el reino milenial, Cristo se sentará sobre el trono de David, que será entonces el suyo propio, y desde este centro de autoridad el verdadero y perfecto David reinará sobre Israel y sobre todos los pueblos del mundo. Su majestad en esta época será visible y universal desde el punto de vista tanto de la historia del mundo como de la salvación. Por eso será el *reino de gloria* (véanse Lc. 1:32; Hch. 2:30; Mt. 19:28; 25:31; Os. 3:5; Ez. 37:24-25).

El trono de Dios y del Cordero

Se menciona en Apocalipsis 22:1, 3, *después* de la recreación del cielo y la tierra, de modo que corresponde a la nueva creación cuando la majestad del Hijo, bajo la del Padre, será universal, eterna y suprahistórica. He aquí el *reino en consumación.*

Los súbditos y los siervos del reino. Ahora bien, un reino ha de tener súbditos, y el Rey sus siervos. En el reino que estamos considerando nadie puede confesar a Cristo como Señor si no es por el Espíritu Santo, y sólo por El (1 Co. 12:3). De igual forma la ley de su reino es espiritual, y la naturaleza de su gobierno es "justicia, paz y gozo en el Espíritu". Por tanto, el derramamiento del Espíritu fue el requisito previo para el establecimiento de su reino, que no había sido anteriormente tan real y accesible en la tierra. En el día de Pentecostés Cristo derramó el Espíritu *como Rey* desde el trono donde se había sentado en su ascensión, y surge de este acto soberano una asociación espiritual entre todos los súbditos del reino.

El Rey tuvo que tomar posesión de su trono antes de empezar a reinar y por eso la ascensión tuvo que preceder al gran acontecimiento del día de Pentecostés; en otras palabras le era necesario al Hijo *ascender* antes de que el Espíritu Santo pudiese *descender*, según la explicación que el Señor dio a los suyos en Juan 16:7: "Os es necesario que yo vaya, porque si yo no fuera, el Consolador no vendría a nosotros, mas si yo fuera, os lo enviaré." Se ve la misma relación entre la glorificación de Cristo y la dádiva del Espíritu en Juan 7:39.

Pero cuando el Rey envió el Espíritu, El mismo se unió vitalmente con su pueblo, de forma que su persona y su obra están en ellos para siempre. Por ende todo lo que Cristo experimentó pasa a ser la experiencia de los suyos, quienes son crucificados y muertos con El para vivir también con El y sentarse conjuntamente con su Señor en lugares celestiales. Su patria se halla también con El en las alturas puesto que han sido asociados por el Espíritu con Cristo en su ascensión.

El fin lógico de esta estrecha asociación del Señor y los suyos en el Espíritu será la ascensión literal de éstos al ser arrebatados para ir a su encuentro, compartiendo desde entonces su exaltación en su presencia (1 Ts. 4:13-18). Tengamos en cuenta que la ascensión de Cristo fue preeminentemente la entrada de la Cabeza de la nueva humanidad en la esfera de la gloria celestial, y en consecuencia de ello el cielo —el cielo que es de nuestro Señor Jesucristo— es *nuestro* cielo también. El ha ido delante como el Adalid que lleva a muchos hijos a la gloria, pero la cabeza no puede dejar atrás a ninguno de los miembros. "Yo voy a preparar lugar para vosotros" prometió el Señor a los suyos en Juan 14:2-3, y un poco antes les había asegurado: "Y donde yo estuviere, allí también estará mi servidor" (Jn. 12:26). *La senda que lleva a la gloria está expedita.* (Estúdiense también estas citas: Fil. 3:20; He. 13:14; 2:10; Col. 3:1-3; Jn. 17:24.)

La inauguración del reino de Dios

(El derramamiento del Espíritu Santo)

E¹ mandato de Pablo en Efesios 5:18 —"sed llenos del Espíritu"— indica lo que debiera ser la norma de la vida cristiana, ya que el día de Pentecostés señala una nueva época: la del Espíritu Santo. Veamos tres características que distinguen este período del anterior del Antiguo Testamento.

Su alcance

Bajo el antiguo pacto el Espíritu venía sobre ciertas personas únicamente (cp. Nm. 1:29; cp. Hch. 2:4, 17). No basta decir, para expresar la diferencia, que bajo el nuevo pacto el Espíritu de Dios se halla *en* los creyentes, mientras que en el antiguo pacto solamente venía *sobre* ellos, porque su operación puede describirse por la preposición "sobre" en el Nuevo Testamento, y a la inversa, se habla de su obra *en* los profetas con referencia al antiguo régimen (cp. 1 P. 1:11 con Hch. 2:3, 17, 18; 10:44; 11:15; Lc. 24:49).

Su duración

En todos los casos señalados en el Antiguo Testamento el Espíritu Santo obraba por medio de sus instrumentos durante tiempos limitados, mientras que *mora* en los creyentes bajo el nuevo pacto (cp. Nm. 1:25 con Jn. 14:17, 23; 1 Co. 3:16: 2 Co. 6:16; 2 Ti. 1:14; Stg. 4:5).

Es por este hecho que la Iglesia universal puede describirse como un templo o casa de Dios (Ef. 2:21-22; 1 P. 2:4-5) como también la iglesia local (1 Co. 3:17; 1 Ti. 3:15) y el creyente individual (1 Co. 6:19). Aun tratándose de creyentes como aquellos que se hallaban en la iglesia de Corinto se declara en sentido general, sin señalar excepciones: "Vuestro cuerpo es templo del Espíritu Santo, el cual está en vosotros" (1 Co. 6:19).

Las referencias que damos a continuación demuestran claramente que el Espíritu Santo no es meramente una potencia, capacidad o atributo de Dios, sino un "ego", consciente poseído de una voluntad, siendo en realidad una supra-personalidad divina. Esta divina persona habla con los hombres y los llama (Hch. 13:2); los manda y les permite actuar (Hch. 16:6-7); los conduce (Ro. 8:14); los instruye (Jn. 16:13); los consuela (Jn. 14:26); intercede por ellos (Ro. 8:26); da testimonio (Ro. 8:16) y puede ser contristado (Ef. 4:30). Obviamente estas son expresiones que no se pueden emplear sino con referencia a un ser viviente y personal. En la fórmula bautismal de Mateo 26:19 y en la bendición de 2 Corintios 13:14, el Espíritu se coloca evidentemente sobre un mismo plano con el Padre y el Hijo de modo que ha de ser reconocido igualmente como una persona divina.

El contenido y el propósito de la obra del Espíritu

Bajo el antiguo pacto el Espíritu obraba especialmente para educar a los hombres y capacitarles para el servicio de Dios, pero su obra en el nuevo es múltiple y variada.

- *Su actividad evangelística.* Obra para despertar la fe, atrayendo a los hombres a la salvación como el Espíritu de verdad (Jn. 15:26).

* *Su actividad vivificadora y orgánica.* Obra para efectuar el nuevo nacimiento, siendo el vivificador y además el Espíritu de adopción en los hijos (Jn. 3:5; Ro. 8:15).
* *Su actividad pedagógica.* Obra para llevarnos por los caminos de la santificación, educándonos como el Espíritu de santidad (1 Co. 6:19-20; 1 Ts. 4:7-8).
* *Su actividad carismática.* Obra para estimular el servicio, equipándonos para tal servicio como Espíritu de poder (2 Ti. 1:7).
* *Su actividad escatológica.* Obra para glorificarnos, transfigurándonos como el Espíritu de gloria (1 P. 4:14; 2 Co. 3:18).

Detallaremos más estas múltiples actividades del Espíritu en los párrafos que siguen.

Su actividad evangelística

La función del Espíritu es la de glorificar a Cristo (Jn. 16:14), y como testigo del Señor ante el mundo es su gran evangelista, declarando el pecado del mundo, la justicia de Cristo y el juicio sobre Satanás (Jn. 15:26; Ap. 19:10; 22:17; Jn. 16:8-11).

Denuncia el *pecado del mundo*, señalando su incredulidad que llevó a los hombres a rechazar al Señor, el único bien verdadero (Jn. 16:8-9; Hch. 2:22-23; 3:13-15; 7:52).

Establece la *justicia de Cristo*, señalando su exaltación, por la que Dios declaró como el Santo y Justo a aquel que los pecadores rechazaron como injusto (Jn. 16:10; Hch. 2:25; cp. 34-35; 1 Ti. 3:16). Como alguien ha dicho: "Aparentemente los acontecimientos del Viernes Santo juzgaron a Jesús como pecador, declarando justos sus jueces; pero la ascensión y el día de Pentecostés trastocaron esta sentencia, declarando justo al que fue condenado en el Gólgota, y atribuyendo pecado a los jueces." Por eso dice el Señor que el Espíritu convencerá al mundo de justicia *"por cuanto* voy al Padre y no me veréis más"* (Jn. 16:10).

Declara el *juicio sobre Satanás*, señalando la victoria que el

Redentor ganó por medio de la cruz, siendo esta misma cruz el instrumento por el cual el príncipe de este mundo ha sido juzgado. En virtud de esto es posible requerir a los hombres que rindan homenaje a otro, es decir, al Príncipe legítimo (Jn. 19:30; 12:31; Col. 2:15).

Por medio de este testimonio del Espíritu, el mundo es declarado *pecador* a pesar de considerarse justo. El que fue crucificado por el mundo es reinvindicado como santo y *justo*; y Satanás, instigador del crimen del Gólgota, es expuesto como un ser vencido y *juzgado*. En conjunto tenemos aquí el triple testimonio del Espíritu al mundo, tal como el Señor mismo lo describió.

Hay un enlace íntimo entre el Espíritu y la PALABRA (1 Co. 2:2-4). Es el Espíritu quien pone las palabras en boca de sus testigos y quien hace que las palabras habladas o escritas de sus siervos sean vivas y eficaces para la salvación (Mt. 10:20; Hch. 1:8; 1 Ts. 1:5; He. 4:12).

Su actividad orgánica como el vivificador

El Espíritu también transforma a los que gana por su palabra, renovándoles el alma, siendo que "es el Espíritu que da vida", quien liberta a los cautivos y quien convierte a los esclavos en hijos (Tit. 3:5; Jn. 6:63; 2 Co. 3:6; Gá. 5:25; 2 Co. 3:17; Ro. 8:2, 14; Gá. 4:6). No es sólo que los creyentes reciben algo nuevo de Dios, sino que llegan a ser renovados por ellos mismos, siendo ya hombres "en el Espíritu", y como se trata del Espíritu de Cristo, son también hombres "en Cristo", unidos vitalmente con El como miembros de su cuerpo (2 Co. 5:17; Ro. 8:9).

En el Antiguo Testamento la actividad del Espíritu Santo era más bien educativa con miras al servicio. Así capacitaba a los hombres para profetizar, para luchar y para toda clase de obra de artesanía (1 S. 10:6; 1 P. 1:11; 2 P. 1:21; Jue. 6:34; 14:19; Ex. 31:3-5).

El significado más hondo del día de Pentecostés consiste en que, a esta actividad pedagógica y carismática, se añadió la *orgánica,* de modo que, desde aquella fecha en adelante, el Espíritu Santo opera no sólo como Espíritu de Dios, sino característicamente como el Espíritu del *Hijo.* Es en este sentido en que "no había" el Espíritu antes del Pentecostés (Jn. 7:39), y por la misma razón se profetizaba la venida del Espíritu como acontecimiento futuro en el Antiguo Testamento (Jl. 2:28-29; Ez. 36:37; Zac. 12:10). Por eso en Efesios 1:13 se le llama el "Espíritu de la promesa", o sea el Espíritu prometido. El Espíritu del Hijo fue enviado del cielo con el fin de unir a los redimidos con su Redentor, dándoles lugar en su cuerpo como miembros, y capacitándoles para apropiar personalmente todo el fruto del sacrificio de Cristo (Gá. 4:6; 1 Co. 12:13).

Como consecuencia de este gran hecho, no sólo hallamos la frase "en Cristo" (empleada por Pablo 164 veces) sino también la frase correspondiente "en el Espíritu" (19 veces) y en relación con los mismos beneficios.

- Hay *justificación* en Cristo y también en el Espíritu (Gá. 2:17; 1 Co. 6:11).
- Hay *paz* en Cristo y también paz en el Espíritu (Fil. 4:7; Ro. 14:17).
- Hay *santificación* en Cristo y también en el Espíritu (1 Co. 1:2; Ro. 15:16).
- Somos *sellados* en Cristo y también por el Espíritu (Ef. 1:3; 4:30).
- Cristo *vive* en el creyente y también en el Espíritu (Gá. 2:20; Ro. 8:9).

Dios estableció una nueva relación entre sí mismo y el creyente sobre la base de la encarnación y la resurrección de Cristo, es decir, la continuidad de la humanidad del Señor y por medio del derramamiento del Espíritu esta relación llega a ser una experiencia real desde el punto de vista humano. "El Señor es el Espíritu" y el que está unido al Señor es un espíritu con El (2 Co. 3:17; 1 Co. 15:45; 6:17), siendo miembro de su cuerpo y, por lo tanto, partícipe en su obra. El día de Pentecostés llega a ser, pues, el principio del período de plena salvación, o como se ha dicho: "el día cuando se abrió el testamento de última voluntad de Jesucristo como postrer Adán."

Puesto que los creyentes son conjuntamente miembros *en El*, forman *mutuamente* un cuerpo, siendo miembros los unos de los otros (Ro. 12:5). Por ser nacidos del Espíritu, han llegado a ser hijos del *único* reino de Dios, y por un Espíritu todos fueron bautizados en un cuerpo (Jn. 3:3; Mt. 13:3; 1 Co. 12:13); o sea, el día de Pentecostés es el día del nacimiento de la Iglesia, y el día inaugural del reino de Dios en el sentido cabal del Nuevo Testamento. Desde entonces existe al lado del cuerpo colectivo del "primer Adán" el organismo espiritual del postrer Adán, y en el aspecto individual, los salvos se hallan en presencia de los perdidos. Además de Israel y las naciones, se halla ya la Iglesia, pueblo de Dios y "nuevo hombre", formando el cuerpo místico cuya cabeza es el Cristo personal y glorificado (1 Co. 15:22; Ef. 2:15; 1 Co. 12:12; 1:13).

Su actividad pedagógica o educativa

En la Iglesia el Espíritu de Dios obra como Espíritu de santidad, al par que glorifica a la Cabeza ante los miembros por revelarles su gloria (Jn. 16:14).

- El Espíritu *conduce* a los redimidos por las sendas de justicia y lleva a cabo su santificación (Ro. 8:14; Gá. 5:25; 1 P. 1:2; 2 Ts. 2:13).
- El Espíritu *consuela* y *conforta* a los redimidos como el Consolador (griego, *parakletos*) y les concede su testimonio interno (Jn. 14:16-18; Ro. 8:16).
- El Espíritu *convence* a los redimidos de sus faltas cuando son infieles y les guía al arrepentimiento (2 Co. 2:5-11).
- El Espíritu *enseña* a los redimidos las palabras de Jesús y les guía a toda verdad (Jn. 14:26; 16:13; 1 Jn. 2:20).

Su actividad carismática

El Espíritu *prepara* y *utiliza* a los redimidos como instrumentos suyos, disponiendo los dones y repartiéndolos según su propia voluntad (1 Co. 12:4-11).

- *Ordena el ministerio* de los siervos en la congregación (Hch. 13:4; 16:6-7; 20:28; 1 Co. 12:28-30).
- *Inspira* y *autoriza* las oraciones de los redimidos (Jud. 20; Ef. 6:18; Ro. 8:26).
- El Espíritu *guía el testimonio de los siervos de Dios*, llenándoles del poder de Dios, y si son reprochados por causa de Cristo, Él descansa sobre ellos como "Espíritu de gloria" (Mt. 10:20;

1 P. 1:12; 1 Co. 21:4; Ro. 15:19; 1 Ts. 1:5; Hch. 4:31; 7:55-57; 13:9; 1 P. 4:14). En todo esto se manifiesta como la potencia de lo alto (Lc. 24:49; Hch. 1:8).

Símbolos de la actividad del Espíritu

* Es como un árbol que lleva fruto (Gá. 5:22).
* Es como aceite que unge para el servicio (Hch. 10:3).
* Es como fuego que arde (Hch. 2:3-4; 2 Ti. 1:6).
* Es como agua que limpia (Ez. 36:25-26).
* Es como la lluvia temprana que refresca (Jl. 2:23, 28).
* Es como una voz callada y suave (Zac. 4:6; 1 R. 19:12-13).
* Es como un viento recio, misterioso pero poderoso (Hch. 2:1; Jn. 3:8).

Del simbolismo de Joel 2:38 se deriva la frase "el derramamiento del Espíritu", y la lluvia temprana se contrasta espiritualmente con la sequedad externa y la esterilidad interna del pueblo de Dios en los días de Joel (1:10-12, 17-20; cp. 2:23 y Hch. 2:16-17).

Su actividad escatológica o transformadora

Con referencia al porvenir el Espíritu es la garantía de nuestra redención, el sello de nuestra salvación, las arras de la herencia, anticipo de nuestras posesiones futuras y las primicias de la cosecha eterna (Ef. 1:13; 4:30; 2 Co. 1:22; Ef. 1:14; 2 Co. 5:5; Ro. 8:23). Obviamente, siendo nuestros cuerpos templos de su Espíritu, Dios no los abandonará, y promete: "Y si el Espíritu de aquel que levantó de los muertos a Jesús mora en vosotros, el que levantó a Jesús de los muertos vivificará también vuestros cuerpos mortales por su Espíritu que mora en vosotros" (Ro. 8:11).

Así el significado del día de Pentecostés se proyecta hacia la eternidad, ya que por el Espíritu somos hijos, y siendo hijos, somos herederos, siendo herederos, somos participantes en su gloria venidera (Ro. 8:14, 17; Gá. 4:6-7).

1

■■■■■■■■■■■■■■■■■■■■■■■■■■■■■■■■

El nuevo pueblo de Dios

"La evangelización es la mayor operación que se efectúa ahora en el mundo, siendo también la mayor manifestación de poder a pesar de llevarse a cabo por medio de siervos y como un acto de servicio."

El mensaje de la cruz avanza a través del mundo, dando a la época actual su signo especial, es decir, el llamamiento y la formación de la Iglesia. Todo lo que Dios hace en este período se encamina a este fin.

LA META DEL LLAMAMIENTO DE LA IGLESIA

No hemos de pensar que el programa divino en estos tiempos abarca la transformación de la humanidad y la creación de naciones cristianas, que no se realizará antes del establecimiento del reino de Dios visible (Is. 2:3-4; 19:21-25). Se nos enseña que la obra que Dios lleva a cabo en la actualidad es la de "tomar *de entre* los gentiles un pueblo para su nombre", lo que no supone el intento de "cristianizar" a las razas humanas, sino el de evangelizar al efecto de sacar de entre ellas un pueblo de Dios supranacional en el que "no hay judío ni griego; no hay siervo ni libre," porque todos son uno en Cristo Jesús (Hch. 15:14; Mt. 28:19; Mr. 16:15; Gá. 3:28; Col. 3:11).

En lugar de la división anterior de la raza humana en dos sectores —judíos y gentiles— hallamos ahora una triple división, pues a las dos ya señaladas se ha añadido la Iglesia como raza tercera. El que no es cristiano, en el sentido del Nuevo Testamento, ha de ser necesariamente o judío o gentil sin que exista otra posibilidad (1 Co. 10:32; Hch. 11:26).

En el Nuevo Testamento no se halla justificación alguna para hablar de la cristiandad como una esfera de profesión nominal y de hecho representa la apostasía de la verdadera fe cristiana, no siendo más, según Kierkegaard, que un "monstruoso espejismo mental".

El nombre que las Escrituras dan al pueblo que Dios gana para sí en esta nueva época es *ecclesía* (Mt. 16: 8; Ef. 1:22), siendo ésta la compañía de los redimidos, quienes por medio de la proclamación del evangelio, han sido llamados de entre judíos y gentiles; entran a disfrutar de la ciudadanía celestial, son hechos hijos de Dios, y llegarán a ser la "asamblea administrativa y legal del reino del cielo" (1 Ti. 2:7; Ef. 2:11-22; Fil. 3:20; Jn.1:12-13; 1 Co. 6:2-3). Los miembros de esta Iglesia han de ser exaltados y glorificados con Cristo, siendo "del cielo" en cuanto a su origen; "en el cielo" en cuanto a su posición en Cristo, y "para el cielo" en cuanto al destino que tienen delante. Igualmente su naturaleza es eterna, puesto que la Iglesia tuvo su origen en la eternidad y es para la eternidad, sacándose del tiempo que ve su formación.

La palabra *ecclesía* se había aplicado a Israel bajo el antiguo pacto, hallándose como cien veces en la versión griega del Antiguo Testamento (la Alejandrina o Septuaginta), es decir, tantas veces como en el Nuevo Testamento, donde se aplica diez veces a la Iglesia universal (especialmente Mt. 16:18; Ef. 1:22; 3:10, 21; 5:23-32; Col. 1:18, 24) y noventa veces a la iglesia local (Mt.18:17). En la versión septuaginta *ecclesía* traduce casi siempre la voz hebrea *kahal*, que se deriva de *khl* con el sentido de congregar o convocar (Jos. 18:1; 22:12; Dt. 4:10; 31:12, etc.). La palabra podía aplicarse a casi toda suerte de reunión (véanse 1 S. 17:47; Jer. 26:17) pero había adquirido un sentido especial por la relación de la congregación con Jehová. De modo que Israel, por el hecho de ser el pueblo llamado y convocado por Dios, es *kahal Jehová*, o *ecclesía* de Dios (Dt. 23:2, 3, 8; Sal. 22:25, etc.).

La presentación visible del pueblo en este carácter se realiza en el desierto, donde las tiendas de las doce tribus del pueblo único se colocaban en su orden establecido alrededor del tabernáculo. Al ser convocados por el heraldo, se congregaban en la plaza delante de la tienda, y allí permanecían como *pueblo* de Dios para recibir sus mandatos y sus bendiciones. Hasta en un lugar del Nuevo Testamento (Hch. 7:38) la palabra *ecclesía* se aplica a Israel, y describe la unidad ideal del pueblo escogido, aun cuando no estaba convocado en ninguna localidad determinada como una comunión religiosa (Ex. 16:3; Nm. 15:15).

Pero Israel, como una unidad nacional, pronto se extravió por la senda de la apostasía, y perdiendo su carácter de pueblo de Dios, fue llamado por el profeta Oseas *Lo ammni*: "No eres pueblo mío" (Os. 1:9). Solamente quedó fiel a su Dios, un resto, una pequeña compañía de los fieles. Estos, en la historia de la salvación, llegaron a ser el núcleo de la raza, y sólo ellos adelantaron la vocación especial de Israel, y siendo el Israel auténtico, el verdadero pueblo de Dios, encarnaban la idea esencial y real del concepto de la *ecclesía* en el Antiguo Testamento. Es a este "resto fiel", pues, que se han de aplicar todas las promesas referentes al reino de Dios. Mientras que el Israel incrédulo, en su conjunto, cayó bajo los juicios de la Ley, esta compañía de fieles, como residuo agradable a Dios, fue salvada de los castigos (Is. 6:13; Mal. 4:1-2; Os. 1:10).

Al mismo tiempo llegaron a ser base de la realización y consumación del plan de Dios para la formación de un pueblo de Dios (Miq. 2:12; 4:7). En el lenguaje de los profetas, por lo tanto, los términos "resto fiel" o "residuo" describen de una manera directa y peculiar el pueblo de Dios, la *ecclesía* del fin de los tiempos. Como tal es el "renuevo" o la "simiente santa" de donde surgirá la nueva vida nacional (Is. 6:13), como también el "rebaño" que tomará posesión del reino (Miq. 2:12). La existencia y la historia de esta semilla esencial de la *ecclesía* del Antiguo Testamento es factor primordial para la preparación del pueblo de Dios en el fin de los tiempos.

Los primeros cristianos se consideraban como este pueblo de Dios, meta de la historia del Antiguo Testamento (1 Co. 10:11), la Iglesia mesiánica, los salvos de los ultimos días. Pablo declara que los "fines [metas] de los siglos [pre-cristianos] han venido a parar" sobre nosotros en esta edad mesiánica, o sea la de la consumación de la obra mesiánica (1 Co. 10:11). Se dirá más sobre estos términos en la Parte III de este libro.

Por esta razón los primeros cristianos no aplicaban a sí mismos los términos que se empleaban corrientemente en aquel entonces para describir asociaciones religiosas, tales como *koinos*, *syllogos*, *thiasos* y *synodos*, que encuentran su equivalencia moderna en designaciones de "Iglesias nacionales", "Iglesias libres", "asociaciones", "federaciones", etc. Bastaba el conocido término *ecclesía* tal como lo hallaban en la versión alejandrina del Antiguo Testamento, y que ya indicaba la antigua comunidad creyente de la cual el "resto fiel" era la semilla, la continuación y la encarnación.

Coincidía esta actitud con las declaraciones de Pablo al decir que los cristianos eran el Israel según el Espíritu, el "Israel de Dios", o sea los verdaderos descendientes de Abraham en sentido espiritual (Gá. 6:16; cp. 1 Co. 10:18; Gá. 4:29). Pedro también aplicó a la comunidad cristiana los títulos de honor que correspondían a Israel, llamándola "linaje escogido, real sacerdocio, gente santa, pueblo adquirido" (cp. Ex. 19:6 e Is. 43:21; cp. 1 P. 2:9). Los discípulos debieron haber vislumbrado algo de este concepto cuando el mismo Señor escogió a doce discípulos precisamente para ser sus apóstoles, ya que habían de ser los antecesores de una nueva raza de la forma en que los doce patriarcas lo habían sido de las doce tribus de Israel. Pablo, en 1 Corintios 5:7-8 y 10:1, ve un paralelismo entre la Pascua de Israel y la Cena del Señor en la Iglesia, como también entre el paso del Mar Bermejo de Israel y el bautismo cristiano.

El llamamiento y la formación de esta "Iglesia de los primogénitos" es el gran propósito divino para esta dispensación, y se indica nada menos que la creación de una familia real que ha de ser la aristocracia regidora del reino de los siglos que se acerca: "No temáis, manada pequeña, porque al Padre ha placido daros el reino" (Lc. 12:32; cp. 1 Co. 6:2-3).

El termino *ecclesía*. No se puede determinar ahora quién aplicara primeramente esta palabra *ecclesía* a la Iglesia del Nuevo Testamento, porque Cristo enseñaba en arameo cuando habló de la Iglesia universal y local en Mateo 16:18 y 18:17, y Pablo hace uso de

ecclesía de tal forma que hemos de suponer su empleo antes del
período de sus actividades, y aun antes de su conversión (Gá.1:13,
22; Fil. 3:6; 1 Co. 15:9). Muy probablemente eran los cristianos
judíos de habla griega los que primeramente llamaron a la comunidad cristiana *ecclesía*, y Lucas aplica el término a la Iglesia prepau-
lina con toda naturalidad. Por la referencia en Hechos 6:1-9, sabemos
que en el período de la formación de la Iglesia en Jerusalén se
hallaban allí sinagogas para los judíos de habla griega, y que bastantes de éstos habían aceptado a Jesús como su Mesías, y lo más
natural es que los tales utilizaran la palabra *ecclesía* desde el tiempo
de su conversión.

En cuanto a su etimología, *ecclesía* se deriva de la preposición *ek*
(fuera de) con el verbo *kaleo* (llamo) pero no hemos de enfatizar
esta derivación como si el término se hubiera escogido a causa de
su etimología como descripción de una compañía de personas "llamadas fuera". Sin duda algunos pensarían que tal voz era particular-
mente adecuada para describir la nueva comunidad, pero en principio
no hemos de pensar que la derivación etimológica de una palabra
ha de coincidir exactamente con su definición, o sea su significado
real. Es muy verdad que, por la predicación del evangelio, la Iglesia
es una compañía de personas "llamadas fuera" del pecado, del mundo, de la muerte y del juicio, pero este hecho se expresa por otros
medios y no en primer término por la elección de la voz *ecclesía*. Si
la etimología fuese tan importante esperaríamos hallar también el
verbo correspondiente *ekkaleo*, pero el hecho es que no se emplea
en todo el Nuevo Testamento, a pesar de que habría sido muy
apropiado en ciertos contextos, como por ejemplo en 1 Pedro 2:9;
1:5; 2 Tesalonicenses 2:14; y Romanos 8:28ss.

En el uso griego, *ecclesía* describía originalmente una reunión
ocasional de personas, como en Hechos 19:32, 41; pero en la vida
política de los estados libres de Grecia significa una asamblea regular y legislativa, convocada por un heraldo de entre la población en
general, y compuesta de todo ciudadano libre e intachable, con
derecho al voto.

Obviamente se hallan analogías aquí con la posición espiritual de
la Iglesia, pero como hemos visto, las raíces del concepto y el uso
de la palabra se hallan en la versión griega (Septuaginta) del Anti-

guo Testamento aplicados al pueblo de Dios bíblico y teocrático, de modo que los primeros cristianos no tenían que crear un término especial para describir su comunidad, sino que lo apropiaron de las Escrituras y lo aplicaron al pueblo de Dios bajo el nuevo pacto. La palabra *ecclesía* no admite traducciones en nuestros idiomas modernos, y lo importante es que entendamos bien lo que quiere decir la palabra Iglesia, que en sí es una modificación de la palabra griega.

LOS COMIENZOS DEL LLAMAMIENTO

Durante el ministerio terrenal del Señor Jesús, la Iglesia, en el sentido pleno del Nuevo Testamento, no existía, y Cristo empleó el tiempo futuro al declarar: *"Edificaré* mi iglesia" (Mt. 16:18). En el día de Pentecostés, por vez primera, los creyentes "fueron por un Espíritu bautizados en un cuerpo" y nació la Iglesia (1 Co. 12:13).

Sin embargo, este nuevo principio tuvo lugar en un medio ambiente completamente judaico, y sólo israelitas y prosélitos escucharon la palabra y recibieron el Espíritu (Hch. 2:5-11). Iguales condiciones regían en el período sucesivo (Hch. 3:12, 26; 6:1; 8:26-40; 11:19).

A pesar de ser tan odiados por los judíos nacionalistas, podemos conceptuar a los samaritanos como medio judíos ya que practicaban la circuncisión y poseían su Pentateuco, alegando que Siquem y no Jerusalén era el verdadero centro del culto a Jehová (2 R. 17:24-41; Jn. 4:20; Hch. 8:4-25).

Hasta el eunuco etíope a quien predicó Felipe (Hch. 8:26-40) era prosélito que ya había aceptado los postulados del judaísmo hasta donde lo permitía su estado, y vemos por todos estos ejemplos que la primera forma del cristianismo era hebrea.

No existía aún ninguna misión a los gentiles donde un gentil, como tal, podía ser bautizado, y la Iglesia se desarrollaba por un proceso de adhesiones en coordinación con Israel. Por lo tanto no podemos considerar el día de Pentecostés como el principio de la nueva era desde todos los puntos de vista, pues aun después de aquella fecha Pedro hizo una oferta de salvación a Israel sobre una base nacional, diciendo: "Arrepentíos y convertíos, para que sean borrados vuestros pecados, y que vengan los tiempos de refrigerio de la presencia del Señor. Y enviará a Jesucristo quien fue antes anunciado; al cual de cierto es menester que el cielo tenga hasta los tiempos de la restauración de todas las cosas, que habló Dios por boca de sus santos profetas que han sido desde el siglo" (Hch. 3:19-21).

Así el mensaje novotestamentario de salvación se proclamaba dentro de la esfera de Israel aun después de Pentecostés, y hemos de buscar la causa del rechazamiento posterior de la nación, no en su actitud a su Mesías mientras que vivía en la tierra, sino en su repulsa final y definitiva del Espíritu Santo, quien glorificó delante de ellos al Mesías que Dios había exaltado hasta el cielo (Hch. 3:7). Esta repulsa se confirmó por el asesinato judicial de Esteban, quien, lleno del Espíritu Santo, había dado su testimonio a la resurrección, y los príncipes de los judíos confirmaron por este crimen las propias palabras del mártir: "¡Duros de cerviz, e incircuncisos de corazón y de oídos! Vosotros resistís siempre al Espíritu Santo; como vuestros padres, así también vosotros" (Hch. 7:51).

Fue en Cesarea donde Pedro abrió la puerta del reino del cielo a los gentiles, al predicar el evangelio delante de Cornelio, el incircunciso, cayendo el Espíritu Santo, como el mismo don y de la misma manera, sin distinción, sobre los gentiles que creyeron (Hch. 10; 11:13, 17; 15:9). Dios había anulado la distinción dispensacional del Antiguo Testamento entre lo limpio y lo inmundo, y la "pared intermedia de separación" que antes dividía al judío del gentil se había derribado, no sólo en principio, sino también como un hecho histórico. Desde aquella fecha en adelante, el gentil, sin tener que hacerse miembro de la nación hebrea, participaba plenamente en la misma salvación (Hch. 28:28).

Por Efesios 2:11-22; 3:6 con Romanos 15:9-12 sabemos que *el llamamiento de los gentiles pertenece a la naturaleza esencial de la Iglesia*, y por lo tanto hemos de decir que su principio pleno y universal no corresponde a Jerusalén, sino a Cesarea. Este proceso se completó por medio de las revelaciones concedidas a Pablo, a quien fue confiada de manera especial la misión de desarrollar la doctrina del misterio de la Iglesia, como también la de proclamar el mensaje salvador entre las naciones (Ef. 3:1-9). La norma —"al judío primeramente, y después al griego"— fue la de Pablo en particular, como también la de la historia de la salvación en general (Ro. 1:16; Hch. 13:46).

El hecho de colocar a los gentiles en un mismo plano de igualdad con el pueblo del pacto del Antiguo Testamento significa también la anulación de la posición privilegiada de los judíos y el desplazamiento de Israel como nación (Ro. 11:25). Desde el punto de vista de la posición *nacional* de Israel en la historia de la redención, hemos de considerar esta época actual como un paréntesis durante el cual el gentil puede beber de la fuente abierta de la salvación sin necesidad de pedir permiso para ello al judío (Ro. 10:12-13). Israel sufre un endurecimiento parcial, pero su caída ha llegado a ser la riqueza del mundo, puesto que los lejanos han sido hechos cercanos, gozando de idénticos derechos los gentiles que creen como los creyentes judíos (Ro. 11:25, 11, 12; Ef. 2:11-13), siendo conjuntamente herederos, miembros del Cuerpo participantes en las promesas y conciudadanos con los santos (Ef. 3:6; 2:19). Participan también de las posesiones espirituales, y juntamente forman "un nuevo hombre", el cuerpo de Cristo (Ro. 15:27; Ef. 2:15-16). No hay más distinciones en la Iglesia, y como dijera San Crisóstomo: "Es como si alguien hubiese hecho dos columnas, una de plata y otra de plomo; y luego las fundiera juntas, y por un milagro saliera una sola, y ésta de oro".

EL MISTERIO DEL LLAMAMIENTO

A pesar de que el misterio de la Iglesia correspondía a un plan determinado por Dios desde la eternidad, su formación fue velada por el silencio, siendo desde los siglos un secreto, o un misterio, y ningún profeta del Antiguo Testamento había percibido claramente este maravilloso edificio (1 P. 1:10-12; Mt. 13:17; Ef. 3:5, 9; Ro. 16:25; 1 Co. 2:7). La Iglesia, según aquella naturaleza suya que se revela en el Nuevo Testamento, no se halla en el Antiguo Testamento aparte de tipos como el de Eva, el de Rebeca, el Cantar de los Cantares y el Tabernáculo. Solamente desde Pentecostés, desde la predicación de Pedro en Cesarea, y sobre todo, desde la revelación independiente que fue concedida a Pablo, fue dado a conocer a los hijos de los hombres el secreto novotestamentario de la formación, el llamamiento, la posición y la esperanza de la Iglesia. Desde entonces el secreto se ha revelado por medio de los escritos proféticos (de los profetas del Nuevo Testamento) y los heraldos del evangelio se llaman los "administradores de los misterios de Dios" (Gá. 1:11-12; Ef. 3:3; 1 Co. 4:1).

El misterio de la Iglesia

* Su *fundamento* es la obra de Cristo: el misterio de la piedad (1 Ti. 3:16).
* El *edificio* es la Iglesia misma: el misterio de Cristo (Ef. 3:3, 4, 9; 2:11-22).
* Su *deleite* se halla en la comunión con su Señor: el gran misterio del amor (Ef. 5:31, 32).
* Su *fortaleza* viene del Señor que mora en ella: el misterio de "Cristo en vosotros" (Col. 1:26-27).
* Su *esperanza* es la transformación: el misterio del arrebatamiento de la Iglesia (1 Co. 15:51).

Aunque el misterio del endurecimiento persiste en Israel (Ro. 11:25) y aunque en la época actual las naciones del mundo rugen, obrando entre ellas el misterio de la iniquidad (2 Ts. 2:7; Ap. 17:5), con todo, la meta es segura, y Dios juntará todas las cosas bajo el gobierno de una sola Cabeza (1 Co. 15:28). He aquí el "misterio de su voluntad", la meta final y el eterno triunfo de Dios (Ef. 1:9-10; Fil. 2: 10-11).

Hasta entonces predicamos a Cristo crucificado y damos a conocer por doquier "el olor de su conocimiento" (2 Co. 2:14).

El mensaje del evangelio

* En cuanto a su *origen*, es el misterio de *Dios* (Col. 2:2).
* En cuanto a su *mediación*, es el misterio de *Cristo* (Col. 4:3).
* En cuanto a su *proclamación*, es el misterio del *evangelio* (Ef. 6:19).
* En cuanto a su *experiencia*, es el misterio de la *fe* (1 Ti. 3:9).

Tal fe es la llave que abre todos estos misterios de Dios, descubriendo lo escondido, "porque el Espíritu todo lo escudriña, aun lo profundo de Dios" (1 Co. 2:10).

"El misterio de Cristo"

Hablando con exactitud, el "misterio de Cristo" en Efesios 3 no se refiere a la Iglesia en sí, sino a la igualdad de derechos que corresponden a los creyentes gentiles dentro de la Iglesia: "Que los gentiles sean juntamente herederos, e incorporados, y consortes de su promesa en Cristo por el evangelio" (Ef. 3:6). Pablo declara que acaba de hablar del y seguramente hace referencia al segundo capítulo (Ef. 2:13-19), donde hizo constar la derogación de toda diferencia entre judíos y gentiles en cuanto a las condiciones para su admisión a la salvación, notando igualmente los derechos iguales de ambos dentro del Cuerpo único, el "nuevo hombre". La Ley no actuaba ya como "pared intermedia de separación", de modo que los gentiles que estaban lejos se habían hecho cercanos, y juntamente con aquellos que ya estaban cerca —o sea, los israelitas que creían en Cristo— formaban una unidad orgánica los unos con los otros y todos con Cristo.

Así el "misterio de Cristo" en este lugar no se refiere a la existencia del Cristo místico en sí —es decir, de la existencia de la Iglesia como un organismo— ni tampoco a la unidad orgánica de los miembros los unos con los otros y conjuntamente con la Cabeza, sino que destaca la participación sin diferencia de los gentiles en esta *ecclesía*, y su derecho por igual de comunión con los israelitas creyentes en su relación con el Cristo resucitado y exaltado. Por tanto tiene menos que ver con los judíos creyentes que con aquella porción de la Iglesia compuesta de los gentiles que habían creído y de la posición de éstos *dentro* de la *ecclesía* como miembros conjuntamente del Cuerpo. Así señala también las condiciones para la recepción de creyentes de todos los pueblos del mundo, y su disfrute de las bendiciones divinas en la comunión de la salvación. Cristo mismo había indicado ya que los cristianos llegarían a disfrutar de una relación viva y orgánica con El, aunque no utilizó la figura del cuerpo, sino de la vida. Posteriormente, Pablo pudo señalar la realidad espiritual que correspondía al lenguaje figurado del Señor.

En Efesios 5:32 leemos: "Este misterio grande es: mas yo digo esto con respecto a Cristo y a la iglesia", y algunos han enseñado que Pablo describe aquí la Iglesia misma como un "misterio grande". Si escudriñamos bien el contexto veremos que no es así, porque el secreto que menciona el apóstol no es la *Iglesia*, sino la relación de amor que existe entre la Iglesia y *Cristo*, según la analogía de la relación de los esposos en el matrimonio: "Por esta causa dejará el hombre a su padre y a su madre, y se allegará a su mujer, y serán dos en una carne. Este misterio grande es, mas yo digo esto con respecto a Cristo y a la Iglesia." Es evidente, pues, que la palabra aquí se refiere no a la Iglesia sola, en cuanto a su existencia, sino a la Iglesia conjuntamente con Cristo en su relación celestial de amor, como entre el Redentor y los redimidos.

LA RESPUESTA AL LLAMAMIENTO

¡Cuán maravillosa es la redención! Maravillosa es también la entrada del pecador en la esfera de la redención, ya que Cristo en su triple carácter de Profeta, Sacerdote y Rey le lleva de la mano. En su llamamiento e iluminación le conoce como su Profeta; en su conversión y su justificación se destaca como su Sacerdote; en su santificación y glorificación le conoce como Sacerdote y Rey.

Cristo, como Profeta, conduce al pecador a la salvación

El llamamiento viene por medio de la Palabra de Cristo, y la iluminación por medio del Espíritu de Cristo. Primeramente, es la Palabra que despierta, pues "la fe viene por el oír, y el oír por la Palabra de Dios" (Ro. 10:17). Alarmado por las acusaciones de una conciencia ya despierta, y quebrantada bajo el poder de la Palabra de Dios, sintiéndose condenado, el pecador es impulsado a admitir la oferta de la salvación que le viene por medio del evangelio.

Cristo, como Sacerdote, da entrada a la esfera de la salvación

En la experiencia que tiene el pecador del significado del Gólgota entra el servicio sacerdotal de Cristo, y de ella surge la conversión y la regeneración. El pecador recibe el perdón de su iniquidad sobre la base del sacrificio sacerdotal, siendo entonces renovado, transformado, vivificado y engendrado de Dios (Tit. 3:5; 1 Co. 6:11; Ef. 2:5; 1 Jn. 3:9; 4:7; 5:1, 4; Jn. 1:12, 13; 3:5).

La regeneración es lo que en verdad señala la entrada a la redención (Tit. 3:5) porque en ella Cristo nos comunica a nosotros, los muertos espirituales, su vida de resurrección, y únicamente por este medio podemos llegar a ser hombres nuevos y miembros del "postrer Adán" (1 P. 1:3; Ef. 2:5; Col. 1:27; Ef. 4:24; Col. 3:10).

Este nuevo nacimiento se halla estrechamente vinculado con la conversión, o sea la "media vuelta" del hombre que se arrepiente (Hch. 3:19; 15:19; 26:18). Si bien la regeneración es la parte del proceso que corresponde a Dios, la *conversión* es la que ha de realizar el hombre. En la experiencia son simultáneas, pero hemos de notar que la conversión es la condición que hace posible la *regeneración*, o sea, la regeneración es la respuesta divina a la conversión. El hombre es responsable de volver hacia Dios, mientras que la regeneración es la obra de Dios. El mandato en Hechos 3:19 es "¡convertíos!" un imperativo que el hombre ha de obedecer de forma activa. En la regeneración, es pasivo, y llega a ser un alma regenerada.

La *conversión* en sí tiene doble aspecto: el de volver las espaldas a lo antiguo, y el de volverse positivamente hacia Dios, o sea, el arrepentimiento y la fe (1 Ts. 1:9; Mr. 1:15). El arrepentimiento es algo negativo: la negación de lo que éramos, mientras que la fe es algo positivo que acepta y descansa en lo que Dios presenta; el arrepentimiento mira hacia adentro para recibir la ruina que proviene del pecado, pero la fe mira hacia arriba, fijando sus ojos en el Redentor.

Con todo, la vuelta inicial del pecador a Dios es un hecho que se realiza una vez para siempre, y todas las conversiones que se mencionan en el Nuevo Testamento son repentinas y radicales. El hombre realmente convertido "ha pasado de la muerte a la vida", reconociendo que hubo un "entonces" cuando era un mero hombre natural y pecador, y un "ahora" cuando está en relación con Cristo (Jn. 5:24; Ef. 2:2, 11, 13). Esta separación radical se simboliza por el bautismo tal como se practicaba originalmente, en el que el creyente confiesa que ha muerto con Cristo para volver a levantarse espiritualmente con El (Ro. 6:1-11).

El *arrepentimiento* (Mt. 3:2; Hch. 17:30). Podemos discernir tres momentos en el arrepentimiento, afectando el primero el *entendimiento*, en el que se produce el conocimiento del pecado; el segundo remueve los *sentimientos* con dolor y tristeza; el tercero inclina la *voluntad* para efectuar un cambio de mente —que es lo que quiere decir la palabra griega *metanoia*— y la vuelta completa de la personalidad. En términos generales, el arrepentimiento abarca un

aumento de verdadero discernimiento que lleva al pecador a deses-
perar de sí mismo y rechazar toda idea de una redención por sus
propios esfuerzos (Ro. 7:24).

La *fe* encierra también una acción triple que afecta primeramente al *entendimiento,* ya que lleva al alma la seguridad de que
existe una redención perfecta; en segundo término transforma los
sentimientos, que descansan en paz sobre el amor salvador que se
revela; por último inclina la *voluntad* a una devoción total hacia el
Salvador personal. Así la fe viene a ser la mano del hombre que se
ase de la mano de Dios. No es la mera excitación de los sentimientos, ni el tormento de uno mismo, ni la expiación personal de
la culpabilidad, sino una relación personal con Cristo, una acepta-
ción consciente de su gracia, y una bendita "vida en la Cabeza"
según la frase de Zuinglio. El arrepentimiento es el hambre, la fe
es la boca que se abre, y Cristo es el pan de vida (Jn. 6:54-55). La
fe tiene experiencia del Cristo actual, en este tiempo y aquí abajo,
de modo que desde el día de hoy planta su pie firmemente en la
eternidad, llegando a ser por lo tanto la "demostración de cosas
que no se ven" (He. 11:1)

Cristo como Rey actúa para la preservación y el adelanto en la salvación

El creyente justificado (declarado justo por estar en Cristo) no se
ha perfeccionado aún en la justicia, y los "santos" deben adelantarse
en la santidad (1 Ts. 5:25). La gracia quiere reinar en majestad y
poder (Ro. 5:21), de forma que la nueva naturaleza implantada *en* el
creyente por el nuevo nacimiento debe ser el punto de partida de la
nueva vida, pues solamente así podrá el Redentor perfeccionar la
transfiguración que desea.

Los nombres de todas las almas que experimentan este proceso salvador se hallan inscritos en el "libro de la vida del Cordero", y notamos a
continuación algunas de las características que les distinguen.

El pueblo de Dios

- Son hombres *conocidos* desde antes de la fundación del mundo,
  pues desde entonces existe "el libro de la vida del Cordero"
  (Ap. 13:8; 17:8; Ef. 1:4).

- Son hombres *comprados* al precio de sangre, porque están inscritos en el "libro de la vida del Cordero" (Ap. 21:27; 5:9).
- Son hombres *renacidos*, porque están inscritos en el "libro de la vida" (Ap. 20:15; 1 P. 1:23, etc.).
- Son hombres *bienaventurados* porque la mayor causa de gozo es que sus nombres están inscritos en el cielo (Lc. 10:20).
- Son hombres *santos*, porque solamente los santos están inscritos allí (Is. 4:3; Ro. 1:7, etc.).
- Son *testigos victoriosos*, porque desafían aun al Anticristo (Ap. 13:8; 17:8; Fil. 4:3).
- Son hombres *victoriosos*, porque son los vencedores (Ap. 3:5; Dn. 12:1).
- Son hombres *glorificados*, porque tienen entrada en la ciudad celestial (Ap. 21:27).

2
El Apóstol de los Gentiles

L a figura del apóstol Pablo se reviste de importancia capital en relación con el llamamiento de la Iglesia; y aun concediendo todo su gran valor a la obra de los demás apóstoles y siervos de Dios en el primer siglo, Pablo descuella por encima de todos — excepción hecha del único— desde el punto de vista de la historia general de la Iglesia. Jesucristo es el único que puso el fundamento, siendo siempre incomparable y preeminente en todo. Pero después de El, Pablo era el primero como heraldo y adalid para la extensión del evangelio entre las naciones.

SU COMISIÓN COMO PREDICADOR DEL EVANGELIO

La actividad apostólica de Pablo se distingue por cinco rasgos externos que notamos a continuación.

Pablo era el mensajero para los gentiles

Esta labor complementaba armoniosamente la de los apóstoles a la circuncisión, ya que Dios le encargó de forma especial que proclamase "entre los gentiles el evangelio de las inescrutables riquezas de Cristo" (Gá. 2:7-10; Hch.15; Ef. 3:8; Col. 1:25, 27; 1 Ti. 2:7;

100

2 Ti. 1:11). La declaración de Efesios 3:8 que hemos notado, empieza con las palabras "a mí", en posición enfática en el griego, por lo que Pablo subrayó el carácter especial de su comisión.

Pablo era mensajero pionero

Pablo sintió la vocación de llevar el mensaje de la salvación a regiones sin evangelizar, dejando a los nuevos convertidos la tarea de continuar la obra de extender el evangelio en las regiones que él había abierto a la luz (Ro. 15:20). Consideraba que su labor como misionero consistía en establecer focos de luz —es decir, iglesias locales enseñadas a sentir su responsabilidad en el evangelio— principalmente en ciudades importantes. Trabajó, pues, en Filipos que era la primera ciudad de aquella parte de Macedonia (Hch. 16:12), como también en Corinto, gran centro comercial de Acaya; en Atenas, el principal centro intelectual de Grecia; en Efeso, la ciudad principal de la provincia de Asia, y finalmente en Roma, metrópoli del mundo civilizado occidental.

Desde estos centros, la luz del evangelio debía de esparcirse por los distritos circundantes (1 Ts. 1:8), mientras que Pablo seguía adelante, pensando que en tales regiones "no tenía más lugar" para su servicio especial, aun cuando las iglesias se hallaban rodeadas de centenares de miles de paganos inconversos; pues él, según su plan especial, había "llenado todo del evangelio de Cristo". Hacer otra cosa sería "edificar sobre fundamento ajeno" (Ro. 15:19, 20, 23). Se calcula que Pablo debía de haber viajado por lo menos 24.000 kilómetros.

Pablo era mensajero para las grandes ciudades

Pablo escogió como centros de sus actividades en el evangelio los grandes centros de la cultura griega, como evidencian los conocidos nombres de Antioquía, Troas, Filipos, Tesalónica, Atenas, Corinto y Efeso, esforzándose después para llegar a Roma, la metrópoli del mundo civilizado, y gran punto de reunión de las gentes.

Su esfera de trabajo determinó hasta las expresiones y metáforas de sus mensajes, que se sacan de la vida normal de las ciudades. El Señor Jesús predicaba mayormente al aire libre, ante auditorios de campesinos y aldeanos, valiéndose, por lo tanto, de metáforas relacionadas con la vida del campo. En cambio Pablo, quien enseñaba principalmente en las grandes urbes, utilizaba preferentemente las ilustraciones propias de su medio. En términos generales, quería ser hecho "a los judíos como judío" y a los gentiles como gentil, pero además de eso, quiso ser de forma especial hombre de ciudad para ganar a los moradores de los grandes centros de civilización. El Maestro hablaba más frecuentemente de las aves del cielo, de los lirios del campo, de los pastores, de los sembradores y de las siegas; pero es más típico de Pablo discurrir sobre el juez que absuelve al reo de la deuda que se perdona, de la armadura del soldado (Ef. 6:13-17), de las órdenes del comandante (1 Ts. 4:10) y hasta de los acontecimientos deportivos y del teatro (Fil. 3:14). Decide echar mano de todo cuanto pueda servir para aclarar el mensaje del evangelio ante los hombres de las ciudades y hacer llegar el mensaje a su corazón.

Hallaba la mayoría de sus ilustraciones en el ambiente de los juzgados, los cuarteles y los campos de deporte, de modo que hallamos en sus escritos términos técnicos (legales, militares y deportivos) destacándose quizá entre todas las metáforas jurídicas y comerciales. Observaba el panorama mundial de su día, interesándose en la poesía y la filosofía de las esferas no cristianas que le rodeaban, como también en ciertos detalles de la religión y cultura de los pueblos que visitaba. Así pudo hablar con los atenienses de su altar, y a los corintios de los juegos olímpicos que se celebraban cerca de su ciudad (Hch. 17:16-29; 1 Co. 9:24-27).

En fin, Pablo distaba mucho de ser un mero estudiante libresco, soñador y poco práctico en los asuntos de la vida normal. Tampoco era un teólogo que hablaba de verdades abstractas en lenguaje técnico, incomprensibles para el "hombre en la calle", ni disfrazaba su mensaje en los melifluos tonos de un sermoneador. Era hombre de su época —ciudadano de una urbe notable, Tarso— que sabía unir la santificación con una mentalidad abierta a los temas de su día, y viviendo a la luz de la eternidad, no perdía de vista el tiempo presente.

Pablo era mensajero para los puertos de mar

Si prestamos atención a la fisonomía y a la posición geográfica de las grandes ciudades que se destacan en los viajes de Pablo, será evidente, como alguien ha dicho, que "tenemos que buscar el medio ambiente del apóstol principalmente allí donde soplan los aires del mar", o sea, en relación con el movimiento marítimo de los pueblos. Sobre todo su actividad misionera se desarrollaba en el área del mar Egeo con los puertos que lo rodeaban, donde se hallaban Troas, Tesalónica, Atenas, Corinto y Efeso. También Antioquía y Roma tenían trato con el mar a través de sus puertos, Seleucia y Ostia.

Son obvias las ventajas de concentrar esfuerzos evangelísticos en los puertos de mar, pues tenían un acceso mucho más fácil que las ciudades provinciales del interior. Además —aparte del invierno cuando la navegación era peligrosa— los viajes marítimos eran más rápidos y seguros que los terrestres. Había es verdad, buenas carreteras, pero se viajaba más despacio por ellas, y Pablo mismo indica que no estaban exentas de peligros: "peligros de ríos, peligros de ladrones" (2 Co. 11:26). El historiador Plinio hace constar que se invertía solamente cuatro días en el viaje desde España a Ostia, puerto de Roma, y dos días desde el norte de Africa al mismo punto. Tan frecuentes eran ciertos viajes marítimos, que hubo servicio *diario* de salida desde Alejandría hasta la provincia de Asia.

Pablo y sus compañeros gozaban de una gran ventaja lingüística, pues entonces el griego era la *lingua franca* del intercambio mundial, y naturalmente, se había extendido mucho más en los puertos de mar que no en el interior de los distintos países. El misionero pionero no estaba sujeto, pues, a la necesidad de aprender idiomas, aquel obstáculo que tanto tiempo consume, de modo que el evangelio podía adelantarse triunfalmente a pasos agigantados.

De igual modo, en la segunda etapa de la obra, después de seguir adelante los apóstoles, el evangelio podía entenderse más rápidamente desde las iglesias de los puertos de mar que de las otras en el interior. Durante la estancia de comerciantes, visitantes, marineros y otros viajeros en los puertos, se ofrecía la posibilidad que escuchasen y recibiesen el evangelio. Luego, por cuenta propia, podían ser ellos mismos misioneros que llevasen el mensaje de salvación a muchas nuevas regiones y tierras. Así se extendía notablemente el área de operaciones, relacionándose después los nuevos centros con los ingentes esfuerzos del apóstol, quien se preocupaba por enviar a sus colaboradores del círculo más íntimo a puntos estratégicos o necesitados.

Pablo era mensajero con un plan estratégico

Se ve pues que las actividades de Pablo en el evangelio se planeaban de la forma más práctica posible, lo que justifica la frase: "la estrategia misionera de Pablo". Toda la obra es tan sistemática, se subordina de tal forma a la finalidad prevista, los anteproyectos están concebidos con tal acierto para la extensión mayor y más rápida del evangelio, que no podemos por menos que reconocer un plan bien estudiado que determinaba todos los movimientos del apóstol.

Con todo eso no era Pablo quien ideaba el plan, sino el Señor a quien Pablo servía, como se destaca de la visión que recibió en Troas, pues por ella, aparte de todo impulso personal, y sin meditar un plan propio, el apóstol fue llamado a evangelizar las tierras de Macedonia y de Grecia (Hch. 16:8-11). Aquel llamamiento determinó, sobre la base de una clara dirección divina, que el occidente —las razas europeas que descendían de Jafet, y no las orientales— había de ser el escenario principal para el despliegue de las maravillas del evangelio.

Hay casos en los cuales Pablo había proyectado ciertos viajes, pero "el Espíritu no les dejó", siguiendo Pablo la nueva ruta indicada por iniciativa divina (Hch. 16:6-7). Con toda razón, pues, se habla de la estrategia misionera en la labor de Pablo, pero hemos de recordar que, fundamentalmente, no era la de Pablo sino la de Cristo; no la del embajador, sino la del director; no la del heraldo, sino la del Señor de la empresa toda. Cristo era el Adalid, y Pablo seguía; Cristo dirigía, y Pablo caminaba en la senda señalada; Cristo, cual jefe soberano, daba sus órdenes, y Pablo, cual soldado obediente, obedecía. El mismo título "apóstol" indica esto, ya que se deriva de *apostello* ("yo envío") (2 Ti. 2:3; 4:2; 2 Co. 6:7; Ef. 6:10-20; Hch. 22:21; 13:4; 1 Co. 1:17; 2 Co. 5:20).

SU COMISIÓN COMO ENSEÑADOR DE LA IGLESIA

A las manifestaciones exteriores de Pablo de sus actividades evangelísticas, debemos añadir las características interiores de su ministerio de *enseñanza*.

El punto de partida de la enseñanza

El punto de partida de la instrucción sistemática que Pablo había de dar a la Iglesia se ha de buscar en el gran acontecimiento que es el centro de la historia de la redención, es decir, la misión salvadora del Señor Jesucristo. Según la carne, Cristo nació en Israel, pero había de ser el Salvador del mundo, llegando a cumplirse en Él la promesa de bendición universal otorgada a Abraham (Ro. 1:3; 9:5; Gá. 3:8-9). El nacionalismo anterior y parentético de la revelación del Antiguo Testamento se ensanchó por medio de Cristo y su obra, hasta convertirse en el mensaje universal de salvación que hallamos en el Nuevo Testamento. La cruz, al cumplirse el significado de los sacrificios del Antiguo Testamento, abrogó tanto el sacerdocio levítico como el régimen legal, derrumbando la "pared intermedia de separación" y abriendo así la esfera de la salvación a todos (He. 10:10-14; 7:11-18; Ef. 2:13-16).

Históricamente, el significado universal de la cruz se descubrió después del día de Pentecostés, destacándose como cumbre del proceso la predicación de Pedro en la casa de Cornelio en Cesarea (Hch. 10). A causa de su gran importancia, este suceso se describe con más detalle que ningún otro de toda la época apostólica, ya que por vez primera, un gentil —sin ser prosélito— llega a ser participante del Espíritu Santo, se bautiza y es recibido en la Iglesia sin que se suscite cuestión alguna sobre la ley o la circuncisión, o sea, sin relación con el Israel nacional, y sobre la única base de su fe en obra consumada de Cristo. Este hecho se reviste de importancia tan primordial que hemos de extendernos más sobre el tema.

La visión que recibió Cornelio se narra nada menos que tres veces (Hch. 10:3-6, 30-33; 11:13-14) y la que recibió Pedro se narra dos (Hch. 10:10-16; cp. 11:5-10) con otra mención en Hechos 10:28. Relacionados con la historia se halla una impresionante serie de acontecimientos sobrenaturales: la visión de Cornelio, la triple visión de Pedro, el mensaje directo del Espíritu a Pedro después de la visión (10:19), el derramamiento del Espíritu (10:44) y las lenguas que acompañaron a la recepción del Espíritu (10:46). Todo ello subraya la gran importancia del acontecimiento, y los detalles revelan que el autor discierne un profundo significado en el momento que describe.

En Cesarea, por vez primera, el principio fundamental establecido en el Gólgota llegó a ser una realidad histórica, demostrándose
que delante de Dios ya no existía diferencia alguna entre judío y
gentil (Jn. 12:32; 11:52; Ef. 2:15-16). Se anuló la posición de privilegio especial de Israel, y se estableció la Iglesia en su constitución
verdadera formada por creyentes que antes eran o judíos o gentiles.
La misión que Pedro cumplió en Cesarea dio principio a un nuevo
tipo de cristianismo; aquel que abarca a todos los pueblos, libres de
la sujeción a la ley, y que reemplazó al tipo judaico-cristiano anterior.

En tan señalada fecha apareció por primera vez en su plenitud
aquella nueva "comunión de salvación" que es supranacional y
universal, abarcando todo el mundo de los hombres, tanto en su
significado externo como interno. Por vez primera se manifestó en
la historia que Dios no hace diferencia entre el judío y el gentil, sino
que otorga a todos los creyentes de ambos sectores "el mismo don"
y en "la misma manera" (Hch. 11:17; 15:11).

Así el misterio sobre el cual discurre Pablo en Efesios, capítulos
2 y 3 (especialmente 2:13—3:6) no le fue revelado a él en primer
término, sino a Pedro. De la manera en que Pedro había abierto la
puerta del reino celestial a los judíos en Jerusalén (Hch. 2), así
también lo hizo a favor de los gentiles en Cesarea (Hch. 10; cp. Mt.
16:19).

El cometido especial de Pablo como enseñador se relacionaba
con la presentación y el desarrollo de este misterio, a lo que se
añadieron varias cuestiones de importancia básica que iban surgien-
do de la consideración del lugar que ocupa el misterio en la historia
de la salvación. Ademas, le fueron dadas más revelaciones detalladas sobre la naturaleza y la consumación de esta Iglesia, de modo
que casi todo lo más típico de la doctrina proclamada por Pablo
surge de esta raíz.

Pablo no fue el primero, pues, que recibiera la revelación sobre
el misterio de la Iglesia según la composición y estructura que se
echa de ver en el Nuevo Testamento; no obstante, el Señor mismo
se la dio posteriormente, independientemente de los hombres, de
forma especial (Gá. 1:1-12; Ef. 3:3ss). Esto fue necesario con el fin
de garantizar la independencia de su servicio y la autenticidad de su

apostolado a los gentiles (Gá. 1:11-24). En consecuencia, y por la guía del Espíritu, pudo describir esta nueva y magnífica verdad — juntamente con sus consecuencias más fundamentales— en una perspectiva y con una profundidad más amplia que ningún otro enseñador de la edad apostólica, llegando a ser, en este sentido, no sólo el principal heraldo, sino también el principal enseñador y profeta de la Iglesia.

Esto no quiere decir que Pablo se hallase en un terreno dispensacional distinto del de los demás apóstoles, y no hemos de pensar que hubiera en la Iglesia dos mensajes de salvación y de doctrina: uno de carácter judaico-cristiano diferente en contenido del otro de carácter gentílico-cristiano, ya que todos los apóstoles exponían la misma verdad novotestamentaria (Gá. 1:9-10; Hch. 15:9; 11:17). La diferencia consiste solamente en los campos de trabajo (Gá. 2:7-10) y en la manera de dar a conocer el mensaje —condicionada naturalmente por las personalidades— lo que se echa de ver en puntos de vista distintos, en el estilo y en el uso de metáforas bíblicas. Hubo diferencia también de profundidad y de perspectiva según la medida del don de Cristo, y en esto es evidente la gracia especial que Pablo había recibido.

El alto significado del ministerio de Pablo en las enseñanzas del nuevo régimen se evidencia por el lugar que ocupan sus escritos, juntamente con aquellos de sus colaboradores, en el Nuevo Testamento. Autores del círculo de Pablo —es decir, Pablo mismo, Lucas y el autor de Hebreos— escribieron algo más que la mitad, y Pablo mismo como una cuarta parte. Lucas era compañero frecuente de Pablo, y Hebreos 13:13 parece indicar que el autor de Hebreos pertenecía al mismo círculo.

Las verdades centrales de las epístolas de Pablo

1. *Jesucristo crucificado y resucitado.* Jesucristo, el Salvador crucificado y resucitado, se halla siempre en el centro del mensaje del apóstol. Su tema principal es la obra de expiación de Cristo que anuló nuestros pecados, siendo su vida en gloria el manantial de nuestra santificación. Al mismo tiempo su venida (*parousía*) y su manifestación (*epifaneia*) son la meta de nuestra expectación. Por el arrepentimiento y la fe el pecador entra en comunión con El, siendo

levantado espiritualmente de entre los muertos y vivificado juntamente con Cristo (Hch. 17:30; Ro. 1:16-17; Ef. 2:5-6). La historia del Salvador llega a ser la historia del creyente, puesto que con El ha sido crucificado, sepultado, resucitado y colocado en los lugares celestiales, de modo que el hombre redimido de la tierra está "en el cielo", y el cristiano es sobre todo un "hombre en Cristo" (Ro. 6; Ef. 2:6; Fil. 3:20; 2 Co. 12:2).

Para Pablo, la cruz no significaba un mero hecho histórico, sino que se unía en su pensamiento con el triunfo vivificador de la resurrección. Sin la resurrección, la cruz carecería de poder, y se convertiría en una tragedia catastrófica (1 Co. 15:14-19). Pablo nunca afirmaba que no tenía más mensaje que la cruz —ni siquiera en 1 Corintios 2:2— sino que llevaba a los hombres al Crucificado, quien era su único tema. Pero presentaba a la persona, no sólo un acontecimiento, interesándole no un punto de tiempo, sino la línea sin fin de la existencia de aquel que no sólo realizó un hecho histórico, sino que permanece como el que siempre está presente, el Cristo exaltado, a quien contemplamos en la gloria con relación a su experiencia histórica de la cruz (Ap. 5:6).

La teología paulina de la cruz se desarrolla sobre el plano de la resurrección, y la oscuridad de la muerte se percibe rodeada de la luz resplandeciente de la mañana de la nueva vida. Aquel resplandor iluminó todo el mundo, cumpliendo la gran declaración del Señor mismo: "Y yo, si fuere exaltado de la tierra, a todos traeré a mí mismo" (Jn. 12:32), lo que incluye a judíos y a gentiles sin distinción de raza. Históricamente, el atractivo universal del Cristo exaltado empezó a dejarse sentir públicamente en la casa de Cornelio, el gentil puro, porque la ley que dividía los dos sectores de la humanidad se había quitado gracias a su cumplimiento en Cristo.

Es evidente que la abrogación de la circuncisión y de la ley se hallaba implícita en la obra redentora de Cristo, bien que no se dio a conocer hasta la visión que recibió Pedro en Jope, y que tuvo por consecuencia los sucesos en la casa de Cornelio. Pero si desde entonces la ley y la circuncisión dejaban de ser condiciones previas para entrar en la esfera y en la comunión de la salvación, cabe preguntar para qué sirve la ley.

2. *La función de la ley.* Entre todos los apóstoles y escritores inspirados del Nuevo Testamento fue Pablo en grado preeminente el llamado para tratar de este problema práctico creado por lo acontecido en la casa de Cornelio, dándole su explicación doctrinal. La función básica de la Ley es la de revelar el pecado, siendo, por lo tanto, el "ayo para llevarnos a Cristo" (Ro. 3:20; 7:7; Gá. 3:24). La frase quiere decir que la ley descubre delante del pecador su propia iniquidad y flaqueza, señalando, por lo tanto, su necesidad de un Redentor divino. Puede retirarse después del advenimiento de Cristo, y como consecuencia del propósito de la ley que se ve en el Antiguo Testamento, siendo Cristo meta y fin de ella (Ro. 10:4). He aquí el tema básico de los pasajes centrales de las epístolas a los Romanos y a los Gálatas, con referencia especial a Romanos 1—8 (notablemente el cap. 7) como también de Gálatas 2—4 (notablemente el cap. 3),

Además, en la justificación de los gentiles según la posición posterior al capítulo 10 de Hechos, está implícita la abrogación actual de los privilegios especiales de Israel como nación, pues desde entonces el judío no es preferido en la historia de la salvación y hemos de preguntar si Dios habrá repudiado a su pueblo.

3. *Dios y el pueblo de Israel.* He aquí un tema que sólo Pablo lo trata en el Nuevo Testamento, exponiéndolo en los capítulos 9—11 de la Epístola a los Romanos, que son a la vez historia y profecía, y que de una manera sorprendente nos permiten comprender los planes de Dios en orden al gobierno del mundo. En el capítulo 9, Pablo hace ver que Dios es libre y soberano en sus operaciones, y por lo tanto Israel, siendo culpable, debe someterse a sus juicios. Declara que las operaciones de Dios son para bendición, y por consiguiente, convierte la caída de Israel en medio de salvación para el mundo, y por fin en plena bendición para Israel mismo. Dios anuncia, pues, que volverá a recibir a su pueblo.

4. *El valor de las obras religiosas y humanas.* Del acontecimiento de Cesarea surge otro problema. Se manifiesta en principio en el Gólgota y en la práctica en Cesarea, que se ha abolido todo acto religioso y humano como condición previa para recibir la salvación, ya que un pagano, sin rendir a Dios el culto determinado por su revelación anterior, pudo ser salvo e ingresar en la

Iglesia sólo por la fe en Cristo. ¿Cuál será el valor, pues, de las obras religiosas? De nuevo es Pablo, en primer término, quien nos da la respuesta, que consiste en su doctrina de la gracia de Dios y de la justificación del pecador sin obras legales, sobre la única base del sacrificio de Cristo apropiado por la sola fe. Llegamos aquí al corazón de todo el mensaje paulino, que constituye el tema predominante de las epístolas a los Romanos y a los Gálatas: "Así que concluimos ser el hombre [es] justificado por fe sin las obras de la ley" (Ro. 3:28).

La manera en que Pablo desarrolla este tema se determina por su actitud fundamental frente al judaísmo religioso, y de ahí surge la aparente contradicción entre sus enseñanzas y las de Santiago (Ro. 3:38; cp. Stg. 2:24). De verdad no se trata de contradicciones sino de un contraste armonioso que se explica por la diferencia entre las carreras y el medio ambiente de los dos apóstoles. Hay que tener en cuenta que Pablo era el ex-fariseo, quien había procurado justificarse por las obras, de modo que, como apóstol, considera la obra y la enseñanza de Cristo en lo que tiene de contraste absoluto con el fariseísmo, o sea el judaísmo *falso*, En cambio Santiago, el hermano del Señor (Gá. 1:19), se había criado en el círculo íntimo de la familia humana de Jesús o sea entre los verdaderos israelitas, exentos de hiprocresía, que formaban parte del resto fiel que esperaba ansiosamente al Mesías. Es natural, pues, que él presente la obra y las enseñanzas de Cristo como aquello que perfecciona el *verdadero* judaísmo.

En consecuencia, al exponer la doctrina de la justificación, Pablo subraya su libertad de toda obra muerta y legalista, mientras que Santiago pone de relieve que la justificación es una vida nueva que ha de manifestarse por medio de obras vitales. Pablo percibe el contraste entre la justificación y el falso judaísmo que rechaza, mientras que Santiago subraya su conexión con el verdadero judaísmo que acepta. Por ende, Pablo habla de nuestra libertad frente a la ley, mientras que Santiago habla de la "ley de la libertad" (Stg. 1:25; 2:12). En el fondo, sin embargo, hay concordancia absoluta, y los dos presentan la misma verdad desde distintos puntos de vista, pues Pablo también subraya la necesidad de que la fe se manifieste por medio de obras (Gá. 5:6; Tit. 2:7; 3:1, 8, 14; 1 Co. 7:19).

En general no es que Pablo rechace el cumplimiento de los reglamentos del Antiguo Testamento en sí, sino los falsos móviles que promueven su observación, luchando contra la circuncisión, el guardar el sábado, etc., sólo si se consideran como medios para la justificación o la santificación, en cuyo caso son manifestaciones del abuso de la ley según el espíritu farisaico (Gá. 5:12; Col. 2:16ss; cp. 1 Ti. 1:8). Aparte de eso, el apóstol dejaba la observancia del sábado al criterio del individuo (Ro. 14:5), y él mismo hizo circuncidar a Timoteo para aclarar su posición en relación con una costumbre nacional (Hch. 16:3), y hasta se hizo responsable por ciertas ofrendas de la ley levítica cuando pensaba que podía ser un bien para las almas, haciéndose "judío para los judíos" (Hch. 21:26; 18:18; 1 Co. 9:20).

5. *La naturaleza de la comunión de salvación.* Surge, además, otra cuestión, pues si los judíos y los gentiles participaban ya en la misma redención por títulos absolutamente iguales, se ha de determinar la naturaleza de esta nueva comunión de salvación, y sobre todo la relación que existe entre los redimidos y aquella que tienen en común con el Redentor de todos.

De nuevo hallamos que Pablo es el enseñador principal de la Iglesia para aclarar la naturaleza de la nueva comunidad, que describe bajo la figura de un "cuerpo", del cual Cristo es la Cabeza, siendo los redimidos los miembros. Pablo es el único escritor novotestamentario que se vale de este símil, destacándose en las epístolas a los Efesios, a los Colosenses, a los Corintios (especialmente 1 Co. 12) y a los Romanos (con referencia especial al cap. 12).

6. *La esperanza de la Iglesia.* Llegamos ahora a la consumación de las enseñanzas especiales de Pablo, pues, según una evidente lógica divina, le fue concedido al hombre que había recibido tan claras revelaciones sobre el principio de la Iglesia al ser profeta de la *esperanza* de la Iglesia, con una gloriosa versión de su perfeccionamiento. Es Pablo quien nos da las enseñanzas más claras y detalladas sobre temas tan importantes como son la resurrección de los creyentes, el recogimiento de los santos, el tribunal de Cristo, la transfiguración de su pueblo y su futuro "cuerpo espiritual". Distintos aspectos de la Segunda Venida del Señor, con la resurrección de

los santos, forman el tema principal de las dos epístolas a los tesalonicenses y el capítulo 15 de 1 Corintios.

Gracias a todo ello, Pablo llega a ser el *profeta de la historia de la salvación*, siéndole concedida una visión que abarca los pueblos, los milenios, las edades, las sazones, los siglos y las dispensaciones. Hace mención del principio de la historia sagrada, destacando a Adán, padre de la raza humana, como tipo de Cristo (Ro. 5:12-21); ve la importancia de la edad patriarcal, con Abraham como padre y tipo de los fieles (Ro. 4); analiza el significado de la economía mosaica y de los 1500 años del régimen legal (Ro. 7; Gá. 3); adelanta el tema primordial del "cumplimiento de los tiempos" cuando Cristo fue manifestado (Gá. 4:4) y presenta su cruz, su resurrección, su ascensión y su exaltación (Ef. 1:20-21).

Es Pablo quien enseña los principios de la Iglesia, su vocación, su posición, la glorificación de los redimidos y su manifestación futura delante de Cristo (2 Co. 5:10), profetizando además el advenimiento del Anticristo, con su naturaleza, su poder, su victoria temporal y su derrota final por la manifestación del Señor, y el establecimiento posterior del reino (1 Ts. 2; cp. 1 Ts. 2:12). Finalmente, su vista profética penetra en la misma eternidad, viendo la "Jerusalén de arriba" (Gá. 4:26) con la consumación de todas las cosas y los albores del día de Dios cuando "el Hijo mismo se sujetará al que le sujetó a El todas las cosas, para que Dios sea todas las cosas en todos" (1 Co. 15:28).

Para Pablo, Cristo es el sol radiante y central de toda la gran obra, o con cambio de metáfora, sólo de El, el Viviente, brotan todos los manantiales de la vida. La pequeña frase "en Cristo" —que se halla más de 160 veces en sus cartas—, es la clave tanto de toda su experiencia personal de la salvación como de toda su enseñanza pública. Quiere vivir sólo para Cristo, y de El sólo quiere testificar, proclamándole como el mayor don de Dios para los pueblos del mundo. He aquí su comisión, que le convirtió en el enseñador de las naciones, el apóstol principal para la Iglesia, el profeta de la historia de la salvación, el heraldo de Jesucristo y el portaestandarte del Rey que viene.

3

La dispensación de la gracia de Dios

Nos toca ahora meditar en la sublime posición de la Iglesia, llamada a posesionarse de las mayores promesas en gloriosa perfección, al par que da a conocer en este siglo las riquezas inescrutables de Cristo (2 P. 1:3-4; Ef. 3:8).

Por ser tan variadas y multiformes las bendiciones celestiales de la Iglesia, no pueden expresarse por una sola metáfora, y por ende el Espíritu de Dios emplea toda una serie de figuras y comparaciones con el fin de analizar en rayos distintos el brillo de su gloria eterna, como si fuera por un prisma.

La Iglesia se relaciona con las tres personas de la esencia divina: con el Padre, con el Hijo y con el Espíritu Santo. Los redimidos son miembros de la "casa" de la cual es el Padre, teniendo la obligación de servirle como esclavo, al par que El les concede el privilegio de ser recibidos como hijos (Ro. 8:15; Gá. 4:6; Jn. 20:17; Ef. 2: 19; Gá. 6:10; 1 P. 2:16; Ro. 8:14).

EL TRABAJO DE LOS REDIMIDOS COMO ESCLAVOS

Los redimidos son comprados por la sangre de Jesucristo, que es equivalente a su propia vida: precio de rescate infinitamente más precioso que el oro y la plata. Por consiguiente no se han de considerar ahora como dueños de su propia vida, sino como esclavos de Dios, su posesión, los instrumentos que El emplea, sellados por el Espíritu como señal de que nunca más pueden ser vendidos a otro dueño (1 P. 1:18; Ap. 5:9; 1 Co. 6:19-20; 7:23; Mt. 20:28; 1 Ti. 2:6; Ro. 1:1; Ef. 6:6; Tit. 2:14; Ef. 1:13; 4:30; 2 Co. 1:22). El antiguo concepto de un esclavo se expresa por Aristóteles en estas palabras: "Un esclavo es una herramienta animada, y una herramienta es un esclavo inanimado".

Según una paradoja que halla su razón de ser en el contraste entre lo material y lo espiritual, la redención de los esclavos es a la vez una compra, y la emancipación de los esclavos supone la obligación del servicio, de modo que la posición de estos esclavos espirituales supone las condiciones siguientes:

*   La de una posesión personal para Dios (1 P. 2:9).
*   La de la obediencia de parte de los esclavos (Ro. 6:17-18).
*   La de la protección que les otorga su dueño (Gá. 6:17; Jn. 10:28-29).

El término griego aquí es *doulos*, que no significa un siervo, sino un esclavo, ya que el siervo, después de todo, dispone de su propia persona, recibiendo el salario que determina el contrato aceptado libremente por el patrón y el empleado; en cambio el esclavo pertenece al dueño a perpetuidad. Nuestras traducciones debieran dar el sentido exacto de este término, pues Pablo se gloriaba en ser no sólo siervo, sino también esclavo de Cristo (1 Co. 9:15-18).

LA POSICIÓN DE LOS REDIMIDOS COMO HIJOS

Sin embargo, los consejos de Dios en cuanto a los suyos se desarrollan sobre un plano muy superior al concepto de esclavos comprados para servir, ya que los seres que El ha librado de la servidumbre del pecado y de la perdición, a más de ser los hacedores de su buena voluntad, son participantes de la naturaleza divina, nacidos en la familia divina, adoptados como hijos, y aun "hijos primogénitos" (2 P. 1:4; Ro. 8:14, 21; He. 12:23).

Nacidos como hijos (*tekna*)

Las Sagradas Escrituras declaran que los redimidos han sido engendrados de la sustancia de Dios. Desde este punto de vista el acto de elevar a los objetos de la gracia de Dios a la posición de hijos no es sólo la *declaración* legal, o sea, una adopción jurídica, sino el *ser engendrado*, el nuevo nacimiento orgánico de parte de Dios según las palabras de Juan: "Mirad cuál amor nos ha dado el Padre, que seamos llamados hijos (*tekna*) de Dios, y *lo somos*" (1 Jn. 3:1, VHA; cp. Stg. 1:18; Jn. 3:3, 5; 1 P. 1:23; 2:2; 1 Jn. 2:29; 3:9).

Hijos

Como tales nacidos de Dios hemos llegado también a la mayoría de edad, y aquí se destaca una diferencia fundamental entre las enseñanzas del Antiguo y del Nuevo Testamentos. En sentido nacional Israel ocupaba ya la posición de "hijo", siendo, según la revelación anterior, el primogénito de Dios entre los pueblos, de modo que se indica una paternidad de Dios en relación con su pueblo en el Antiguo Testamento (Ro. 9:4; Dt. 14:1; Ex. 4:22; Dt. 32:6; Is. 63:16; 64:8; 1:2; 30:1-9; Mal. 1:6). Pero la posición de Israel como hijo en el Antiguo Testamento dependía de la obra creadora de Dios, juntamente con la redención nacional de Dios de la esclavitud de Egipto (Is. 64:8; Dt. 32:6; Is. 63: 16), mientras que el estado de hijo en el Nuevo Testamento resulta del nacimiento personal del individuo de la sustancia de Dios, en la nueva creación, como también de la recepción del espíritu de adopción (Gá. 4:5-6).

Por consiguiente, Israel se halla bajo el tutor, el *paidagogos* o sea la ley; "mas venida la fe, ya no estamos bajo ayo" (Gá. 3:24-25). Cuando un israelita llegaba a creer en el Señor, empezaba a disfrutar de su mayoría de edad, no siendo ya sujeto a un tutor, sino gozándose de su libertad de la ley (Gá. 4:1-5). Pero no existe en la Iglesia aquella diferencia anterior entre judíos y gentiles, de modo que los creyentes de las naciones disfrutaban también de la misma bendita libertad. En contraste con la época preliminar, somos adoptados y mayores de edad en la familia de Dios, bien que la plenitud de tal adopción espera aún la manifestación del Primogénito con todos los suyos (Ro. 8:17, 21, 29).

Los primogénitos

Los redimidos de esta época no sólo son nacidos en la familia e hijos adoptivos, sino también una especie de primicias de sus criaturas" (Stg. 1:18) o, según la frase de Hebreos 12:23: "La iglesia de los primogénitos que están alistados en los cielos". Es evidente que estos primogénitos son hombres redimidos y no ángeles, por cuanto se añade la aclaración "cuyos nombres están alistados en los cielos", frase que se puede comparar con Lucas 10:20 y Filipenses 4:3. Dios, como Padre, tiene muchas "familias" (Ef. 3: 14) pero los redimidos de esta dispensación ocupan el rango especial de primogénitos, íntimamente asociados con el "primogénito de entre los muertos". Así disfrutan de: 1) una *categoría sacerdotal* (Ex. 13:2, 15; Nm. 8:16-18; 1 P. 2:5); 2) de una *dignidad real* (1 Cr. 5:1-2; Ap. 1:6); y 3) de la *"porción doble"* *de los herederos* (Dt. 21:15-17; Ef. 1:3; cp. 2 R. 2:9-10). Según la ley, todos los hijos recibían su parte, pero si había seis hijos, por ejemplo, la herencia se dividía en siete porciones, recibiendo el heredero dos partes y los demás hijos una sola.

En esto consiste su primogenitura como primogénitos y herederos, disfrutando de la *vida* de Dios como los nacidos en la familia, de su *dignidad* como hijos adoptivos y de su *gloria* como primogénitos.

Así vemos que los conceptos de los nacidos en la familia y de los hijos adoptivos no son exactamente iguales, sino que los dos aspectos se complementan y unidos presentan la realidad de ser hijos de Dios. *Tekna* (los nacidos, o engendrados) subraya la relación mística, metafísica y orgánica con Dios, mientras que *huioi* (hijos mayores) señala la adopción en la familia real según una declaración jurídica. No nos extraña ver que Pablo prefiere el término *huioi*, mientras que Juan emplea casi siempre *tekna*, ya que Pablo es el exponente principal de los aspectos jurídicos de la salvación en el Nuevo Testamento, al par que Juan lo es de los conceptos místicos y metafísicos,

Pero con todo permanece incólume para siempre la distancia infinita entre el Hijo y los hijos, como también entre el Primogénito y los primogénitos, siendo aquel el Hijo *Unigénito* del Altísimo, persona integrante de la Deidad, mientras que éstos son los *muchos* hijos del Padre Celestial dentro del orden del universo creado. El es en sí el Unigénito Hijo, heredero de todas las cosas, "Dios sobre todas las cosas, bendito para siempre", mientras que los redimidos son los objetos de su gracia, rescatados del pecado y de la ruina (Mr. 14:61-62; Jn. 1:14, 18; 3:16; He. 1:2; Ro. 9:5). Por esto el Señor resucitado no habló de "*nuestro* Padre", como uniéndose sin distinciones con su pueblo, sino de *mi* Padre y *vuestro* Padre" (Jn. 20:17). "Con todo no se avergüenza de llamarles hermanos, ya que el que santifica y aquellos que son santificados son todos de UNO (el Padre)" (He. 2:11-12). Hemos de notar, al finalizar este capítulo, que los miembros de la Iglesia son los primogénitos tan sólo en relación con todo lo demás de la creación redimida, mientras que, frente a la eternidad y a la totalidad del universo, sólo Cristo es EL PRIMOGÉNITO.

4

················■

Las riquezas inescrutables de Cristo

L as Escrituras nos presentan múltiples facetas de las relaciones que existen entre Cristo y su Iglesia, de las que escogemos algunas para nuestra meditación en este capítulo.

- La *enseñanza de Cristo frente a sus discípulos*, actuando como Maestro que dirige su "escuela".
- La *guía del Señor* en relación con quienes le siguen, siendo las principales metáforas las de un *rebaño* o de un *ejército*.
- El *señorío del Señor*, al que corresponde la obediencia de los suyos, empleándose las metáforas de una *comunidad* o de un *pueblo*.
- El *amor del Señor*, que despierta el amor de los suyos, conforme a la figura del *esposo* y la *esposa*.
- La *obra vivificadora del Señor*, siendo vivificado su pueblo como la vid o el cuerpo.
- La *colocación de un fundamento*, seguido por la edificación de la *casa* espiritual.

118

* La *bendición del Señor* por la que su pueblo llega a ser *medio de bendición* para otros, como en las figuras del *sacerdocio y del templo.*

LA ENSEÑANZA DEL SEÑOR FRENTE A SUS DISCÍPULOS

Cristo es el Maestro por excelencia frente a los discípulos que se ponen a sus pies para aprender, y el que nos enseña por sus benditas palabras también nos orienta por medio de su ejemplo (Mt. 23:8; Jn. 13:14-15; 1 P. 2:21). Así nos manda que aprendamos de El, al par que nos toca a nosotros adornar la doctrina de nuestro Salvador, Dios (Mt. 11:29; Ef. 4:20; Tit. 2:10). En la primera etapa de la Iglesia se empleaba mucho la voz *mathetes* (discípulo) para describir a los cristianos, lo que señala la Iglesia como una divina escuela.

LA GUÍA DEL SEÑOR FRENTE A QUIENES LE SIGUEN

Cristo es el Pastor quien ha recogido sus ovejas tanto del redil de Israel como de las comunidades de las civilizaciones mundanas para formar de todas ellas un solo rebaño (Jn. 10:1-5, 16). Es el BUEN PASTOR por cuanto ha puesto su vida por sus ovejas (Jn. 10:11, 15; cp. Sal. 22); es el GRAN PASTOR por cuanto ha resucitado de entre los muertos en virtud de la sangre del pacto eterno (He. 13:20-21; cp. Sal. 23); es el PRÍNCIPE DE LOS PASTORES por cuanto ha de volver para otorgar la corona incorruptible de gloria a los pastores subordinados a EL que hayan cuidado bien de sus ovejas (1 P. 5:2-4; cp. Sal. 24).

Su función como Pastor en esta época puede expresarse por medio de las siete frases que siguen:

* El Pastor nos llama (Jn. 10:3).
* Nos conduce y guía (Sal. 23:3).
* Nos apacienta (Sal. 23:2).
* Nos conoce individualmente (Jn. 10:14, 15, 27).
* Nos guarda (Jn. 10:28-30).
* Nos sana (1 P. 2:24-25).
* Nos lleva a nuestro hogar (Lc. 15:5, 6; Is. 40:11).

EL SEÑORÍO DEL SEÑOR Y LA OBEDIENCIA DE LOS SUYOS

Cristo es el Señor y nosotros sus siervos; El es el Soberano y nosotros sus súbditos; El es el Capitán y nosotros sus soldados (1 Co. 4:1; Jud. 4; 2 Ti. 2:3-4 Ef. 6:10-17; 1 Ts. 5:8-9; 2 Co. 6:7). Los redimidos conjuntamente forman un pueblo, siendo conciudadanos de los santos y un reino de sacerdotes (Hch. 15:14; 2 Co. 6:16; 1 P. 2:19; Ap. 1:6; 1 P. 2:9). Variando las figuras, la Iglesia es un Estado cuya patria está en los cielos (Fil. 3:20), recayendo sobre sus ciudadanos la obligación de manifestar este reino de Dios a través de una proclamación eficaz (Col. 1:13; Ro. 14:17; 1 Co. 4:20; Hch. 20:25, 28, 31; Col. 4:11).

Un reino se ordena necesariamente mediante una ley, de modo que en el reino del Hijo rige la "ley de Cristo" (Gá. 6:2). No podemos separar los conceptos de creer y de obedecer, y la misma voz griega, *pistis,* puede significar tanto una fe activa como también la fidelidad de quien es digno de confianza. Pablo, apóstol de la libertad, es quien insiste en la observancia de los mandamientos de Dios, adelantando él mismo tales mandatos (1 Co. 7:19; 2 Ts. 3:6). Para Pablo la incredulidad es equivalente a la desobediencia (Ro. 10:3) y la conversión implica la obediencia y la sumisión, ya que el evangelio exige el arrepentimiento (Hch. 26:19; 17:30). El creyente se halla libre de la "ley de pecado y de la muerte" (Ro. 8:1-2) como también de la ley de Moisés (Ro. 3:21; 7:1-6; 10:4), pero no por eso está sin ley sino "en la ley de Cristo" (1 Co. 9:21; Gá. 5:13). Está llamado a "cumplir la ley de Cristo" en la potencia del Espíritu, y para andar en la "obediencia de la fe" porque aun la gracia reina (Gá. 6:2; Ro. 1:5; 15:18; 16:26; 5:21).

Designaciones de la ley del Nuevo Testamento

- La ley de *Cristo* indica su *origen* (Gá. 6:2).
- La ley de *la libertad* indica su *naturaleza* (Stg. 1:25; 2:12).
- La ley del *amor* indica su *contenido* (Ro. 13:8-10; cp. Stg. 2:8; 1 Ti. 1:5; Gá. 6:2).
- La ley del *Espíritu* indica su *potencia* (Ro. 8:2).
- La ley *perfecta* indica su *valor* (Stg. 1:25).
- La ley *real* indica su *dignidad* (Stg. 2:8).

Tengamos en cuenta que en la época del Antiguo Testamento era el *hombre natural* que se hallaba bajo la ley de Dios, y estando en la carne, el mandamiento carecía de todo poder para conseguir la obediencia (Ro. 8:3); pero la "ley" del Nuevo Testamento tiene que ver con el hombre nuevo, quien se halla en la esfera del Espíritu, de modo que puede ser victorioso (2 Co. 5:17; Ro. 8:1-4).

Bajo el antiguo pacto la ley se acercaba al hombre desde afuera, con mandamientos escritos en tablas de piedra, que era la "letra que mataba"; bajo el nuevo pacto, sin embargo, la ley se inscribe en su mente, grabándose en "las tablas de carne del corazón con el Espíritu del Dios vivo" (2 Co. 3:3, 6; He. 8:10; Ro. 6:17; 2 Co. 3:3).

La Iglesia como "gente santa" (1 Pedro 2:9)

* El Señor Jesucristo es su Soberano (Jud. 1, 4).
* Su voluntad es su ley (Gá. 6:2).
* Su gloria constituye sus riquezas (Ef. 3:16).
* Su honor motiva su alabanza (1 Co. 1:31).
* Su amor es la base de su comunión (Jn. 13:34).
* Todo el mundo es su esfera (Ro. 10:18).
* La Jerusalén celestial es su metrópoli (Gá. 4:26).

EL AMOR DEL SEÑOR Y EL REFLEJO DE ESTE AMOR EN LOS SUYOS

Cristo es el Amador y la Iglesia es la Amada; Cristo es el Señor, y la Iglesia es la Esposa, quien, como prometida le muestra un amor puro de espera, como luego, siendo Esposa, gozará del amor íntimo del Esposo (2 Co. 11:2-3; Ef. 5:31-32; Ap. 19:6-9).

El misterio de estos sagrados esponsales puede ilustrarse por imaginarnos que un príncipe oriental viera en el mercado de esclavos a una joven expuesta a la venta, y prendado de ella con súbito amor, la comprara a un precio muy elevado. Luego, en el palacio, cuida de que esté debidamente purificada y revestida de hermosas prendas, pasando luego a hacerla su esposa, exaltándola al trono real. He aquí lo que Cristo hace con su Esposa, sobre un plano infinitamente más sublime. Aun cuando la Iglesia futura no era sino una colección de esclavos del pecado, la amó, y se dio a sí mismo por ella en precio de rescate. Ahora la purifica por el "lavacro del agua por la palabra" con el fin de presentársela a sí mismo sin mancha ni arruga ni cosa semejante, en toda la santidad de una juventud eterna (Ef. 5:25-27).

La Iglesia como Esposa de Cristo

*   Es *escogida* por el *amor* del Esposo (Ef. 5:25).
*   Ha sido *rescatada* por el *sacrificio* del Esposo (Ef. 5:25).
*   Va siendo *purificada* por el *cuidado* de su Señor (Ef. 5:26, 24, 33).
*   Se *glorificará* cuando el Esposo *vuelva* (Ef. 5:27).

El glorioso destino de la Iglesia nos recuerda el dicho de San Agustín: "La Iglesia que los preordenó *antes* de que el mundo fuese, es llamada *fuera* del mundo, siendo justificada en el mundo para ser glorificada *después* de que el mundo pase, que es otra manera de expresar las grandes verdades de Romanos 8:29-30.

Esta hermosa figura nos hace ver que nuestra vida pertenece únicamente a Cristo, de tal forma que nuestra alma debiera arder siempre con aquel primer amor que sentimos al iniciarse nuestra unión con el Amado (Ap. 2:4). Al que vence en amor se le promete una participación en el árbol de la vida que está en el paraíso de Dios (Ap. 2:4, 7) ya que la vida surge del amor, y en las palabras de Raimundo Lulio: "Quien no ama no vive, y quien vive en la vida de amor no puede morir" (Lulio murió en el año 1315).

LA OBRA VIVIFICADORA DEL SEÑOR

La base de la obra vivificadora de Cristo con respecto a los miembros de su Cuerpo es la comunión orgánica y vital que se ilustra también por la figura del matrimonio que acabamos de considerar: "y serán los dos en una carne ... mas yo digo esto con respecto a Cristo y a la Iglesia" (Ef. 5:31-32). Esta misma unión vital se echa de ver en la figura que empleó el Señor en el cenáculo: "Yo soy la vid y vosotros los sarmientos" (Jn. 15:1-5), como también en la ilustración fundamental del cuerpo del cual Cristo es la Cabeza y nosotros los miembros (Ef. 1:22-23). Notemos también que el creyente es un árbol arraigado en Cristo (Col. 2:7) como también una planta unida en su crecimiento con El (Mt. 15:13;

1 Co. 3:6-9; Ro. 6:5). La frase determinativa en todas estas figuras es "*en* Cristo".

La relación de los miembros con la Cabeza

Sólo Pablo presenta la Iglesia bajo la figura tan expresiva completa de "cuerpo de Cristo", que exhibe tan maravillosamente las bendiciones de la comunión cristiana. Detallaremos algunos de los aspectos de esta comunión que surgen de esta figura.

1. *La Iglesia es la posesión de Cristo.* La Iglesia es Cuerpo suyo (Ef. 1:23).

2. *Los miembros sirven en sujeción a la Cabeza.* En un cuerpo no gobierna más que una sola voluntad, que es la de la Cabeza (Col. 1:18).

3. *Los miembros disfrutan de una comunión directa con la Cabeza.* El miembro individual se relaciona directamente con la Cabeza sin que medie hombre ni ángel entre los dos, de modo que nos conviene "retener" la Cabeza en todas las cosas, es decir, obrar en conformidad con esta relación directa (1 Ti. 2:5; Col. 2:18-19).

4. *El Cuerpo es el objeto del amoroso cuidado de la Cabeza.* Pablo nos recuerda que "nadie aborreció jamás a su propia carne, antes la sustenta y regala, como también Cristo a la Iglesia. El es el que da salud al cuerpo" (Ef. 5:29, 23).

5. *La Cabeza vivifica y edifica el Cuerpo.* De la Cabeza surge toda posibilidad de la edificación del Cuerpo. En el cuerpo físico el alma es este elemento que edifica el organismo, por la conexión que existe entre la forma corporal y las potencias del alma, pero en el Cuerpo espiritual de la Iglesia, la Cabeza, Cristo, es la fuente de todo aumento según el designio de Dios: "Crezcamos en 'todo hasta la medida de aquel, que es la Cabeza, es decir, Cristo, en virtud de quien todo el cuerpo, concertado y unido por toda coyuntura, por donde se le administra el alimento, según la operación, en la medida debida de cada una de sus partes, produce el crecimiento del cuerpo para edificación de sí mismo en amor (Ef. 4:16; cp. Col. 2:9). Este simbolismo no es fácil, pero se ve claramente que Cristo es fuente y origen de todo aumento, bien que los miembros también, vivificados por El, han de edificar el conjunto en su medida.

6. *La Iglesia es la "plenitud" de la Cabeza.* "[Dios] lo dio por Cabeza suprema a la Iglesia, la cual es su cuerpo, la plenitud [complemento] de aquel que llena todo en todos" (Ef. 1:23). No hemos de pensar que el Hijo, como persona divina necesite que la Iglesia le sirva de plenitud, sino que Cristo, como postrer Adán y Cabeza de una nueva creación, no sería completo sin su cuerpo, la Iglesia. Recordemos de nuevo la ilustración del grano de trigo que quedaría solo sin el fruto que viene a través de su muerte (Jn. 12:24). Un Redentor sin los redimidos no sería Redentor, y es en este sentido que la Iglesia es la plenitud o complemento de aquel que lleva a su consumación todas las cosas.

7. *La Iglesia revela la vida de Cristo.* En lo físico, el cuerpo es el órgano por medio del cual el espíritu se revela, y en el plano superior es el Cuerpo místico de la iglesia que es el instrumento para dar a conocer la multiforme sabiduría de Dios (Ef. 3:10). La Cabeza exaltada de la Iglesia continúa su vida aquí abajo por medio de su Cuerpo místico que es el instrumento por el que Dios se manifiesta en la historia, siendo la continuación en la tierra de la encarnación de Cristo. Por medio del Espíritu Santo la Iglesia extiende el ámbito de la vid de Cristo en el mundo, pues no sólo se halla en Cristo, sino que Cristo se halla en ella (Col. 1:27) En los miembros Cristo se forma y expresa su naturaleza revelándose a través de ellos (Gá. 4:19).

La relación existente entre los miembros mismos

El Cuerpo es también la figura aleccionadora en cuanto a la comunión de los cristianos, como se echa de ver especialmente en 1 Corintios 12.

1. *Los miembros son una unidad.* Esta unidad orgánica es más profunda y vital que ninguna asociación nacional o internacional (Gá. 6:10), y los miembros se conocen y se aman mutuamente aun cuando nunca se hayan visto (2 Co. 6:9; Col 1:1, 2; 1:9). Meditemos en la declaración de Pablo en 1 Corintios 12:12: "Porque de la manera en que el cuerpo es uno, y tiene muchos miembros, y todos los miembros del cuerpo, siendo muchos, son un solo cuerpo, *así también Cristo*". Todo el conjunto es CRISTO según estas enseñanzas, lo que pone de relieve que no se trata de una organización o de una mera asociación, sino de un organismo unido tan íntimamente

en sí mismo que la totalidad es el Cuerpo de Cristo: una creación de Dios completamente independiente de toda obra humana. Cristo es la Cabeza, pero también da unidad y vida a todo el Cuerpo, que es "un solo hombre nuevo" (Ef. 2:15).

El conocido pasaje de Efesios 4:4-6 señala siete rasgos que constituyen la unidad del Cuerpo: un Cuerpo, un Espíritu, una sola esperanza de nuestra vocación, un Señor, una fe, un bautismo, un Dios y Padre de todos. (Véanse también Ro. 12:5; Ef. 2:16-18; 1 Co. 12:11, 13.)

Desde otro punto de vista discernimos una *triple unidad de la Iglesia.*

- *La unidad de espíritu o de vida.* Esta existe ya como un hecho que recibimos por la fe y que se funda sobre la obra ya pasada del Gólgota (Ef. 4:3; Jn. 1:52).
- *La unidad de mente, o de propósito.* Esta unidad debiera existir y es nuestra sagrada obligación esforzarnos por lograrla en el tiempo presente por medio del amor. No será posible concordar todas las opiniones en cuestiones secundarias, pero hemos de procurar siempre la unidad de propósito (Fil. 1:27; 2:1-4; 4:2; Ro. 14:1-7).
- *La unidad en el conocimiento.* Esto pertenece al futuro siendo nuestra meta, y una parte de nuestra esperanza (Ef. 4:13).

Como norma práctica para el tiempo presente debiéramos acordarnos del dicho de San Agustín: "En todas las cosas necesarias ha de haber unidad; en todas las cosas secundarias ha de haber libertad; en ninguna cosa ha de faltar el amor."

2. *Hay variedad dentro de la unidad.* Esta variedad se expresa diáfanamente en 1 Corintios 12:14, 17: "Porque el cuerpo no es un miembro, sino muchos. Si todo el cuerpo fuese ojo, ¿dónde estaría el olfato?, etc." (véase también Ro. 12:4-8). En el pectoral que el sumo sacerdote hebreo llevaba sobre su pecho, brillaban doce joyas diferentes, que representaban las doce tribus de Israel, y así también los hijos del nuevo pacto se sostienen por su Sumo Sacerdote, siendo todos diferentes, pero dotados cada uno de su gloria especial, uniéndose su brillo en la luz resplandeciente del Sol de Justicia.

3. *Hay dependencia mutua en el Cuerpo.* Cada creyente es in-

completo y necesita el complemento que los demás pueden suplir, de modo que "el ojo no puede decir a la mano: No te he menester; ni asimismo la cabeza a los pies: No tengo necesidad de vosotros." Al contrario, todos los miembros dependen los unos de los otros, y aun los mayores han de recibir algo de los más pequeños, cubriendo Dios de máximo honor a aquellos que aparentemente son los más insignificantes, de forma que todos los miembros debieran interesarse igualmente por todos los demás (1 Co. 12:21-26).

4. *Ha de manifestarse simpatía mutua entre los miembros.* Pablo insiste en que "si un miembro padece, todos los miembros a una se duelen, y si un miembro es honrado, todos los miembros a una se gozan" (1 Co. 12:26). Este es un hecho si los cristianos lo reconocen o no, pero el hecho debiera manifestarse en una cariñosa simpatía que llora con quienes lloran y se goza con aquellos que tienen motivos de alegría.

5. *Hay servicio en común en el Cuerpo.* Cada miembro sirve al otro, y el servicio de todos es en favor del conjunto del Cuerpo, según las enseñanzas del Apóstol: "En virtud [de la Cabeza] todo el cuerpo, proveyéndose y uniéndose por sus coyunturas y ligamentos, crece con crecimiento de Dios." "En virtud de quien todo el cuerpo, concertado y unido por toda coyuntura por donde se le administra el alimento, según la operación en la medida debida de cada una de sus partes produce el crecimiento del cuerpo para edificación de sí mismo en amor" (Col. 2:19; cp. Ef. 4:16, VHA). Es preciso subrayar que a todos los miembros les corresponden deberes, y que a ninguno le es permitido quedar al margen del servicio de la Iglesia, ya que la comunión del reino de Dios es una comunión en trabajo y esfuerzo. Sólo de esta manera pueden participar los miembros en la victoria.

6. *Hay crecimiento común en el Cuerpo.* La comunión en el servicio produce el desarrollo que Dios ha ordenado que, a su vez, lleva el Cuerpo a su consumación: "hasta que todos lleguemos a la unidad de la fe y del conocimiento del Hijo de Dios, a un varón perfecto, a la medida de la edad de la plenitud de Cristo" (Ef. 4:13).

LA FUNDACIÓN Y LA EDIFICACIÓN DE LA CASA

La figura de una casa se enlaza estrechamente con la del cuerpo, hasta tal punto que Pablo describe la casa que *crece* y el cuerpo que se *edifica* (Ef. 2:21; cp. 4:12).

En esta casa, Cristo es la Cabeza del ángulo, y nosotros los creyentes el edificio (1 P. 2:6), y ya que la casa es morada de Dios, llega a ser también "templo", aplicándose esta última figura tanto a la totalidad de la Iglesia (Ef. 2:21-22; 1 P. 2:4-5) como a la iglesia local (1 Co. 3:16-17; 1 Ti. 3:15) y también al cuerpo del creyente individual (1 Co. 6:19; Ef. 3:17).

El cimiento es el mismo Señor

"Nadie puede poner otro fundamento que el que está puesto", dice Pablo (1 Co. 3:11). Este fundamento fue colocado por el testimonio unánime de los siervos de Dios de la primera generación, y todo lo que sigue descansa sobre este "fundamento de los apóstoles y profetas" (Ef. 2:20). La verdad que Pedro confesó, "Tú eres el Cristo, el Hijo del Dios viviente", señala tanto al Hijo divino de la suprahistoria, como Jesús, el Mesías revelado en la historia, y por eso es la roca fundamental de la Iglesia: "Sobre esta roca edificaré mi Iglesia" (Mt. 16:16-18).

Las piedras del edificio

Las "piedras vivas" proceden tanto de la cantera de la raza hebrea como de la gentilidad, y se unen todas en el armazón de Cristo para formar un solo templo santo (Ef. 2:11, 12, 21, 22). En su estado natural carecen de vida, pero al ser unidas con El que vive, adquieren vida por medio de su Espíritu de vida (1 P. 2:4). El Nuevo Testamento no habla sólo de una fe en Cristo (*Pisteuein eis Christon*) sino también de la fe que en El reposa (*pisteuein ep auto*) ya que El es la Piedra del ángulo colocada en Sion, y los suyos son edificados sobre El y en El (1 P. 2:6; Ro. 9:33; Is. 28:16; Jud. 20; 1 Co. 14:12-26).

El propósito de la casa

Como ya hemos visto, la casa se convierte en un templo por ser la morada de Dios, siendo "casa espiritual" según la expresión de Pedro (1 P. 2:5). Las metáforas se multiplican para expresar la realidad espiritual, de modo que las "piedras vivas" del edificio son a la vez los sacerdotes delante del altar de adoración (1 P. 2:5; cp. He. 13:10) y los guías llegan a ser columnas en el templo de su Dios (Gá. 2:9; Ap. 3:12). De este "sacerdocio espiritual" tendremos más que decir en capítulos sucesivos.

LAS BENDICIONES DEL SACERDOCIO ESPIRITUAL

En el nuevo orden no hay más sacerdotes que Cristo como Sumo Sacerdote y los creyentes todos son sacerdotes que forman el pueblo santo de la Iglesia (He. 8:1; Ap. 1:6; 1 P. 2:9). Estos sacerdotes espirituales ejercen una función cuádruple de servicio.

Su ofrenda
* Su vida es un sacrificio vivo (Ro. 12:1; 15:16).
* Su devoción es cual un holocausto (Mr. 12:33).
* Su servicio es cual libación sobre el sacrificio (Fil. 2:17; 2 Ti. 4:6).
* Sus obras son sacrificios espirituales (1 P. 2:5; He. 13:16).
* Sus oraciones son como olor de incienso (Sal. 141:2; Ap. 8:3-4).
* Su adoración es sacrificio de alabanza (He. 13:15).

Su servicio de intercesión
Estos sacerdotes interceden por otros y dan gracias por ellos, abarcando sus súplicas el mundo entero desde la quietud de la cámara donde se presentarán delante de Dios. El Espíritu Santo imparte su divina energía a las intercesiones que El mismo inspira y que se expresan con "gemidos indecibles" (1 Ti. 2:1-2; Ro. 8:26-27).

Su testimonio
Los sacerdotes espirituales que adoran en el templo son también "real sacerdocio" para publicar "las excelencias de aquel que les llamó de las tinieblas a su luz admirable", cumpliendo así la función sacerdotal que se describe en Malaquías 2:7: "Los labios de los sacerdotes han de guardar sabiduría, y de su boca buscarán la ley; porque mensajero es de Jehová de los Ejércitos."

Su bendición
Los sacerdotes de esta dispensación son llamados a ser bendición

para otras almas cumpliendo en la esfera espiritual otra función del sacerdocio aarónico: "Habla a Aarón y a sus hijos y díles: Así bendeciréis a los hijos de Israel ... Y pondrán mi nombre sobre los hijos de Israel y yo les bendeciré" (Nm. 6:23-27). Aquí el acto de bendecir es equivalente a "poner el nombre de Dios sobre alguien"; o sea, somos medio de bendición para todas almas en la medida en que les ayudamos a tomar contacto con Dios a través de nuestras palabras y ejemplo.

Bajo el nuevo pacto, por lo tanto, existe un sacerdocio universal de verdaderos creyentes quienes disfrutan de la porción sacerdotal del altar y llegan a ser en su esfera lo que Israel debiera haber sido en la tierra: un reino de sacerdotes. Aun el menor de ellos puede ver cumplida en su experiencia la promesa hecha a Abraham: "Te bendeciré y serás una bendición" (1 Co. 9:13; Ex. 19:6; Gn. 12:2).

5

El nuevo pacto de Dios

Todas las bendiciones de la Iglesia en su conjunto forman el punto culminante del contenido de la salvación bajo el nuevo pacto, correspondiendo a la vocación celestial del pacto con Abraham y formando las "inescrutables riquezas de Cristo" (Mt. 26:28; He. 11:10; Ef. 1:3; 3:8).

EL ANTIGUO Y EL NUEVO PACTO

Este pacto es nuevo solamente en contraste con el viejo que fue dado únicamente a Israel, siendo las naciones "extranjeros con respecto a los pactos de la promesa (He. 8:13: Sal. 147; 19:20; Ef. 2:12). Sin embargo, el nombre mismo de "nuevo pacto" indica que no es posible separar la Iglesia del fundamento de la promesa del Antiguo Testamento, porque "la salvación viene por medio de los judíos" y Pablo recuerda a los creyentes gentiles que: "No sustentas tú la raíz, sino la raíz a ti" (Jn. 4:22; Ro. 9:5; 11:18). No obstante, desde que el reino de Dios ha sido abierto a los gentiles, no existen diferencias en cuanto al disfrute de las bendiciones, pues los creyentes de entre las naciones participan en los beneficios salvadores del nuevo pacto exactamente como los creyentes de Israel.

El contenido del nuevo pacto es infinitamente mayor que el del viejo según vemos en 2 Corintios 3, pasaje que pone de relieve las siete glorias del nuevo en contraste con el viejo:

* Se escribe en la carne del corazón y no en tablas de piedra (2 Co. 3:3, 7).
* Es del Espíritu y no de la letra (2 Co. 3:6).
* Es para vida y no para muerte (2 Co. 3:6-7).
* Su gloria es excelente en contraste con la anterior (2 Co. 3:8-10).
* Es para justicia y no para condenación (2 Co. 3:9).
* Es permanente en contraste con lo que perece (2 Co. 3:11).
* Está revelado en Cristo y no velado como en el caso de Moisés (2 Co. 3:12-18).

Es sobre todo en la Epístola a los Hebreos que se despliegan las excelencias del nuevo pacto en Cristo, valiéndose el autor de cuatro comparaciones (y contrastes) entre Cristo y cuatro personajes (o grupos de personas) en el Antiguo Testamento además de otras tres en relación con ciertas instituciones del antiguo régimen.

Las excelencias de Cristo

* *Cristo es mayor que los ángeles*, que eran los mediadores del viejo pacto (He. 1 y 2; cp. He. 2:2 y Hch. 7:53).
* *Cristo es mayor que Moisés*, el mediador humano del viejo pacto, como también el caudillo y el profeta del pueblo (He. 3:1-6; cp. Dt. 34:10).
* *Cristo es mayor que Josué*, el que dio descanso en la tierra a Israel siendo su caudillo militar y político (He. 4).
* *Cristo es mayor que Aarón*, el sumo sacerdote de Israel (He. 5—9).
* *Cristo es mayor que el pacto mismo* (He. 8), porque según Hebreos 8:8-13 con Jeremías 31:31-34. El establece su soberanía como una norma interna en los corazones, al par que hace universal la función profética entre los suyos, y perfecciona el sacerdocio a favor de todos ellos.
* *Cristo es mayor que el tabernáculo*, que era el lugar donde Dios se revelaba bajo el antiguo pacto (He. 9).
* *Cristo es mayor que los sacrificios*, que eran el medio típico de salvación bajo el antiguo pacto (He. 10).

La palabra "mejor" (o "más excelente") en Hebreos le señala como el que supera todo el contenido del viejo pacto, pues en Él nosotros los creyentes tenemos nuestra parte en:

- un *pacto* mejor (He. 7:22; 8:6).
- un *Mediador* mejor (He. 1:4; 3:3).
- un *sacrificio* mejor (He. 9:23; 12:24).
- un *sacerdocio* mejor (He. 8:6; 7:7).
- una *posesión* mejor (He. 6:9; 10:34).
- una *promesa* mejor (He. 8:6; 11:40).
- una *esperanza* mejor (He. 7:19).
- una *resurrección* mejor (He. 1:35).
- una *patria* mejor (He. 11:16).

En vista de tantas excelencias podemos caminar en su virtud por el "camino nuevo y vivo" (He. 10:20), fuertes por la fe que fija su vista en lo celestial (He. 11), por la esperanza que contempla el mundo venidero (He. 12); y por el amor que toma en consideración las personas que nos rodean (He. 13).

LOS PACTOS CON ABRAHAM Y CON DAVID

En su esencia este nuevo pacto es el cumplimiento de dos pactos del Antiguo Testamento: el que se otorgó a Abraham, y el que se dio a David. En el pacto abrahámico se halla la *amplitud* que promete bendiciones para todos los pueblos, mientras que el davídico llega a la *altura* del trono real del Mesías (Gn. 12:3; 1 Cr. 17:1-14). El primero, pues, encierra la idea de una expansión que busca la circunferencia, mientras que el segundo provee para una *concentración* en el centro de toda autoridad. Estos dos pactos se complementan, pues, y por eso hay referencias frecuentes a los dos en la boca de personas de discernimiento espiritual, como en el mensaje de Gabriel y el cántico de María (Lc. 1:32, 55); en la alabanza profética de Zacarías al ser lleno del Espíritu (Lc. 1:67, 73) como también en la presentación fundamental de la doctrina de la justificación por la fe que Pablo nos da en Romanos 4:1-3, 6.

Pero el cumplimiento histórico en el Nuevo Testamento se produce en sentido inverso a la presentación de los pactos en el Antiguo, pues Cristo aparece en Israel y cumple su misión especial frente a la circuncisión principalmente como Hijo de David (Mt. 10:5-6; 15:24) y más tarde llega la hora de presentar la salvación a todos los pueblos del mundo, que es el cumplimiento en su parte espiritual del pacto abrahámico que abarca a toda la raza (Gá. 3:8-9, 14).

"PACTO" Y "TESTAMENTO"

Venimos hablando del nuevo pacto pero quizá sería más exacto emplear el término "testamento" por las razones siguientes:

1. Un *pacto es bilateral*, mientras que un *testamento es una manifestación unilateral* de la voluntad del testador, o sea su última voluntad. Cuando se trata de nuestra salvación todo procede de Dios, pues la fe que ha de ejercer el hombre no es un equivalente a lo que Dios ofrece, sino sencillamente la "mano" que recibe el don.

2. La *muerte anula un pacto,* pero en cambio un *testamento sólo tiene validez después de la muerte del testador*, y desde este punto de vista también la salvación se reviste de un carácter testamentario, ya que sólo pudo ponerse en operación por la muerte del Crucificado (He. 9:15-18). Este testamento presupone la muerte de Cristo, y lega una propiedad que es nada menos que la herencia eterna, siendo todo él un acuerdo divino. Quizá podríamos quedar con esta frase —"acuerdo divino"— como la mejor traducción de la voz griega *diatheke* (hebreo, *berith*) cuando se emplean en el sentido expuesto en la historia de la salvación.

EL PUEBLO DEL PACTO Y EL MUNDO

La existencia de un pueblo del pacto es el testimonio público de la gracia del pacto que han experimentado. Tal pueblo es, en primer término, el producto del pacto, y el objeto de la obra de salvación, pero después se convierte en el instrumento del pacto para llevar la salvación a otros. Su relación con el mundo se expresa de una forma coordinada precisamente en el capítulo 17 de Juan que, más que otro pasaje, nos introduce en la esfera interior, en el lugar santo, aparte del mundo, donde escuchamos reverentes la oración sumosacerdotal del Señor. Ante el Padre el Señor Jesús menciona a los suyos en relación con el mundo seis veces:

- Los creyentes *viven en el mundo* en cuanto a su medio ambiente (Jn. 17:11, 15).
- Los creyentes *han sido sacados fuera del mundo* en cuanto a su posición (Jn. 17:6).
- Los creyentes se hallan *separados del mundo* en cuanto a sus propios sentimientos (Jn. 17:16, 14, 9).
- Los creyentes son *enviados al mundo* en cuanto a su testimonio (Jn. 17:18, 21, 23).
- Los creyentes son *odiados por el mundo* en cuanto a su experiencia (Jn. 17:14).
- Los creyentes son *guardados del mundo* por el poder del Padre (Jn. 17:11, 15).

La base de su victoria sobre el mundo es el plan que el amor de Dios concibió en relación con el Hijo *antes de la constitución del mundo* (Jn. 17:24).

Antes del tiempo de los siglos el Padre había dado la Iglesia a su Hijo como un don de su amor, y este amor del Padre para con el Hijo *antes* de la constitución del mundo es la garantía de que la Iglesia ha de ser glorificada al fin del mundo: "Padre, aquellos que me has dado, quiero que donde yo estoy, ellos estén también conmigo; para que vean mi gloria que me has dado; por cuanto me has amado desde antes de la constitución del mundo" (Jn. 17:24). Así podemos pensar en el amor del Altísimo como de un arco iris que era *antes* de todos los tiempos, que será *después* de todos los tiempos, y que forma un hermoso arco *sobre* todos los tiempos. El fin toca el principio, porque el principio garantizó el fin (Ro. 11:36).

Los santos como mensajeros de Dios al mundo

- Son la "columna y el apoyo de la verdad" (1 Ti. 3:15).
- Son sus testigos frente al mundo (Hch. 1:8).
- Son sus cartas conocidas y leídas por los hombres (2 Co. 3:1-3).
- Son sus embajadores que hablan en su nombre al mundo (2 Co. 5:20).
- Exhiben la Palabra de Dios ante los hombres (Fil. 2:16).

- Son sus luminares en la noche oscura de este mundo (Fil. 2:15).
- Son sus "candeleros de oro" entre los cuales anda el mismo Señor (Ap. 1:12-13).

6

■ ■

Una salvación personal y actual

"Aquel que niega la seguridad de la salvación rechaza la fe."

—Martín Lutero

"No que yo ya haya alcanzado."   —Pablo

La redención en Cristo es algo que ya existe, y a la vez, es algo que se está realizando. Es decir, el creyente individual ha recibido por la fe una salvación, plena, gratuita y actual, pero al mismo tiempo recibe su experiencia de esta redención aquí abajo, a través de una serie de tensiones y de aparentes paradojas.

UNA SALVACIÓN PLENA, GRATUITA Y ACTUAL

Pablo plasma su experiencia cristiana en cuadros de variados colores, siendo sus preferidos aquellos que se relacionan con la esfera de la ley. Cinco hay de importancia primordial: la justificación, la redención, la remisión de pecados, la reconciliación y

136

la adopción de un hijo. Para el apóstol la experiencia de la salvación se concentra en Cristo, siendo claro y brillante como la luz del sol, pero discierne cinco rayos de luz que se irradian desde este centro en todos sentidos, con bendiciones sin límites y sin medida. Estos cuadros no son meros conceptos teológicos, sino en primer lugar, expresiones sacadas de las prácticas legales del mundo grecorromano, y por lo tanto, medios adecuados para llevar la verdad del evangelio a la mente y al corazón de los hombres de su tiempo.

- *Justificación* traduce *dikaiosis*; o sea, un descargo legal.
- *Redención* traduce *apolytrosis*; o sea una compra con el fin de librar el objeto o persona comprada.
- *Remisión* traduce *aphesis*; o sea el perdón de una deuda.
- *Adopción* traduce *huiothesia*; o sea el acto de colocar a uno en la familia como hijo.

Pablo se hallaba muy distanciado de toda dogmática teórica y por eso se valía de términos conocidos por todos en su día. Como alguien ha dicho: "Pablo se reviste mucho más del carácter de un hombre de oración, de un testigo, de un confesor y de profeta, que no de un exégeta o de un teólogo filosófico."

- Por la *justificación* el pecador se halla delante de Dios como *reo*, pero por la fe es declarado justo (Ro. 8:33).
- Por la *redención* se halla delante de Dios como *esclavo*, y se libra por medio del pago del precio del rescate (Ro. 6:18-22).
- Por la *remisión* se halla delante de Dios como *deudor*, y recibe su descargo legal (Ef. 1:7; 4:32; cp. 18:21-35).
- Por la *reconciliación* se halla delante de Dios como *enemigo*, y se le ofrece la paz (2 Co. 5:18-20).
- Por la *adopción* se halla delante de Dios como *extranjero* o como un esclavo, y se le da entrada en la familia como a un hijo (Ef. 1:5).

Podemos volver a examinar estos cinco cuadros principales desde otro punto de vista.

- La *remisión* tiene su eficacia frente a los frutos de una vida caída; o sea las obras de muerte, los pecados (Ef. 1:7; cp. Ro. 3 y 4).

- La *redención* opera frente a la raíz de la vida caída; o sea toda nuestra condición pecaminosa como vendidos bajo el pecado (Ro. 6:18-22; caps. 5—8).

- La *justificacion* resume en sí los conceptos de la remisión y de la redención, ya que en su sentido más fundamental es el descargo legal, o sea el perdón (Ro. 3:23-24); pero también es la declaración de que el pecador es *libre* ya de la potencia del pecado, lo que es equivalente a la emancipación o la redención.

- La *reconciliación* es el tratado de paz que quita la enemistad, operando en la esfera de la voluntad de quien se rinde, cuya mente se renueva, ya que deja de ser rebelde y pasa a ser súbdito fiel (Ro. 5:10).

- La *adopción* señala el aspecto más glorioso de la salvación, porque determina nuestra posición en relación con Dios, confiriéndonos la dignidad celestial de ser hijos del Altísimo (Ro. 8:17).

Por tales medios de gracia ¡todo está consumado! Cristo ha colocado bajo su cruz el pecado y los pecados, la raíz y el árbol, la culpabilidad y el poder del pecado, la condición del corazón y la posición del creyente. Según el dicho de Zinzedorf: "No hay nadie más santo que un pecador que ha recibido la gracia de Dios."

Sin embargo, tenemos que considerar el otro aspecto que notamos arriba, pues si bien todo se ha realizado ya, al mismo tiempo todo — excepción hecha de la justificación— *está en proceso de realizarse* pues hasta el retorno de Cristo, el creyente, en cuanto a su experiencia interna, se halla sujeto a varias y paradójicas tensiones.

PARADOJAS ESPIRITUALES

El ser del creyente es cual campo de batalla donde se libra un conflicto espiritual que aún no ha recibido su solución, moviéndose en ella, en continua contraposición, las fuerzas del presente y del futuro, de su posición y de su condición, del tiempo y de la eternidad, de su cuerpo y de su espíritu.

El presente y el futuro

Según Efesios 1:7 y Colosenses 1:14 *poseemos ya la redención*, pero Pablo declara en Romanos 8:2 que todavía la *esperamos* en su sentido pleno, y hace ver en Efesios 4:30 que el "día de la redención" se halla aún en el futuro.

De igual manera Juan 3:36 nos asegura de que *tenemos* la vida eterna, pero en 1 Timoteo 6:12 somos exhortados a *echar mano de la vida eterna.*

Somos los hijos de Dios según Romanos 8:14, pero más abajo, en Romanos 8:23, aprendemos que *aún esperamos la adopción.*

Nos hallamos ya en el reino (Col. 1:13; He. 12:22), pero al mismo tiempo *hemos de entrar en él* (Hch. 14:22), como en una herencia que todavía esperamos (1 Co. 6:9-10; Ef. 5:5; 1 Ts. 2:12).

Dios nos *ha glorificado ya* (Ro. 8:30), pero también es cierto que *nos ha de glorificar* en el futuro (Ro. 8:17).

He aquí el contraste entre el presente y el futuro, entre el ser y el llegar a ser, entre el tener y el no tener, ya que la fe llena la pobreza del tiempo presente con la plenitud de la consumación futura, y Cristo "las primicias" otorga los primeros frutos de sus bendiciones a los suyos aun ahora (1 Co. 15:20; Ro. 8:23).

Podemos disfrutar de las bendiciones presentes, sabiendo al mismo tiempo que aún no hemos llegado a la consumación, reconociendo que la nueva era tiene actualidad y vitalidad en Cristo al par que la antigua no ha desaparecido aún. Nuestra salvación puede ser presente y futura a la vez, puesto que pertenece a la eternidad.

Siendo "salvos en esperanza" (Ro. 8:24) aguardamos la plenitud de lo que ya poseemos, al par que disfrutamos de las primicias de lo que esperamos. El centro de bendición se halla en el pasado, en Gólgota, pero el cenit es la manifestación del Señor en gloria como un hecho futuro. Hemos de comprender que la consumación futura es el fondo de todos los conceptos del Nuevo Testamento, y la mirada que el creyente dirige a la meta es la que hace latir el pulso vital de su vida de santificación y de salvación. En Cristo se encarnan tanto la promesa como la consumación.

De ahí surge el concepto novotestamentario de la *manifestación de todas las cosas*, porque sólo se puede descubrir aquello que ya existe (Col. 3:4; Ro. 8:19; Jn. 3:2). Nuestro Dios, que es fiel, y que no está limitado por el tiempo, nos garantiza el futuro como si fuera presente, y aun habla de ello como si hubiese ya acontecido: "a los que justificó a *éstos también glorificó.*"

En principio, pues, todo es nuestro ya, bien que no podemos disfrutar las riquezas sino en parte, pues hasta el momento de la redención de nuestro cuerpo —nuestra mayoría de edad como hijos de Dios— el "capital invertido" se halla en el cielo (Ro. 8:23; 1 P. 1:4; 2 Ti. 1:12; Col. 1:5). Pero aquello que poseemos es la garantía de que el caudal es nuestro, siendo las arras y la prenda de la fortuna celestial que esperamos (Ef. 1:14; 2 Co. 1:22; 5:5).

Es precisamente la certidumbre de nuestro "ahora" que subraya el contraste con aquello que aún no ha llegado a ser, y las maravillas de "hoy" despiertan nuestros anhelos frente al "mañana". Los mismos anhelos son una especie de disfrute, y la satisfacción presente aumenta el hambre por la consumación futura (Fil. 3:12; Mt. 5:6).

La posición y la condición

Hallamos análogas paradojas al considerar la relación que existe entre nuestra posición en Cristo y la realidad de nuestra condición como creyentes.

- *Somos muertos con Cristo* (Col. 3:3; Gá. 2:19-20; 5:24; Ro. 6:6) pero a la vez *hemos de mortificar* (hacer morir) *nuestros miembros* (Col. 3:5).
- *Somos hombres nuevos* (Col. 3:10: Ef. 4:24; 2 Co. 5:17) pero al mismo tiempo *nos vamos renovando* (Col. 3:10; Ef. 4:23).
- *Somos luz* (1 Ts. 5:5) pero es *nuestro deber brillar como luces* (Ef. 5:9; Mt. 5:16).
- *Somos los santos de Dios* (Col. 3:12; Ef. 1:1) pero a la vez *hemos de santificarnos* (1 Ts. 5:23; He. 12:14; 2 Co. 7:1).
- *Somos "perfectos"* (Col. 2:10) pero *proseguimos tras la perfección* (Fil. 3:12).
- *Cristo mora en nosotros* (Col. 1:27), y *debiéramos dejarle morar en nosotros* (Ef. 3:17).

Los ejemplos procedentes ilustran el contraste entre nuestra posición y nuestra condición, entre nuestra dignidad en Cristo y nuestro deber al seguirle, entre la realidad de su obra en nosotros y la realización de ésta en la práctica, entre nuestra posición establecida por su gracia y el carácter que efectivamente exhibimos. El mendigo ha sido sacado de su mísera choza y ya se sienta entre príncipes, pero se le exhorta a que se porte como tal (Ef. 4:1). El noble ha de portarse noblemente, y nuestra nueva posición entraña nuevas obligaciones. Son aspectos de lucha entre la carne y el Espíritu (Gá. 5:17), y entre el hombre viejo y el nuevo (Ro. 6:6, 11), siendo constante la obra de fe que produce la santificación práctica.

Lo que precede nos lleva, como por necesidad, al contraste que sigue, ya que nos damos cuenta de nuestra propia falta de fuerzas.

La obra de Dios y la nuestra

Es sólo Dios quien hace todas las cosas y realiza toda obra, pero eso no obsta para que nosotros seamos también obreros. Todo lo nuestro viene de sus manos como precioso regalo, pero a la vez, nosotros hemos de adquirirlo todo por nuestros esfuerzos (2 P. 1:3; Col. 4:12). La santidad es obra sólo de Dios (1 Ts. 5:23; 1 Co. 6:11) pero a la vez la santificación ha de ser *nuestra* obra, ya que El, quien nos la da, nos la exige también, y El quien la otorga, nos impone la tarea de cumplirla.

Notemos también cómo se armonizan los siguientes conceptos: 1) la *elección* de los llamados tuvo lugar *anteriormente* a todos los siglos (Ef. 1:4-5; 2 P. 1:10); 2) la *santificación* de los elegidos se desarrolla en el *transcurso* de los siglos (Jn. 17:17; 2 Co. 7:1); y 3) la *glorificación* de los santificados se realizará al *final* de los siglos (Jn. 17:24; 2 Ti. 2:5).

A la luz de tales pasajes comprendemos que es válida la paradoja de Filipenses 2:12-13: "Llevad a cabo vuestra propia salvación con temor y temblor, pues Dios es el que obra en vosotros así el querer como el obrar respecto a su buena voluntad" (VHA). Todo es de Dios, y a la vez, todo ha de realizarse por nosotros. El hecho es claro, pero todo intento humano de explicar el misterio es inadecuado, y la investigación llevada a un punto extremo sólo sirve para poner de manifiesto la parte del problema que queda sin resolver. La elección es el factor primordial, pero la obediencia es una necesidad (Ro. 8:29; cp, 1 P. 1:1-2). El libre albedrío se destaca en pasajes como Mateo 23:37 y Apocalipsis 22:7, y las limitaciones de la libertad en Romanos 9:11, 15, 16, 18; 11:5, 7 y Hechos 13:48, siendo todo incluido en el misterio del reino de Dios. Las líneas paralelas no se juntan sino en lo infinito, pero la fe acepta la paradoja sin poderla resolver, notando el contraste entre la elección de Dios en gracia y la responsabilidad del hombre, entre la limitación de la libertad de la criatura y su libre albedrío, entre la gracia divina que actúa en todo y la recompensa que recibe el siervo por el trabajo realizado (Ro. 4:2-6; 1 Co. 3:14; 4:5; Col. 3:24; 2 Co. 5:10).

El cielo y la tierra

Las dos esferas —la espiritual y la material— en las que se desenvuelve la vida del creyente, imponen también sus tensiones y aparentes contradicciones. Así Cristo ha sido exaltado hasta los cielos (Ef. 1:20; 4:10) y al mismo tiempo mora en los suyos aquí en la tierra (Ef. 3:17; Gá. 2:20), siendo a la vez trascendente como aquel que está por encima de todas sus obras, e inmanente, como presente en los corazones redimidos.

De igual forma el cristiano desarrolla su vida aquí abajo en la tierra (Jn. 17:11, 15; Fil. 2:15), pero a la vez se halla sentado juntamente con Cristo en los lugares celestiales (Ef. 2:6; 1:3; He. 12:22; Fil. 3:20). La frase *en tois epouraniois* (en los lugares celestiales) se halla cinco veces en Efesios y en ningún otro lugar, señalando la *esfera* de la vida del creyente como crucificado, resucitado y *ascendido* con Cristo, refiriéndose pues a su vida actual y no a la herencia futura.

Es el Espíritu Santo quien enlaza las dos esferas, ya que El descendió desde arriba, del Cristo exaltado por *encima* de nosotros (Hch. 2:33), con el fin de actuar como el Espíritu de Cristo *en nosotros*, llevándonos hacia arriba, desde la tierra hasta el cielo (Col. 1:27; 2 Co. 3:17-18).

La eternidad y el tiempo

El contraste más fundamental se halla en los conceptos de la eternidad y el tiempo. Hemos de evitar la idea de que la eternidad no sea más que el tiempo prolongado indefinidamente, pues no sólo su *continuación*, sino también su *contenido* es esencialmente dife-

rente de todo lo temporal. La eternidad es diferente en su naturaleza, hallándose muy por encima del tiempo, de modo que no puede
expresarse por términos como "antes" y "después", ya que se trata
de una calidad divina. Es inútil procurar llegar a la idea de la
eternidad por sumas de períodos de tiempo, y así la vida eterna
sobrepasa la idea de vida sin fin, y aun el concepto de la inmortalidad como tal, siendo la manifestación de la vida de Dios en el
hombre redimido.

A pesar de este contraste fundamental, la fe puede tener una
experiencia del Dios eterno aun ahora, y dentro de los límites del
tiempo; he aquí un pensamiento que nos eleva y nos humilla al
mismo tiempo. Toda comunión con Dios —sobre todo por medio
de la oración— supone una participación en la vida de Dios, y así el
hombre, colocado en el tiempo, se halla libre de las trabas del
tiempo, manifestándose lo estable e inconmovible del reino aun en
medio de las fluctuaciones y cambios de lo temporal. En otras
palabras, es posible experimentar la suprahistoria aun en medio de
la historia de estos tiempos.

Por eso la Biblia enseña que el creyente *tiene* vida eterna, que no
espera su comienzo después de la muerte, sino que es una realidad
ahora, en esta tierra y en el curso de esta vida: "El que cree en el
Hijo *tiene* vida eterna" (Jn. 3:36; cp. 17:3; Jn. 3:14; 5:12).

El espíritu y el cuerpo

La obra de Dios se realiza en nosotros ahora dentro de los límites
del tiempo, y al hallarnos "en Cristo" seguimos morando "en el
mundo" (Jn. 17:11); y al estar "en el Espíritu" permanecemos aún
"en el cuerpo (Ro. 8:9; 2 Co. 5-6); hemos vencido la muerte, y al
mismo tiempo estamos sujetos a la muerte del cuerpo (2 Co. 4:11,
16). ¡Qué órgano más débil es nuestra alma! ¡Cuán frágil es la
"tienda" de nuestro cuerpo! (2 Co. 5:1, 4). Más aún, ¡qué contraste
se echa de ver entre el Espíritu de Dios y el hombre en quien mora,
entre la potencia de lo divino y la fragilidad del ser humano, entre el
sagrado contenido y el vaso de barro donde se halla el tesoro! (2
Co. 4:7).

Una y otra vez los autores inspirados recalcan las paradójicas
condiciones de la vida de los hijos de Dios en la tierra. Estamos

listos para la partida, pero nos toca aun esperar, y al par que reposamos, nos apresuramos hacia la meta (He. 4:3, 10; Fil. 3:12). Somos libertados, pero nos sentimos constreñidos, y cantamos victoria a la vez que gemimos (Ro. 8:23, 31-39; 2 Co. 5:4). "Morimos, y he aquí, vivimos" estando doloridos somos siempre gozosos: siendo pobres enriquecemos a muchos, y no teniendo nada "lo poseemos todo" (2 Co. 6:9-10).

Fijamos nuestra mirada en lo de *arriba*, en lo eterno y en lo *supra*histórico, pero al mismo tiempo miramos *hacia delante* al eterno *fin* de la historia. Nos gozamos en lo presente y en lo que está a punto de manifestarse, en la posesión y en la esperanza, en nuestro hoy y nuestro mañana, animados tanto por la *fe* como por la *esperanza* en una experiencia simultánea, que nace en todos sus aspectos del amor *eterno* (1 P. 1:21).

Pero el día no está lejos cuando la Segunda Venida de Cristo traerá una bendita distensión en todos los órdenes. La causa básica de los contrastes y las tensiones de la era actual consiste en el encubrimiento del reino de Dios, a pesar de la victoria del Gólgota, al par que el reino de Satanás sigue en manifestación; pero la revelación pública del Cristo pondrá fin a este estado de cosas, y su venida determinará:

- La manifestación del cuerpo espiritual.
- La traslación de la Iglesia de la esfera del tiempo a la de la eternidad.
- Lo presente cambiará en lo eterno.
- Nuestra condición corresponderá perfectamente a nuestra posición.
- Dios perfeccionará nuestra obra humana en sí mismo y en relación con su obra divina.
- Seremos arrebatados fuera de este suelo e introducidos en la esfera celestial.

7

El arrebatamiento de la Iglesia y la primera resurrección

"¡Maranata!" . . . *"El Señor viene"* (1 Corintios 16:22)

L a Pascua de la Resurrección es el signo de la era actual, que empezó con la resurrección del Redentor y termina con la resurrección de los redimidos. Entre estos dos polos se extiende la época de la resurrección espiritual de quienes participan de la vida del Señor resucitado (Ro. 6:4-11; Col. 3:1). Nuestra vida se desenvuelve, por lo tanto, entre dos resurrecciones, tocándonos el deber de brillar como luminares en el mundo entre estas dos manifestaciones del resplandor de la luz eterna (*epifaneia*, Fil. 2:15; 2 Ti. 1:10; Tit. 2:13). En la potencia de la primera resurrección proseguimos adelante hacia la segunda, pues el levantamiento de la Cabeza garantiza la nueva vida de todos los miembros, y el árbol de la vida de la resurrección ha de llevar fruto de plena madurez.

La esperanza de la Iglesia incluye las cuatro fases siguientes:

* El arrebatamiento de la Iglesia y la primera resurrección (1 Ts. 4:13-18).
* El tribunal de Cristo (2 Co. 5:10).
* Las bodas del Cordero (Ap. 19:7-8).
* El dominio venidero de los santos sobre el mundo (1 Co. 6:2-3).

EL MOMENTO DEL ARREBATAMIENTO

Las dos resurrecciones

Las Sagradas Escrituras no enseñan que habrá una resurrección general y simultánea de los muertos seguida por un juicio único y final que abarque tanto a los justos como a los injustos. Antes bien presenta una "resurrección de *entre* los muertos" (Lc. 20:35), o sea una primera resurrección (Ap. 20:6) y aun recalca que es una "resurrección para *fuera de entre* los muertos" (Fil. 3:11, lit.). En 1 Corintios 15:15-24 se habla de distintos órdenes en relación *con* la resurrección, y se subraya que éstos se hallan separados por distintos períodos de tiempo: "Porque como en Adán todos mueren, así también en Cristo todos serán vivificados. Mas cada uno en su propio orden (divisiones en un ejército): Cristo las primicias; luego (*después*) los que son de Cristo, en su venida; luego (*después*) el fin..." (es decir, el fin de la resurrección, cuando se levanten los muertos que habrán quedado, 1 Co. 15:22-24).

En el Antiguo Testamento "la resurrección para vida eterna" y "la resurrección para vergüenza y confusión perpetua" se presentaron en un solo cuadro (Dn. 12:2, 13), característica que perdura aún en ciertas profecías del Señor Jesucristo (Jn. 5:28-29; cp. Hch. 24:15) pero en el curso del desarrollo de la revelación profética (Jn. 16:12-13) los dos aspectos llegaron a distinguirse como dos acontecimientos distintos: la resurrección de los justos *antes* de la inauguración del reino mesiánico, y la resurreción de los injustos *después* del reino milenial, al fin del mundo. El versículo clave es Apocalipsis 20:4-5: "Estos [los sacerdotes de Dios y de Cristo] vivieron y reinaron con Cristo mil años. Pero el resto de los muertos no tornaron a vivir hasta que sean cumplidos mil años." Como parte esencial de la glorificación del Cristo como Cabeza, los miembros suyos han de participar en una resurrección *especial*, que como la suya propia, es una *"resurrección de entre los muertos*" (Mr. 9:9-10; Lc. 20:35). Términos como éstos se hallan 34 veces en relación con la resurrección de Cristo (p. ej., 1 P. 1:3; Gá. 1:1) y cuatro veces en relación con la resurrección de los suyos (Mr. 12:25; Lc. 20:35; Hch. 4:2; Fil. 3:11).

* La *primera resurrección* habla de *su hora* en el programa de Dios (Ap. 20:5, 6).
* La resurrección de *entre* (o *fuera de*) *los muertos* señala su *extensión* (Fil. 3:11; Lc. 20:35).
* La *resurrección de los justos* indica su *carácter* (Lc. 14:14).
* La *resurrección para vida eterna* recalca la *consumación* de la salvación (Dn. 12:2; Jn. 5:29).

Por lo tanto la Palabra declara solemnemente: "Bienaventurado y santo es aquel que tiene su parte en la primera resurrección" (Ap. 20:6).

Los "días" de Dios

La primera manifestación del Cristo señaló el principio de los "postreros días" en el calendario de Dios (Hch. 2:17), y los primeros cristianos estaban convencidos de que la encarnación del Hijo había dado comienzo al "tiempo del fin" (He. 1:2; Jn. 2:18). Cristo es la meta hacia la cual los siglos anteriores progresaban (Hch. 9:26) de modo que su primera manifestación es el *principio* del fin, de la forma en que su segunda manifestación señalará el *fin* del fin. Por eso dice Pablo que los "fines de los siglos" han venido a parar sobre nosotros que vivimos en esta edad mesiánica y cristiana (1 Co. 10:11). Como dijera Ph. Bachmann: "La Iglesia de Cristo es la meta de la historia." Según el Nuevo Testamento, pues, la historia del *fin* no es solamente la de la crisis final, sino la de toda la historia de la salvación, en la que se ve el desarrollo progresivo de la historia del *fin*. En Cristo se ha manifestado el principio de la consumación, de modo que todo lo sucedido después se incluye ya en la historia del "tiempo del fin".

El *día de salvación* (2 Co. 6:2) es el "día" en que la gracia busca a los perdidos, o en otras palabras, la "hora" de la plena proclamación de la salvación, y a la vez la "hora" en que los verdaderos adoradores adoran al Padre en espíritu y en verdad" (He. 4:7; Jn. 16:25; 4:21-23). La meta del día de salvación es:

El *día de Dios* (2 P. 3:12) que abarca la nueva creación de los cielos y de la tierra, siendo también el "día de la eternidad" (2 P. 3:18, VHA). Entre estos dos "días" se extiende:

El *último día*. Este "día" indica un período prolongado (2 P. 3:8) que empieza con la resurrección de los justos y termina con el juicio de los perdidos (Jn. 6:39-40, 44, 54; 11:24; 12:48). Puesto que el reino mesiánico (el milenio) halla lugar entre estos dos extremos, abarca un período de más de mil años (Ap. 20:5). Empieza con el recogimiento de la Iglesia, o sea el "día de Cristo" (Fil. 2:16; 1:6, 10; 1 Co. 1:8; 2 Co. 1:14, etc.) que coincide con el "día del Señor" (día de Jehová de los profetas del A.T.) en la tierra (2 Ts. 2:2-4, VHA; Joel 2:1-2; 3:14) y se prolonga a través del reino glorioso del Mesías, cuando se cumplirán "aquellos días" tantas veces mencionados por los profetas, del resplandor de la tierra vieja (Jer. 3:16; Joel 3:2; Zac. 8:23, etc.). Terminará con el "día del juicio" (Mt. 10:15; 11:22, 24; 12:36) cuando tanto los hombres como los ángeles recibirán sus recompensas (Jud. 6) y se llegará al ajuste final de toda cuestión pendiente del gran trono blanco (Ap. 20:11-15; 2 P. 2:9; 3:7; Ro. 2:5).

Este "día postrero" amanece con la "estrella de la mañana (2 P. 1:19; Ap. 22: 16), pero se levanta una gran tormenta antes del mediodía (Ap. 6—19) que pasa para dejar lugar a la claridad del sol a mediodía y por la primera parte de la tarde (Mt. 4:2 que se refiere al reino milenial), habiendo fulgor de relámpagos otra vez hace el anochecer (Ap. 20:8 que describe la rebelión de Gog y Magog y su juicio fulminante).

El fin del "día postrero" dará lugar a la clara luz del día de la eternidad, y a la nueva creación surgirá de las ruinas de la destrucción del sistema viejo y caducado.

La consumación del siglo

La consumación de este siglo se señalará por la venida y la manifestación del Señor. La hora exacta del arrebatamiento de la Iglesia no puede determinarse, y todos los cálculos, aun de hermanos entendidos y espirituales, han fallado, sin hablar de las predicciones contradictorias de los Adventistas, etc. "No toca vosotros saber los tiempos o las sazones" dijo el Maestro antes de su ascensión (Hch. 1:7; cp. Mt. 24:36 y Mr. 13:52) y hacemos bien en respetar el secreto. Desde cierto punto de vista el tiempo de la gloria está *cerca*, porque el Señor declara: "He aquí que vengo en breve" (Ap. 22:20; 2 P. 3:8-9), pero desde otro punto de vista está *distante*, ya que se dice del Esposo que tarda en la parábola de las diez vírgenes (Mt. 25:5), como también en otra parábola el hombre noble se fue a una tierra *distante* para recibir un reino, y solamente después de largo tiempo volvió a hacer cuentas con sus siervos (Lc. 19:11, 12; cp. Mt. 25:19). Como es normal dentro de la perspectiva profética, lo cercano y lo lejano se tocan. Como lección práctica hemos de velar, puesto que nuestro Dios desea que estemos alerta y dispuestos para pasar a la eternidad. Los acontecimientos del fin han de ocupar el primer lugar en nuestro pensamiento según la exhortación: "Estén ceñidos vuestros lomos y vuestras antorchas encendidas, y vosotros semejantes a hombres que esperan cuando su señor ha de volver" (Lc. 12:35-36, 40; cp. Mt. 25:13; Mr. 13:32-37).

Aun entre hombres eminentes por su santidad y erudición bíblica han existido siempre muchas diferencias de interpretación en cuanto a los detalles de la profecía por cumplirse aún, y este hecho debiera salvarnos de todo dogmatismo, induciendo en nosotros un espíritu tolerante que no cese de inquirir reverente y humildemente en los arcanos de Dios. Es en este espíritu que hemos de fijar nuestra mirada en los últimos tiempos y considerar los diversos aspectos de la venida de nuestro Señor.

* Con relación al reino universal de Cristo, su venida determinará la *"consumación del siglo"*.
* Con relación a la ausencia actual del Señor de los suyos, su venida será la *parousía* (su *llegada* y su presencia *después*).
* Con referencia al encubrimiento de Cristo de la vista del mundo en este siglo, será la *revelación* (apocalipsis).
* Con referencia a la gloria del Cristo, será una *brillante manifestación (epifaneia)*.

La frase *"la consumación del siglo"* se halla cinco veces en el Nuevo Testamento, y siempre en Mateo: 13:39; 13:40; 13:49; 24:3; 28:20).

Parousía se halla 17 veces en el Nuevo Testamento con referencia a la segunda venida de Cristo (Mt. 24:3, 27, 37; 1 Co. 15:23; 1 Ts. 2:19; 3:13, etc.). No significa solamente la venida, sino más bien la llegada de una persona y su estancia y presencia después de haber llegado (1 Co. 16:17; 2 Co. 7:6). En el mundo oriental de los tiempos de Pablo los términos *parousía* y *epifaneia* se empleaban corrientemente para la visita de un rey o emperador, y se hallan referencias en las crónicas de entonces a la *parousía* de Nerón y a la *epifaneia* de Adriano, etc. En el pensamiento de los cristianos del primer siglo, estos términos subrayaban el concepto de la *realeza* de Cristo, como "Rey de gloria". "He aquí tu Rey vendrá a ti!" (Zac. 9:9).

Apocalipsis o revelación se aplica cinco veces al retorno del Cristo (1 Co. 1:7; 2 Ts. 1:7; 1 P. 1:7-13; 4:13).

Epifaneia. La base de este término es la palabra griega *phaino*, *bhillar* como en Juan 1:5; y pone de relieve el resplandor de la gloria intrínseca del Señor.

LA NATURALEZA DEL ARREBATAMIENTO DE LA IGLESIA

Los pasajes básicos son 1 Corintios 15:51 y 1 Tesalonicenses 4:16-17 con sus contextos: "He aquí os declaro un misterio: todos ciertamente no dormiremos, mas todos seremos transformados ... Porque el mismo Señor con aclamación, con voz de arcángel y con trompeta de Dios, descenderá del cielo; y los muertos en Cristo resucitarán primero; luego nosotros, los que vivimos, los que quedamos, juntamente con ellos seremos arrebatados en las nubes a recibir al Señor en el aire; y así estaremos siempre con el Señor."

Podemos discernir cinco facetas o momentos en este gran acontecimiento:

- Un arrebatamiento *fuera del mundo*.
- Un arrebatamiento *para el cielo*.
- Una transfiguración.
- Un triunfo.
- Una entrada en un estado de bendición.

El arrebatamiento fuera del mundo

Al ser arrebatados dejaremos atrás toda angustia y aflicción del alma y del cuerpo (2 Co. 5:2, 4; Fil. 3:21) y seremos librados de toda persecución y opresión en manos de los enemigos, y aun de la presencia del pecado y de la muerte (Ro. 6:6; 7:24). Es el día en que empezaremos a reposar con todos los santos, y el "día de la redención [venidera]" (2 Ts. 1:7; Ef. 4:30; Ro. 8:23).

El arrebatamiento de los santos es, por lo tanto, una *operación de la gracia de Dios*, "la gracia que se os ha de traer cuando Jesucristo fuere revelado" (1 P. 1:13, VHA) que nos librará", aun de la presencia del pecado.

Es también una *operación de la misericordia de Dios*: aquella misericordia que esperamos "de nuestro Señor Jesucristo para vida eterna" (Jud. v. 21) y que nos librará de toda tristeza; "la gracia quita el pecado, y la misericordia quita la tristeza" (John Bengel).

Es, además, una *operación de la omnipotencia de Dios,* que nos transformará en la semejanza del Redentor, dándonos posesión del glorioso cuerpo espiritual. En aquel momento el mismo poder que mueve el universo actuará sobre nuestro cuerpo con el sorprendente resultado que Pablo describe en Filipenses 3:21: "El cual transformará nuestro cuerpo de humillación para ser semejante a su cuerpo de gloria, según la operación con que él puede también sujetar a sí mismo todas las cosas."

Pablo se sirve del vocablo griego *harpao* para describir este arrebatamiento (1 Ts. 4:17), que significa echar mano a una persona precipitadamente y robarle con violencia o arrebatar por medio de un movimiento repentino. Así Lucas empleó la palabra al describir cómo Pablo fue arrebatado por los soldados romanos en medio de la turba de sus opresores (Hch. 23:10). En 1 Tesalonicenses 1:10 Pablo dice que el arrebatamiento es una liberación de la ira venidera", cuando la palabra que emplea es *rhuo*, o *liberar con poder* (cp. 2 Ti. 4:17). Notemos además el cúmulo de metáforas militares que emplea el apóstol en relación con el gran acontecimiento ya que el Señor "descenderá con voz de mando", con "pregón de arcángel" y con "trompeta de Dios" a la cabeza de las huestes celestiales con el fin de recoger a sus guerreros que han luchado en la tierra, uniéndolos consigo mismo para siempre.

Un recogimiento para el cielo

Llegamos aquí al aspecto más importante de la venida, ya que los miembros han de unirse manifiestamente con la Cabeza y estarán con El para siempre (1 Ts. 4:16-17). Según la figura de Efesios 5:27 Cristo presentará la Iglesia glorificada a sí mismo como "Esposa" perfeccionando así su propia gloria como Redentor (Ef. 1:23). Esta relación personal se recalca también en Juan 14:2-3: "Vendré otra vez y os tomaré a *mí mismo*, para que donde yo estoy nosotros también estéis."

Además, todos los miembros se unirán los unos con los otros, ya que los que viven serán arrebatados juntamente con aquellos que habrán muerto en cuanto al cuerpo, y por vez primera se verá en su armonioso conjunto la Iglesia de todos los tiempos y de todas las tierras, pero no sobre la tierra, sino en el aire" (1 Ts. 4:17). Hasta el momento del arrebatamiento las iglesias existen en número plural (Ap. 22:16), y solamente se halla sobre la tierra en un tiempo determinado aquella parte de la Iglesia que corresponde a una generación dada, pero en el gran acontecimiento habrá un ascenso, no de un solo Elías rodeado de los carros de Israel y de su gente de a caballo, sino de millones de santos, atraídos por la santa potencia de Dios, quienes llenarán las regiones celestes de sus aleluyas.

La transfiguración

En el aire se ha de producir un maravilloso cambio que transformará el cuerpo de nuestra humillación en el cuerpo resucitado de gloria, y en "un abrir de ojo" esto corruptible será vestido de incorrupción, y lo mortal de inmortalidad (Fil. 3:21; 1 Co. 15:51, 53).

El triunfo

Es significativo que esta transformación ha de realizarse precisamente "en el aire", que es la base actual de las operaciones del "príncipe de la potestad del aire" (Ef. 2:2; 6:12). En el mismo cuartel general del enemigo, pues, el Vencedor se reúne con sus huestes, como manifestación de la más excelsa victoria que pueda imaginarse, echándose de ver que tanto Cristo como los suyos han triunfado de la manera más absoluta.

La introducción al estado de bendición

La esfera de las luchas y los padecimientos habrá quedado muy atrás, y los santos entrarán con su Señor en las esferas de eterna bienaventuranza. Por eso la venida se llama la "bienaventurada esperanza" de los creyentes. "¡Despertad y cantad, vosotros que moráis en el polvo. Porque como el rocío de hierbas es tu rocío, y la tierra echará fuera los muertos" (Is. 26:19; cp. Is. 35:10; 51:11).

EL CUERPO ESPIRITUAL DEL PORVENIR

Es una necesidad

¿Por qué ha de haber precisamente una *resurrección del cuerpo*? ¿No bastaría que el espíritu en su pura esencia fuese redimido? La razón se halla en que el cuerpo no se ha de considerar como la cárcel del alma, sino como parte esencial del hombre total, sin la cual se halla desnudo (2 Co. 5:3). Además, aun aquí abajo el cuerpo terrenal ha sido ennoblecido por ser hecho "templo del Espíritu Santo", y por lo tanto no puede ser abandonado (Ro. 8:11; 1 Co. 6:19).

Por la acción del pecado sobre el ser humano el alma y el espíritu se separan del cuerpo por la muerte física, de modo que, sin la resurrección del cuerpo, algunos de los efectos del pecado quedarían en los redimidos por la permanencia de tal separación. Dios, sin embargo, creó al hombre como un conjunto armonioso, y como tal le ha de redimir. La mera permanencia del espíritu en un estado de inmortalidad no sería más que una continuación parcial de la vida total del hombre, y así la redención también no pasaría de ser parcial. Dios no abandona la obra de sus manos; la materia es un pensamiento suyo como Creador, siendo el producto de sus poderosas operaciones, y por lo tanto, no puede permitir que alguna parte de sus redimidos permanezca en la muerte. Solamente por medio de la resurrección del cuerpo podrá ser "sorbida la muerte en victoria" (1 Co. 15:55-57; 2 Co. 5:4; Is. 25:8; Os. 13:14).

Por consiguiente es imposible que Dios permita una redención que no haga más que *librarnos del cuerpo,* sino que ha de haber una *redención del mismo cuerpo* (Ro. 8:23). Cristo, por lo tanto, considera el levantamiento de los muertos como su obra característica en su calidad de Salvador, siendo El mismo resurrección y vida (Jn.

5:21-29; 11:25). De ahí las reiteradas declaraciones del capítulo 6 del evangelio según Juan (6:39, 44, 54): "Ninguno puede venir a mí si el Padre que me envió no le trajere; y *yo le resucitaré en el día postrero* ... el que come mi carne y bebe mi sangre tiene vida eterna, y *yo le resucitaré en el día postrero.*"

Es una realidad
Se ha dicho que Dios obra preferentemente por una manifestación del espíritu por medio del cuerpo, como puede verse al considerar lo que los evangelistas dicen del cuerpo de resurrección del Señor Jesús, que era visible a los ojos humanos, y palpable al contacto de las manos. El Señor resucitado se dignó comer miel y pescado, testificando que su cuerpo era de "carne y hueso". "Mirad mis manos y mis pies, que yo mismo soy: palpad y ved, que el espíritu no tiene carne ni hueso como veis que yo tengo" (Lc. 24:39; cp. 24:40-43 y Jn. 20:27). La palabra griega es *ostea* (hueso) que se halla tanto en Juan 1:36 como en Hebreos 11:22.

Es pues falsa la enseñanza de que el Resucitado no tenía un cuerpo real, sino solamente el poder de hacerse visible por medio de un cuerpo, utilizando tal cuerpo únicamente con el fin de manifestarse a los hombres, abandonándolo después de sus apariciones. Tal teoría contradice abiertamente el pasaje que hemos visto en Lucas 24:39, en el que el Señor declara que no era sólo espíritu. Según la errónea opinión que examinamos, habría sido normalmente espíritu sin carne y hueso, en cuyo caso habría engañado a sus discípulos al decir: "Un espíritu no tiene carne y hueso como véis que yo tengo", y debiera haber dicho en tal caso: "Un espíritu no puede *asumir* carne y hueso."

El Resucitado es la norma y prototipo de la vida de todos los santos que se hallarán perfeccionados delante del trono celestial, y nuestro cuerpo de resurrección se conformará a su cuerpo de gloria (Jn. 3:2; Ro. 8:29; Fil. 3:21; 1 Co. 15:49). En su Cuerpo, por lo tanto, percibimos ciertas características básicas que corresponderán a nuestro cuerpo futuro, y si el suyo consiste de materia glorificada como fundamento, el nuestro será igual.

En 1 Corintios 15:50 leemos que la carne y la sangre no pueden heredar el reino de Dios, pero eso no contradice lo que venimos exponiendo, porque el contexto aclara que se refiere a carne y sangre *sin transformar y sin glorificar.* Hemos de interpretar 1 Corintios 15:44 de igual manera. Es muy cierto que el cuerpo de resurrección se llama espiritual, pero eso no significa que es sólo espíritu sin materia alguna. Es preciso examinar los términos *soma pneumatikon* (cuerpo espiritual) y *soma psuchikon* (traducido por cuerpo natural o animal). Los adjetivos indican la base de la naturaleza del cuerpo. En el cuerpo espiritual el espíritu dominará de la forma en que domina el alma en el cuerpo actual, pues *psuchikon* indica aquello que *se relaciona con el alma.* No quiere decir pues que el cuerpo espiritual consiste solamente de espíritu, como tampoco es verdad que nuestro ser actual consiste tan sólo de alma. El cambio del cuerpo actual (relacionado con el alma) en el cuerpo espiritual de la resurrección no significa el desnudarse de vestidura externa, sino que se habla precisamente de todo lo contrario: "anhelando *revestirnos* de nuestra morada celestial ... porque es menester que esto corruptible *se vista* de incorruptibilidad, y esto mortal *se vista* de inmortalidad" (2 Co. 5:2-4; 1 Co. 15:53, 54). La naturaleza y el modo de este cambio no admiten explicaciones, siendo un misterio —como también lo es la constitución de la materia celestial del nuevo cuerpo— que se revelará solamente en la eternidad.

Es una verdadera resurrección

Por el hecho de ser real el cuerpo nuevo, las Escrituras hablan de la resurrección de cuerpos que salen de sus sepulcros: "Vendrá hora cuando todos los que están en los sepulcros oirán la voz del hijo del hombre" (Jn. 5:28-29). "El cuerpo de nuestra humillación será transformado" (Fil. 3:21). "Este cuerpo mortal será vivificado" (Ro. 8:11). Es el cuerpo sembrado en corrupción que se levantará en incorrupción (1 Co. 15:42, 43, 53, 54; cp. Job 19:25, 26).

Si no hubiera cuerpo espiritual, y si no hubiera una relación directa entre el cuerpo actual y el del futuro, no habría necesidad de abrir los sepulcros, y de hecho no se produciría ninguna resurrección real, pues en tal caso el cuerpo sería completamente diferente, y no este cuerpo que se siembra en corrupción. Tiene que haber, pues, una relación entre el cuerpo anterior y el nuevo, y no sólo entre el alma y la personalidad de ahora y las del futuro.

Quizá nuestro pobre pensamiento será ayudado a vislumbrar algo de este gran misterio si nos acordamos de que los átomos de nuestro cuerpo se van mudando constantemente por el proceso del metabolismo, y los científicos nos aseguran que se efectúa una transformación total de la materia del cuerpo cada siete años, de forma que no queda después ni un solo átomo de la materia anterior a este período. Pero al mismo tiempo *no deja de ser el* mismo cuerpo. Por medio de las potencias con las cuales el Creador ha dotado el alma, ésta aprovecha constantemente el material circundante para construir un cuerpo nuevo. El cuerpo en sí, pues, se compone de materiales sacados de la naturaleza circundante, que el alma vivifica y gobierna, amoldándolo todo en una unidad superior que corresponde a su propia esencia.

Aun en el cuerpo terreno, por lo tanto, la materia no es el elemento que dirige el proceso, pues el control corresponde a aquellas potencias del alma que son capaces de construir el cuerpo. Existe, pues, un elemento en el cuerpo que no se destruye, a pesar de los cambios del metabolismo, y será este elemento permanente que será revestido de la morada celestial en el momento de la transformación y la resurrección del cuerpo. Sólo así podemos formarnos una idea de un cuerpo que resucitará, que se describe al mismo tiempo como la semilla del cuerpo que ha de ser. El proceso que consideramos es a la vez una disolución y un reedificación, la conservación de un enlace, y a la vez, una nueva creación.

El apóstol Pablo se vale de la analogía de una planta que muere, y de la cual no sobrevive más que un solo elemento; pero éste, bajo la influencia de la luz, y aprovechando las riquezas de la tierra, atrae a sí mismo aquella materia que necesita para formar otra planta, que es igual a la anterior a causa del elemento que persiste, pero a la vez es otra (1 Co. 5:35-38). Así, aun después de la disolución del cuerpo humano, sobrevive un elemento que encierra en sí la posibilidad de una nueva formación corporal que es una continuación de la primera, y al mismo tiempo nueva. Se puede considerar el alma como el imán del cuerpo de donde procede el poder para atraer y organizar los millones de átomos del cuerpo. En el trance de la muerte el imán pierde su potencia, y los átomos se disgregan, pero en la resurrección el alma recobra su potencia en un grado mucho más perfecto y elevado, en virtud de la cual se vuelve a vestir de un nuevo cuerpo, perfecto y glorioso (2 Co. 5:2-4). Se trata esencialmente de la omnipotencia de aquel que es resurrección y vida: "el cual transformará el cuerpo de nuestra humillación, para ser semejante a su cuerpo de gloria, *según la operación con que él puede también sujetar a sí mismo todas las cosas"* (Fil. 3:21).

No podemos formarnos idea alguna sobre la materia del cuerpo celestial pues se trata de una esfera completamente distinta, velada aun a nuestros sentidos corporales, de modo que no podemos valernos sino de metáforas y de símiles. Pensemos en el diamante con sus múltiples y brillantes facetas, acordándonos de que se cristalizó en las entrañas de la tierra, siendo la "materia prima" un pedacito de carbono negro. Pensemos en el brillo de la llama de una lámpara de gas, acordándonos de que procede del carbón que carece de lustre y forma. Pensemos en las joyas que adornan la diadema de un monarca, acordándonos de que se sacaron de capas de tierra. Así los cementerios de los hombres llegan a ser los semilleros de la resurrección, y siendo del pueblo de Dios, se convierten mediante el "rocío celestial" en los campos de la Resurrección, y del perfeccionamiento del hombre según la promesa (Is. 26:19).

Las Escrituras dicen poco de las circunstancias del alma entre la muerte y la resurrección, pero es cierto que el perfeccionamiento del creyente se relaciona siempre con la resurrección, y que no se produce en el momento de la muerte. Las Sagradas Escrituras enfocan su luz sobre la *meta*, con sólo unas breves referencias a lo que pasa en el intervalo, y así esperamos la venida del Señor, y no la muerte del cuerpo. Sabemos, sin embargo, que para el alma creyente hay un estado de bendición y de espera en el paraíso (Lc. 23:43) con Cristo (Fil. 1:23; 2 Co. 5:8; Hch. 7:59), en el "seno de Abraham" (Lc. 16:22) donde el creyente estará "mucho mejor" que aquí abajo (Fil. 1:23). Para el alma no salva empieza en seguida aquello que se significa por el fuego (Lc. 16:22-24) en el *hades* mientras espera el juicio final del gran trono blanco (Ap. 20:11-15). Para el creyente la primera ganancia se recibe al pasar a la presencia del Señor, y la segunda en el arrebatamiento (Fil. 1:21), mientras que no le cabe al incrédulo sino la terrible expectación del juicio de

Dios. En ambos casos el cumplimiento es la resurrección o para vida o para muerte (Jn. 5:29).

SIETE FACETAS DE LA GLORIA DEL CUERPO DE RESURRECCIÓN

Como el nuevo cuerpo no se puede describir en términos de la vida material aquí, las Escrituras no nos dan sino indicios figurados de su naturaleza.

Su espiritualidad

El cuerpo de nuestra humillación es *psuchikos* en el que el alma predomina, mientras que el celestial será espiritual, o sea, controlado por el espíritu (1 Co. 15:44-46).

Será sujeto al espíritu

El cuerpo de humillación es un instrumento útil y necesario aquí, pero también limita y estorba el servicio de Dios; en cambio el cuerpo de gloria será el instrumento perfecto de nuestro servicio. El cuerpo de humillación, dominado por el alma, manifiesta cierta independencia del espíritu, que a veces llega hasta un conflicto entre el cuerpo y el espíritu (Ro. 7:5, 23; 1 Co. 9:27; Ro. 6:6), pero el cuerpo de gloria estará bajo el control absoluto del espíritu, y en esta sujeción, será el instrumento perfecto de nuestra vida consumada. Esto es todo lo contrario de lo que experimentamos aquí abajo.

Su superioridad

Mientras que el cuerpo de nuestra humillación obra en cierta medida en independencia del espíritu, se halla muy sujeto y limitado en lo que se refiere a las condiciones naturales de la vida. En cambio, el cuerpo de gloria precisamente por estar sujeto al espíritu, se halla independiente y libre frente a las condiciones naturales. Este cuerpo necesita el alimento y siempre está expuesto a la enfermedad o a la desgracia, pero el cuerpo venidero gozará de una libertad real, siendo superior a todas las restricciones de la materia, del espacio y del tiempo.

Por la norma del cuerpo de resurrección del Señor sabemos que será posible comer, pero no necesario, lo que ilustra *su superioridad sobre la materia* (Lc. 24:41-43).

El Señor, en cuerpo de resurrección, apareció en el aposento alto, estando cerradas las puertas, lo que indica que el nuevo cuerpo *será libre de las restricciones del espacio y de la materia* (Jn. 20:19; cp. Lc. 24:31, 36). El cuerpo de resurrección es inmortal en la esfera eterna (1 Co. 15:54, 42) de modo que está *libre de toda limitación* impuesta por el tiempo.

Su exaltación

Nuestro cuerpo actual es de "nuestra humillación" y también de deshonra, pero en contraste con el cuerpo de gloria pertenecerá a nuestra exaltación (Fil. 3:21; 1 Co. 15:43, 48, 49). La humillación de este cuerpo se echa de ver por las enfermedades que padece, y la muerte que determina su disolución, como también por las circunstancias de su concepción, nacimiento y alimentación (1 Co. 6:13). La dignidad del cuerpo venidero exige que cesen estas condiciones, y el mismo Señor declara que "en la resurrección ni los hombres tomarán mujeres, ni las mujeres maridos, mas son como los ángeles de Dios en el cielo" (Mt. 22:30).

Hemos de fijarnos bien en que no se dice que "serán ángeles", sino que en cuanto a su modo de existencia, serán "como los angeles". Ningún ser humano llega a ser un ángel cuando muere, bien que los redimidos estarán en armoniosa comunión con ellos (He. 12:22; Lc. 16:22). La sorprendente verdad es que seremos mayores que los ángeles, siendo "las primicias de sus criaturas e hijos de Dios" (1 Co. 6:2-3; Stg. 1:18; Ro. 8:14).

Su bienaventuranza

Las aflicciones y el dolor del cuerpo actual no pasarán al cuerpo de gloria, que existirá en un estado de perfecta bienaventuranza en el que no habrá hambre ni sed, habiendo pasado el llanto, el clamor y el dolor con "las primeras cosas". En lugar de la corruptibilidad de este cuerpo experimentaremos la incorrupción; no habrá deshonra, sino honra y gloria, y lo que se siembra en flaqueza se levantará en potencia (2 Co. 5:2, 4; Is. 49:10; Ap. 7:16-17; 21:4; 1 Co. 15:42-43).

Su gloria

En 2 Corintios 5:1-4 Pablo declara que nuestro cuerpo de humillación es cual una pobre tienda de campaña en contraste con el cuerpo que se compara con un palacio transparente y radiante. Revestido así "los justos resplandecerán como el sol en el reino de su Padre" (Mt. 13:43) describiendo su gloria por los símiles que siguen:

- Como la nieve blanca y deslumbradora (Mr. 9:3; Fil. 3:21).
- Como el rocío transparente (Is. 26: 19).
- Como la luna y las estrellas (Dn. 12:3).
- Como el resplandor del firmamento (Dn. 12:3).
- Como el sol cuando resplandece en su fuerza (Mt. 13:43; 17:2; Ap. 1:16).
- Como el mismo Señor Jesucristo en la luz de su gloria (Fil. 3:21; Jn. 3:2; 2 Co. 3:18).

Hermosísima es la promesa hecha a los entendidos y a los señores de justicia en Daniel 12:3: "Y los entendidos resplandecerán como el resplandor del firmamento, y los que enseñan a justicia la multitud como las estrellas a perpetua eternidad."

He aquí la magnificencia que esperamos, comparada con la cual este cuerpo terrenal no es más que una semilla al lado de la gloria de la flor en su pleno desarrollo. De la forma en que es difícil que discernamos el brillo de la amapola en su diminuta semilla, o la majestad del roble en la bellota, o el fructífero manzano en la pequeña pepita, de igual modo pasa más allá de nuestra imaginación comprender toda la gloria del cuerpo venidero al contemplar solamente el cuerpo terrenal que conocemos aquí.

Su conformidad con el cuerpo de Cristo

El rasgo más glorioso del porvenir de los redimidos será su conformidad con la persona de su Señor: seremos semejantes a El, porque le veremos como El es (1 Jn. 3:2) y el cuerpo nuestro será transformado en la semejanza del suyo (Fil. 3:21). Llevaremos su imagen ya que El será el "primogénito entre muchos hermanos" (Ro. 8:29; Col. 1:18; cp. 2 Co. 3: 18). "El primer hombre es de la tierra, del polvo; el segundo hombre es del cielo. Cual el que es del polvo, así aquellos que son del polvo, y cual el celestial, así también los celestiales. Y como hemos llevado la imagen de aquel que es del polvo, así también llevaremos la imagen del celestial" (1 Co. 5:48-49, trad. lit.).

8

El tribunal de Cristo

El retorno de Cristo se describe como la "bienaventurada esperanza" de la Iglesia (Tit. 2:13) pero el acontecimiento se relaciona no sólo con los privilegios celestiales de los santos, sino también con sus sagradas responsabilidades, pues si bien el recogimiento consuela nuestro corazón, el tribunal de Cristo actúa como acicate para la conciencia. Citamos siete aspectos de este tribunal que se presentan en las Sagradas Escrituras.

- El *momento* será el "día de Cristo" (1 Co. 1:8).
- El *juez* será Cristo en persona (2 Ti. 4:8).
- Las *personas* presentes seremos "todos nosotros" (2 Co. 5:10).
- La *severidad* de la prueba se presenta como de fuego (1 Co. 3:13).
- La *norma* que determina la sentencia será la fidelidad de los santos (1 Co. 5:1-5).
- El *resultado* será o recompensa o pérdida (1 Co. 3:14-15).
- La *meta* a la que conduce será la gloria (1 P. 5:4).

162

El momento es el día de Cristo

Las frases "el día de Cristo" o "de Jesucristo" o "de nuestro Señor Jesucristo" (1 Co. 1:8; 5:5; 2 Co. 1:14; Fil. 1:6, 10; 2:16) como también "aquel día" (2 Ti. 4:8; 1:12) y "en su venida" (2 Ti. 4:8), se relacionan con el perfeccionamiento de la Iglesia en un tiempo *anterior* al establecimiento del reino visible de gloria en la tierra, o sea antes del milenio. El tribunal de Cristo (gr., *bema*) se celebra durante aquel período, y ha de distinguirse por lo tanto del gran trono blanco (gr., *thronos*) que se ha de establecer *después* del milenio, y de hecho después de la destrucción de todo el universo viejo (Ap. 20:11).

El tribunal de Cristo debe distinguirse también del juicio que inaugurará el reino milenial (Mt. 25:31-46; Ap. 20:4) que tiene que ver con las naciones en la tierra cuando Cristo venga en gloria, las cuales tendrán que ser juzgadas como preludio al reino en manifestación. El "día postrero" abarcará estos tres juicios, que se celebrarán sin embargo en momentos distintos.

- El *tribunal de Cristo* se relaciona con el servicio y el testimonio de la Iglesia, cuyos miembros ya habrán sido arrebatados, y se sitúa antes del reino milenial.
- El *juicio sobre las naciones* espera a aquellos que vivirán sobre la tierra en el momento de la venida en gloria. Estas naciones tendrán que presentarse ante el "trono de su gloria" en los comienzos del reino milenial (Mt. 25).
- El *juicio del gran trono blanco* será el juicio general de los muertos, y tendrá lugar después del reino milenial (Ap. 20:12).

Cristo es el Juez

Cristo se describe como el "Señor, el Juez justo" (2 Ti. 4:8). porque el Padre entregó todo el juicio al Hijo (Jn. 5:22). Por eso el tribunal se describe tanto como el "tribunal de Cristo" como "el tribunal de Dios" (2 Co. 5:10; Ro. 14:10).

Las personas juzgadas son los redimidos

Escribiendo a los santos en Corinto, Pablo insiste en que "es menester que todos nosotros seamos manifiestos ante el tribunal de

Cristo, para que cada uno reciba según lo que hubiere hecho por medio del cuerpo, ora sea bueno o malo" con referencia tanto a los ausentes como a los presentes, incluyendo así a todos los redimidos, sea que estén en el cuerpo cuando venga Cristo o que hayan muerto antes (2 Co. 5:1-10 con todo el contexto). Es muy verdad que todo aquel que cree en el Hijo se halla libre del juicio final de condenación (Jn. 3:24; He. 10:14, 17), no habiendo condenación alguna para quienes están en Cristo Jesús (Ro. 8:1); sin embargo, todo creyente es el siervo del Maestro que le compró con su sangre, de modo que Cristo habrá de pronunciar sentencia en cuanto a la fidelidad de cada uno, adjudicándose la recompensa o la pérdida que corresponda al servicio aquí abajo. Todo ello requiere un día especial de juicio aun para los creyentes. Desde luego, no se trata de la salvación o de la perdición de las almas que ya son de Cristo, sino de la medida de la recompensa que nos será otorgada por la maravillosa gracia de nuestro Señor (1 Co. 4:2-5; 3:14-15; Col. 2:24; 2 Jn. v. 8; 1 Jn. 4:17).

La severidad del juicio

Hebreos 10:30 declara que "el Señor juzgará a su pueblo", y Pablo recalca que "la obra de cada cual, será manifestada, porque el día la declarará, porque por el fuego será manifestada la obra de cada uno" (1 Co. 3:12-15). Por lo tanto, con referencia directa al tribunal de Cristo, Pablo habla del "temor del Señor" (2 Co. 5:10-11). Será posible que el creyente sufra daño o pérdida, y que vea la quema de todo lo que parecía ser la obra cristiana de toda su vida, escapándose él "como por fuego", de la manera en que un hombre se salva de una casa incendiada con nada más que su persona. He aquí las graves posibilidades que tenemos que tomar en consideración en cuanto a nuestra vida y obra (1 Co. 3:15; 2 Jn. v. 8; cp. Amós 4:11 y el caso de Lot en Gn. 19:16, 29).

En 1 Juan 2:28 leemos: "Hijitos, perseverad en él, para que, cuando apareciere, tengamos confianza, y no seamos confundidos de él en su venida." La frase traducida "confundidos de él" (*me aischuntiomen ap' autou*) es más literalmente "que no seamos avergonzados de delante de él en su venida", en contraste con quienes hayan perseverado bien, y que tengan santa confianza cuando su

Señor aparezca. No quiere decir que ciertos cristianos serán desterrados de la presencia del Señor, sino que experimentarán un hondo movimiento de vergüenza al comprender que han perdido tantas oportunidades, viendo claramente su poca fidelidad al Señor durante su vida en la tierra. Volviendo a 2 Corintios 5:10 vemos que todos recibiremos según lo que hayamos hecho por medio del cuerpo, "ora sea bueno o malo", lo que concuerda con Colosenses 3:24, donde el apóstol Pablo declara, con referencia a las recompensas que corresponderán al testimonio de los cristianos en su vida diaria: "aquel que obra injustamente *recibirá en pago lo que injustamente hizo*, y no hay acepción de personas" (VHA). (Cp. también 1 Co. 3:15; Lc. 19:24; 12:45-48.) Hemos de dar cuidadosa consideración a tales pasajes con la determinación de no embotar el filo de la espada de la Palabra (He. 4:12), pues el ser manifiestos delante del tribunal de Cristo es un asunto de mayor gravedad de lo que generalmente suponemos; y quizá una mera referencia a ganancias y a pérdidas no agote todo el sentido de estas solemnes declaraciones escriturarias.

Dentro de los límites de nuestra comprensión actual no parece posible llegar más a fondo en este asunto, y nos es difícil vislumbrar de qué modo se pueden combinar tanta gloria y tanta solemnidad, pero hemos de recordar que se trata de la esfera eterna, y sin duda nuestros poderes de percepción y nuestros sentimientos se desarrollarán y se manifestarán de una forma muy diferente de lo que es apropiado a las condiciones actuales de nuestra vida aquí. Pero estas palabras de tanta solemnidad constan en las Escrituras con el fin de que sintamos profundamente la necesidad de manifestar la santidad práctica aquí abajo, unida con un servicio fiel y abnegado. Retengamos gozosamente toda la certidumbre de la salvación, y toda la seguridad de una obra divina en nosotros, pero sepamos a la vez que nuestra responsabilidad es la de "llevar a cabo nuestra propia salvación con temor y temblor" (Fil. 2:12).

Las normas del juicio

Seremos juzgados según nuestra fidelidad en relación con la suma total de los factores de nuestra vida y desarrollo, tomándose en cuenta no sólo las obras hechas, sino también las posibilidades

El triunfo del Crucificado

que se nos ofrecieron; no sólo lo que éramos, sino también lo que hubiéramos podido llegar a ser; no sólo lo efectuado, sino lo omitido; no sólo la obra, sino la calidad del obrero; no sólo lo que logramos sino lo que nos esforzamos por lograr; no tanto el número, sino el peso de nuestras obras (1 Co. 4:1-5; Mt. 25:21, 23; Stg. 4:17; 1 S. 2:3). Las obras realizadas *con sacrificio personal* tendrán más subido valor que las otras; no se estimará nuestra disposición, sino sólo el amor abnegado; en cuanto a nuestras posesiones, sólo se conservarán aquellas que fueron dedicadas a su servicio.

¿Qué de nuestros pecados? Es evidente que Cristo no volverá a juzgar lo que nosotros mismos juzgamos aquí (1 Co. 11:31).

El resultado

Aun frente a su propio pueblo el Señor es también "juez justo" (2 Ti. 4:8) de modo que repartirá las variadas recompensas y las pérdidas según su norma de absoluta rectitud. Algunos no habrán traído más que madera, heno y hojarasca a la gran obra, y todo será quemado; otros habrán edificado sólidamenre con oro, plata y piedras preciosas, y su trabajo aguantará el fuego (1 Co. 3:12-15). Los grandes en el reino de los cielos serán los siervos fieles, mientras que los creyentes que habrán sembrado para la carne segarán la corrupción de lo que aparentaba ser la obra de su vida (Mt. 5:19; 25:21; Lc. 19:17; Gá. 6:6-8).

Algunos serán hallados puros y sin represión y no les faltará el premio (Fil. 1:10; 13:14 con 1 Co. 1:8); otros serán pobres espiritualmente y los tales serán desaprobados y sufrirán pérdida (1 Co. 9:27; 3:15; 2 Ti. 2:5). Algunos tendrán confianza en el día del juicio, mientras que otros sentirán vergüenza (1 Jn. 4:17; 2:28). Así cada uno recibirá lo que corresponda a su obra, sin acepción de personas (He. 6:10; 1 Co. 4:5; 2 Ti. 4:8; 1 P. 1:17; 2 Co. 5:10; Col. 3:24-25). La salvación depende de la fe, pero la recompensa corresponde a la fidelidad; en otras palabras, como hijos recibimos la vida del Señor, pero como siervos El nos dará el premio: "He aquí yo vengo presto, y mi galardón conmigo" (Ap. 22:12).

Al fin todos serán salvos y todos serán focos de luz, bien que el resplandor se manifestará en distintos grados (1 Co. 15:40-42); habrá vasos grandes y pequeños en el estado eterno, pero todos serán llenos. Habrá graduaciones y etapas de gloria, pero todos serán felices ya que no hay más que un Señor por encima de los variados ministerios de los muchos siervos (Mt. 25:14-30; 20:1-16).

Pero, según los pasajes siguientes, habrá coronas especiales para los fieles.

* El *guerrero victorioso* recibirá la *corona de justicia* (2 Ti. 4:8).
* El *atleta que corre* bien recibirá la *corona incorruptible* (1 Co. 9:25-27).
* *El que es fiel hasta la muerte* recibirá la *corona de la vida* (Ap. 2:10; Stg. 1:12).
* El *obrero desinteresado* recibirá la *corona del honor* (1 Ts. 2:19; cp. 1 Ts. 3:6; Fil. 4:1).
* El *anciano, ejemplo para el rebaño,* recibirá la *corona de gloria* (1 P. 5:3-4).

La gloria

El tribunal de Cristo será el preludio de la consumación de la Iglesia, y luego se cumplirán las majestuosas palabras del Apocalipsis 19:6-9: "Y oí la voz de una grande compañía, y como el ruido de muchas aguas, y como la voz de grandes truenos que decía: Aleluya, porque ya reina el Señor nuestro Dios todopoderoso. Gocémonos y alegrémonos y démosle gloria; porque son venidas las bodas del Cordero, y su esposa se ha preparado ... Bienaventurados los que son llamados a la cena de las bodas del Cordero."

Pero simultáneamente con la consumación de la gloria de la Iglesia se inaugurará el "día de Jehová" cuando El "visitará sobre el ejército sublime en lo alto, y sobre los reyes de la tierra que hay sobre la tierra" (Is. 24:21). Entonces le parecerá bien al Omnipotente entregar el gran reino de gloria y de poder a su manada pequeña (Lc. 12:32): "Y vi tronos, y se sentaron sobre ellos, y les fue dado el hacer juicio" (Ap. 20:4). "Después tomarán el reino los santos del Altísimo" (Dn. 7:18, 22). Aquellos que habrán sido hallados dignos de ello delante del tribunal de Cristo serán designados como los jueces del mundo, formando entonces la aristocracia del reino eterno de los cielos.

Pero los santos forman conjuntamente un cuerpo, de modo que el individuo no será glorificado antes que la comunidad en su totalidad. La herencia única es de "los santos en luz", y por eso cada santo tendrá su porción conjuntamente con los demás (Col. 1:12). El conjunto es superior a sus partes individuales, y conjuntamente los "sacerdotes" y "reyes" forman el reino (Ap. 1:6; 5:10). Siendo que el individuo recibirá su lugar en relación con la totalidad de la obra, no puede ser perfeccionado como tal, sino sólo en conexión vital y personal con toda la comunidad consumada. Por esta razón aquellos que duermen han de esperar el perfeccionamiento de las generaciones futuras (He. 11:40; Ap. 6:10-11) y el acto de revestir el alma con el cuerpo de gloria no toma lugar en el momento de morir el creyente, sino en la resurrección, cuando los vivos serán también transformados (1 Co. 15:23; Ap. 6:9; He. 12:23; 2 Co. 5:2-4; 1 Ts. 4:15). La meta es la gloria de la Iglesia como un organismo, y no meramente la del individuo; no se trata solamente de la bienaventuranza de la persona, sino de la manifestación del reino de Dios (Mt. 6: 10).

Ahora el gran estado universal y cósmico de Dios está bajo el gobierno de príncipes angelicales responsables de ciertas regiones (Dn. 10:13, 20) y de igual manera y en tales esferas la compañía de los santos glorificados enseñorearán como reyes sobre astros y mundos, bajo Cristo su Cabeza: "No sabéis que los santos han de juzgar al mundo? ... ¿No sabéis que hemos de juzgar a ángeles?" (1 Co. 6:2-3 con Ap. 22:5; He. 2:5). Por eso el Señor de la Iglesia promete: "Al que venciere, yo le daré que se siente conmigo en mi trono, así como yo he vencido y me he sentado con mi Padre en su trono" (Ap. 3:21). "Bienaventurados aquellos siervos a los cuales, cuando el Señor viniere, hallare velando. De cierto os digo que se ceñirá y hará que se sienten a la mesa y pasando les servirá" (Lc. 12:37). J. A. Bengel consideraba que esta última promesa era la más sublime de cuantas se hallan en la Biblia.

Parte III
El reino venidero

1

La persona del Anticristo

LA VENIDA DEL ANTICRISTO

De la manera en que la meta final del cristianismo es la persona misma de Jesucristo, así también el fin del cristianismo nominal será la persona del Anticristo. La Biblia enseña de una manera inequívoca que la meta de la historia no es el producto natural de la historia humana, e insiste en que el reino de Dios no llega a su consumación por medio de procesos de crecimiento y de ascensos evolucionarios, sino que se establecerá precisamente después del colapso del presente sistema mundial, y a través de una catástrofe final. Habrá de prevalecer primero la rebeldía, enfriándose el amor de muchos, de modo que, al manifestarse el Hijo del hombre, no hallará más que *poca* fe en la tierra (Mt. 24:12; Lc. 18:8). La profecía bíblica no habla de cristianizar el mundo y su civilización, sino del aumento de la hostilidad del mundo frente al cristianismo, hasta el punto de que sea expulsado por la civilización humana.

No menos de pensar, pues, que Cristo no ha venido aún porque el mundo no se ha cristianizado bastante, sino que al contrario, no ha aparecido porque el mundo no es bastante incrédulo todavía (2

169

Ti. 3:1-4; 4:3-4; 2 P. 3:3; 1 Ti. 4:1-3). Rige un principio básico en el gobierno divino del mundo que determina que todas las cosas, tanto las buenas como las malas, han de llegar a su debida madurez, bien que hemos de tener en cuenta que, tratándose del mal, la paciencia de Dios ahora conduce a juicios más severos después (Mt. 13:29-30; Ap. 14:15, 18; Gn. 15:16). En cuanto a la madurez del sistema del mundo Pablo dice: "No os engañe nadie en ninguna manera, porque el día del Señor no vendrá sin que venga antes la apostasía, y se manifieste el hombre de pecado, el hijo de perdición y oponiéndose y levantándose contra todo lo que se llama Dios ... y entonces será manifestado aquel inicuo, al cual el Señor matará con el espíritu de su boca y destruirá con el resplandor de su venida (*parousía*)" (2 Ts. 2:3-4, 8).

El triunfo del Señor en su misión no se producirá por lo tanto por medio de una reconciliación paulatina con el sistema existente, sino por la intensificación del conflicto hasta el fin; no vendrá por la glorificación del progreso humano, sino por el colapso de las obras del hombre; no se harán transacciones entre Dios y la civilización, sino que el reino del mundo quedará deshecho por el impacto del reino de Dios (Dn. 2:34-35; Ap. 19:11-12). El final de la historia no será la consumación natural de un proceso, sino que la línea ascendente del progreso humano quedará deshecha, y quienes quieren asaltar el cielo serán echados abajo por las fuerzas del cielo (Gn. 11:4, 6; Ap. 18).

Todo eso no será evidente al "principio del fin". Por lo contrario, las Escrituras testifican que ha de surgir un sistema de civilización que aparentará cumplir los anhelos seculares de la humanidad. Al frente del sistema se presentará un jefe poderoso, que, gracias a su genio para la organización, llegará a ser tanto un potentado universal como el benefactor y el consejero de las naciones, salvándolas de los peligros de la guerra y sacando orden del caos en que se hallarán las masas (Ap. 13:7, 4; 11:10; 1 Ts. 5:3). Representará el apogeo de la grandeza de la raza humana, y por lo tanto, podrá encender el máximo entusiasmo en los corazones de los hombres. Como caudillo supremo en todas las empresas dará a los hombres una sensación de bienestar y de seguridad, pasando luego como la cabeza real de la comunidad a recibir honores divinos (Ap. 13:3, 4, 12). Así el espíritu del mundo llegará a alturas jamás conocidas, y la cultura alcanzará su máximo resplandor.

Pero todo ello se conseguirá *sin Dios*, siendo excluida la gracia, gloriándose el hombre exclusivamente en sus propias fuerzas, y llegando hasta deificar su propio espíritu (2 Ts. 2:4). No es posible que el Altísimo se enmudezca ante tamaña rebelión, pues no transpasará su gloria a otros ni dará su alabanza a los rebeldes del polvo (Jer. 17:5; Is. 42:8). Enviará a su Cristo como respuesta al reto del Anticristo. La venida y presencia (la *parousía*) del hombre de pecado es "según la operación de Satanás", pero el Señor Jesús le matará con el aliento de su boca y le destruirá "por la brillante revelación de su propia *parousía*" (2 Ts. 2:8-9). Perecerán igualmente los secuaces del Anticristo, ya que Cristo se revelará "en llama de fuego para dar el pago a los que no conocieron a Dios ni obedecen el evangelio de nuestro Señor Jesucristo" (2 Ts. 1:8).

Así el punto culminante de la civilización humana se convertirá en el drama final de su ocaso del sistema mundial, brillarán los arreboles como llama de juicio, llevando esta sentencia: *"Mene, mene, tekel, upharsin..."* ("Contado, contado, pesado, hallado falto", Dn. 5:25-27).

LOS NOMBRES DEL ANTICRISTO

El título de "anticristo" no se halla sino en los escritos del apóstol Juan, y las cinco referencias allí han de entenderse en tres sentidos: 1) de la persona del Anticristo (1 Jn. 2:18); 2) del espíritu del Anticristo (1 Jn. 4:3), 3) de varios "anticristos" en número plural (1 Jn. 2:18, 22; 2 Jn. v. 7). Desde remotísimos tiempos, siervos de Dios (San Agustín, por ejemplo) han pensado que el "Anticristo" de Juan ha de ser idéntico a la persona que Pablo denomina "el hombre de pecado", "el hijo de perdición", el que se opone" ("el adversario"), el "hombre de iniquidad" (o "el hombre sin ley" (2 Ts. 2:3, 8). Es natural también identificarle con la "bestia" quien, según Apocalipsis 3:1-10, surge del mar de los pueblos, como también con el "cuerno pequeño" que se levanta del cuarto imperio mundial (Dn. 7:8, 23-25). Las Escrituras, pues, adelantan siete designaciones principales de esta siniestra figura, que señalan siete rasgos de la oposición que este rebelde demoníaco ofrece al Altísimo.

LA PERSONALIDAD DEL ANTICRISTO

El Anticristo es a la vez una persona y un sistema. Como individuo es la cabeza personal de un sistema, el caudillo y encarnación del espíritu rebelde generalizado en la raza humana. Puede estar presente siempre como una inspiración o tendencia, produciendo "el misterio de la iniquidad" y el "espíritu del anticristo" (1 Jn. 2:22; 4:3; 2 Ts. 2:7). Hallamos, pues, a través de los siglos aquellos precursores de la figura culminante que Juan llama "los anticristos". No obstante, en la consumación de la historia humana, aparece como un individuo, un genio demoníaco, una figura más que humana, el mesías que envía el diablo. La universalidad de un movimiento no impide que éste se encarne en diversos personajes, ya que todo señalado progreso en el mundo se debe al individuo, como dice Carlyle: "La historia de un pueblo es la biografía de sus grandes hombres." La convicción de los primeros cristianos de que el espíritu general del anticristianismo había de consumarse en una persona obedece, por lo tanto, a un principio comprobado en la historia. "Yo he venido en nombre de mi Padre —dijo el Señor— y no me recibís. Si otro viniere en su propio nombre a aquel recibiréis" (Jn. 5:43). Aquí tenemos en marcado contraste el "yo" y el "otro" lo que prueba sin sombra de duda que el otro, el Anticristo, ha de ser persona real, de la forma en que Cristo mismo era persona.

Hay más evidencia sobre este punto en las enseñanzas escatológicas de Cristo en Marcos 13:14 (con referencia a Dn. 12:11); texto que debe leerse literalmente de esta forma: "Cuando viereis la abominación de asolamiento estando de pie donde *él* no debe (el que lee entienda), entonces los que estén en Judea huyan a los montes." El hecho de que abominación está en género neutro en el griego, mientras el gerundio correspondiente es masculino, indica claramente que la referencia no es a un objeto o imagen, sino a una persona u hombre, que se colocará en el lugar santo, profanándolo por ser un dios falso, el enemigo del verdadero, reclamando para sí la adoración que sólo corresponde al Altísimo. El contexto relaciona este momento claramente con la consumación del período anticristiano.

Finalmente, la personalidad del Anticristo se evidencia por el hecho de que tendrá su *parousía* en imitación infamante de la de Cristo, pues se dice de él que su "advenimiento" (*parousía*) indica "*la llegada y la presencia posterior*" de una persona. Cristo tendrá su revelación o apocalipsis como una persona en la hora que Dios ha señalado, y después de ser encubierto; el Anticristo le remedará en esto también, pues en la hora de Satanás (que en este caso será también la hora de Dios) se manifestará en una revelación o apocalipsis: "el inicuo será manifestado" (2 Ts. 2:8-9).

LOS PRECURSORES DEL ANTICRISTO

1. Se hallan algunos personajes que parecen prefigurar al Anticristo en la *historia bíblica*.

Caín. Con él se originaron las guerras religiosas, y era el "anti-Abel". De la forma en que la primera lucha fue religiosa, así lo será la guerra que termine esta época anticristiana (Gn. 4:4-8; Ap. 19:19).

Lamec. El era el vanaglorioso que tanto exaltó su "yo", siendo el "anti-Enoc." Este rasgo de deificar el ego es característico del anti-cristianismo (Gn. 4:23-24; Ap. 13: 1; 2 Ts. 2:4).

Nimrod. Este era el primer fundador de un gran imperio. Es significativo que su imperio incluyese Babilonia, que se destaca tanto en las Escrituras como poder enemigo del pueblo de Dios. Babel en el Eufrates es el precursor de Roma imperial, renovado en el sistema anticristiano del tiempo del fin (Gn. 10:8-12; Ap. 17:1-14).

Balaam. Es el falso profeta que indujo al pueblo a caer en la fornicación, siendo el "anti-Moisés" según un dicho de los rabinos (Nm. 31:16; 2 P. 2:15; Ap. 2:14; 17:4, 15; 18: 3-4; 19:2).

Goliat. Era el campeón de los filisteos, que desarrolló su técnica terrorista por medio de una oratoria blasfema, siendo el "anti-David" según los rabinos (1 S. 17:8, 10, 25; Dn. 7:25; Ap. 13:6).

Antíoco Epífanes. Este rey sirio era el profanador del templo según la narración del primer libro de los Macabeos, siendo el principal tipo del Anticristo. Daniel le representa como el "cuerno pequeño" del tercer imperio mundial (Dn. 8:9-14) de la manera en que el Anticristo mismo en el cuerno pequeño del cuarto imperio (Dn. 7:23-25). En Daniel 11:21-45 coinciden los dos. (Véase también Apocalipsis 11:7; 13:7.)

2. Podemos discernir también otros precursores del Anticristo en la *historia de la Iglesia y del mundo en general*.

Nerón. Como el primer gran perseguidor de los cristianos fue considerado por éstos como el Anticristo. *Neron Kesar* escrito en letras hebreas tiene el valor numérico de 666 (Ap. 13:7; 17:6).

Los emperadores de Roma. Eran los representantes del poder mundial del imperio, y exigían que se les tributaran honores divinos. *Kesar Romin* (César de los Romanos), escrito en caracteres hebreos, tiene el valor numérico de 666.

Mahoma. El era el falso profeta que fundó el temible sistema del Islam, y muchos creyentes de la Edad Media le consideraban como el Anticristo.

El papado. Es el sistema cristiano apóstata, y como tal fue considerado como el Anticristo por las primeras iglesias evangélicas de la Edad Media, (waldenses, wiclifitas, husitas y otros) como también por Dante, Lutero, los reformadores en general, y expositores como Bengel.

Napoleón. Era el conquistador de Europa, y en cuanto surgió su despotismo del radicalismo de la revolución francesa, tenemos razón en considerarle como un precursor del Anticristo.

Hemos notado dos intentos de explicar "el número de la bestia" y podríamos citar muchos más, pero no hemos de concederles mucho valor, y seguramente el misterio se aclarará cuando haga falta.

Dos líneas atraviesan toda la historia de la raza: la de Cristo y la del Anticristo, la de la simiente de la mujer, y la de la serpiente. La línea del Cristo empieza con Adán mismo, pues es evidente que éste creyó la promesa de la victoria última por medio de la simiente de la mujer, ya que llamó a su esposa "Eva" (heb., *chavva*) que quiere decir vida. Por fin la línea pasa a través del Gólgota para llegar a la Jerusalén celestial.

La línea del Anticristo empieza con Caín, y pasando a través de Babel y cuanto significa, llega al lago de fuego. Cada individuo de nuestra generación pertenece a una u otra de estas dos líneas y, por su actitud y su actuación aquí abajo, está preparando su propio porvenir, iniciando y adelantando su propia consumación final, de la cual es ya el tipo y prefiguración. O es del Cristo, o es del Anticristo.

2
El sistema del Anticristo

Según las indicaciones del capítulo 13 del Apocalipsis, el Anticristo aparece como la cabeza de un sistema que está en enemistad contra Dios, oponiéndose abiertamente a la "Triunidad" divina, al par que la imita. Habrá . . .

- tres *personas*: el dragón, la bestia y el falso profeta;
- tres *ciudades*: Jerusalén, Babilonia y Roma;
- tres *principios de operación*: el político, el económico y el religioso, formando todo ello una unidad mundial.

Se puede comparar, pues, a una pirámide de tres planos, situándose la trinidad satánica en su cúspide. En otras palabras será la torre de Babel en su forma completa, final e histórica, pero de nuevo Dios dará su réplica al desafío de la humanidad mediante la destrucción total del sistema bajo los juicios suyos (Ap. 19:11-21 con Gn. 11:7).

Dejando aparte por el momento el simbolismo de las tres ciudades, vemos que la naturaleza del sistema anticristiano se manifiesta como sigue:

- *La trinidad personal*: 1) Satanás, el "anti-Dios"; 2) la bestia, el "anti-Hijo; y 3) el falso profeta, el "anti-Espíritu".
- *La tri-unidad cultural*: 1) la unidad política; 2) la unidad económica; y 3) la unidad religiosa.

LA TRINIDAD PERSONAL

Como hemos visto, tres personas se hallarán en la cumbre de este sistema: el dragón, como la suprema autoridad demoníaca, la bestia como la autoridad política, y el falso profeta como la autoridad religiosa. El dragón es el que se opone a Dios, la bestia es el que lucha contra el Hijo, y el falso profeta es el contrincante del Espíritu Santo (Ap. 16:13; 12:3, 9, 17; 13:1-18).

El dragón, el "anti-Dios"

En esta trinidad infernal, es el dragón (Satanás) quien corresponde a Dios en la Santísima Trinidad, siendo el inspirador de todo el sistema, el enemigo principal, "la antigua serpiente, que se llama diablo y Satanás" (Ap. 16:13; 12:9; Jn. 8:44). Sus diabólicas funciones remedan las del Padre en su relación con el Hijo.

1. De la forma en que el Padre envió al Hijo al mundo (Jn. 6:57), así también a Satanás (después de su expulsión de los cielos) enviará el Anticristo (Ap. 12:7-12; 13:1, 3).

2. De la manera en que el Padre dio toda autoridad al Hijo (Jn. 17:2; Mt. 28:18-20), así también el dragón dará a la bestia su poder y su trono (Ap. 13:2, 4).

3. De la forma en que el Padre recibe todo honor por medio del Hijo después de la resurrección (Co. 15:28; Jn. 12:27-28; Fil. 2:11), así también el dragón recibirá la adoración de la humanidad por medio de la bestia, después de recibir ésta una vida renovada (Ap. 13:4).

La bestia, el "anti-Cristo"

La bestia (el Anticristo) es la segunda persona de esta trinidad demoníaca, siendo a la vez el adversario y el remedo de Cristo (Ap. 16:13; 2 Ts. 2:4). Notemos algunas de las características suyas que señalan las Escrituras.

1. *Su origen*. Cristo descendió del cielo, mientras que el Anticristo sube del abismo (Jn. 6:38; Fil. 2:6-8; cp. Ap. 11:7).

2. *Su presentación.* Cristo vino en el nombre de su Padre, mientras que el Anticristo vendrá en su propio nombre (Jn. 5:43).

3. *Su naturaleza.* Cristo es el Santo quien encarna la verdad en su propia persona, mientras que el Anticristo es el "inicuo", la encarnación de la mentira (Mr. 1:24; Jn. 14:6; cp. 2 Ts. 2:8, 9, 11). En Cristo se encierra el "misterio de la piedad" para ser el Redentor, mientras que en el Anticristo se halla el "misterio de iniquidad" y será el quebrantador de los santos (1 Ti. 3:16; cp. 2 Ts. 2:7; Dn. 7:25). Cristo, el Hijo de Dios, es el resplandor del Padre, mientras que el Anticristo llevará la imagen del Dragón (Lc. 1:35; Col. 1:15; He. 1:3); notemos las siete cabezas y los siete cuernos tanto en el caso del dragón como en el del Anticristo (Ap. 12:3 con 13:1).

4. *Su actividad.* Cristo sirvió por tres años y medio en Israel, mientras que el Anticristo dominará el mundo por el mismo período (Jn. 2:13; 6:4; 13:1 cp. Ap. 13:5).

5. *Su retorno a la vida.* Cristo es el Resucitado de entre los muertos, mientras que el Anticristo es aquel cuya llaga de muerte fue curada (Ap. 13:3).

6. *Su esfera.* Cristo posee su Iglesia, que se llama la Esposa y la Jerusalén celestial, mientras que el Anticristo poseerá un imperio mundial, juntamente con la "ramera" y Babilonia la grande (Ef. 5:31-32; Gá. 4:26; Ap. 21:9; cp. Ap. 17:1-16). Cristo crea un organismo utilizando materias vivas, mientras que el Anticristo construye una organización de materia muerta (Ef. 1:23; 4:12-16; cp. Ap. 13:17; Ef. 2:1). La Iglesia de Cristo ha recibido "la copa de bendición la cual bendecimos", mientras que la ciudad del Anticristo tiene una "copa llena de fornicaciones" (1 Co. 10:16; cp. Ap. 17:4; 18:3, 6).

7. *Su destino.* Cristo conduce a los suyos a la vida eterna, mientras que el Anticristo lleva a sus secuaces al juicio y a la perdición (Jn. 3:36; cp. 2 Ts. 2:12). Cristo mismo fue exaltado hasta el cielo, pero el Anticristo será echado al lago del fuego (Fil. 2:9; cp. Ap. 19:20).

El falso profeta, o el "anti-Espíritu"

La tercera persona de la trinidad satánica es el falso profeta, quien será tanto el remedo del Espíritu Santo como el ser más opuesto a El. Se llama la "segunda bestia" (Ap. 16:13; 13:11-18).

1. Es fuente de profecías mentirosas de la manera en que el Espíritu de Dios es la esencia e inspiración de toda profecía verdadera (Ap. 13:11; 16:13; cp. 2 P. 1:21).

2. Recibe todo del Anticristo (el "anti-Hijo") de la forma en que el Espíritu de Dios toma de las cosas de Cristo y las administra (Ap. 13:12, 15; cp. Jn. 16: 14).

3. Glorifica al Anticristo (el "anti-Hijo") de la forma en que el Espíritu de Dios glorifica a Cristo (Ap. 13:12, 16; cp. Jn. 16:14).

4. Vivifica la imagen de la bestia, así como es el Espíritu de Dios quien vivifica a los creyentes (Ap. 13:15; cp. Jn. 6:63; Ro. 8:11; Gá. 5:25).

5. Hace que los hombres lleven la señal de la bestia, de la manera en que es el Espíritu de Dios quien es el sello y la señal de los creyentes (Ap. 13:16; cp. Ef. 1:13; 2 Co. 1:22).

6. Es el inspirador de toda la adoración que se tributa a la bestia, así como el Espíritu de Dios produce toda verdadera adoración que se dirige al Dios Santo (Ap. 13:13; cp. Jn. 4:23-24).

Todo ello llega a formar, pues, una trinidad diabólica, un organismo monstruoso del abismo, siendo el dragón el dios demoníaco, siendo la bestia el "mesías" de Satanás, y siendo el profeta un espíritu impío y diabólico.

El fin de la carrera del diablo se enlaza claramente con sus principios, pues es evidente que el sistema anticristiano no es otra cosa sino la consumación de toda rebeldía satánica: la meta consciente de su anhelo impío de ser como el Altísimo y la más clara exhibición de su propia presunción. Quería ser él como Dios, y hasta prometió al hombre: "Vosotros seréis como dioses" (Gn. 3:5; Is. 14:13-14; Ez. 28:2-6, 17).

LA TRI-UNIDAD CULTURAL
La unidad política del mundo
Según Apocalipsis 13, *todos* los moradores de la tierra adoran a la bestia (Ap. 13:8) y *todos* reciben su señal, tanto los pequeños como los grandes (Ap. 13:16). Además, *nadie* puede comprar ni vender si no se somete al Anticristo (Ap. 13:7) y *todos* son matados si rehusan adorar a la imagen (Ap. 13:15) Esto parece significar que se ha de inaugurar un sistema humano que abarcará política y so-

cialmente todos los pueblos del mundo, siendo organizado tan rígidamente que cada individuo estará vigilado, y el Anticristo, en el ejercicio de una jurisdicción suprema, no tolerará oposición alguna.

La profecía bíblica predice, pues, una colaboración entre todas las regiones de la tierra para formar un sistema gigantesco que absorberá todos los demás sistemas, creándose una unión mundial de la humanidad bajo una sola cabeza: "le fue dada potencia sobre toda tribu, y pueblo y lengua y gente" (Ap. 13:17). Distintos versículos señalan parejas de rasgos contradictorios: hay entusiasmo pero también hay miedo (Ap. 13:4-5); hay regocijos pero también manifestaciones de severidad implacable (Ap. 11:10; cp. Ap. 11:7; 13:10, 17; 17:8); hay cultura e idealismo unidos con el despotismo más absoluto (Ap. 17:6). La fuerza de concentración del conjunto vencerá temporalmente la tendencia dispersiva de las distintas partes, para formar un atrevido edificio en el fin de los tiempos que cumplirá el concepto que levantó las altas torres de los babilonios: la raza humana habrá llegado a la cúspide de su intento de redimirse a sí misma sin Dios.

Es natural, pues, que el lenguaje simbólico del Apocalipsis presente esta situación del tiempo del fin como el resumen y culminación de todos los imperios mundiales anteriores de los cuales toma nota la profecía; será el producto final del esfuerzo racial, a través de los milenios, en apartamiento de Dios, por lograr sus ideales; así se considera como la suma y total de todos los imperios que se representan como bestias en las profecías de Daniel.

En la profecía básica de Daniel 7:2-8 el símbolo del imperio de Babilonia es un león, del persa un oso, del griego un leopardo, mientras que el cuarto imperio se representa por una bestia espantosa de forma especial. Pasando a Apocalipsis 13:2 vemos que la bestia anticristiana reúne en sí todas las características de las anteriores, siendo en forma general como un leopardo, teniendo las patas del oso, y su boca como la de un león. Un monstruo, en fin, cuyo concepto nació en la mente del diablo.

Se discierne el mismo concepto en el número de las cabezas y de cuernos. Tanto el león babilónico como el oso persa tenían sólo una cabeza, mientras que el leopardo griego tenía cuatro y la "terrible bestia" (Roma) tenía una, que suman *siete* cabezas en total. Las tres primeras bestias de Daniel no tenían cuernos, pero la cuarta tenía *diez*. Conjuntamente había siete cabezas y diez cuernos, que corresponde exactamente al caso de la primera bestia de Apocalipsis 13:1. Pero la bestia se modela sobre el dragón, quien tiene también siete cabezas y diez cuernos (Ap. 12:3). Podemos deducir de estas coincidencias que el desarrollo total de los imperios del mundo, hasta llegar al sistema del Anticristo, se controla por el "dios de este mundo," destacándose el dragón como el inspirador y organizador de todo el laberinto de los asuntos humanos en la parte que surge de la oposición a Dios (1 Jn. 5:19). De igual forma la historia del pecador individual es una revelación del pensamiento del diablo, y hemos de entender el falso evangelio que dio a nuestros padres en Edén de esta forma: "Vosotros seréis como... Satanás vuestro dios" (Gn. 3:5 con 2 Co. 4:4).

El dominio del Anticristo se hace universal por etapas, pues es evidente que tendrá que luchar con el fin de establecer su posición política. Surgirá como estadista en una de las regiones que antes constituían el antiguo imperio romano, y después de imponerse sobre los estados vecinos, extenderá su dominio sobre tierras más distantes. En particular ejercerá poder absoluto sobre un grupo de estados que, en el tiempo del fin, ocuparán el área del cuarto imperio de Daniel 7, o sea el imperio de Roma. Estos países corresponden a los diez dedos de la imagen de la visión de Nabucodonosor, como también a los diez cuernos de la cuarta bestia de la visión de Daniel (Ap. 17:12; Dn. 2:41; 7:7, 24).

Entre estos diez cuernos el Anticristo aparece al principio como un cuerno pequeño, pero crece rápidamente y pronto sobrepasa todos los demás en tamaño y potencia. Este imperio de diez estados federales será su propio dominio, y desde allí procederá a extender su influencia sobre todos los demás pueblos, los cuales, al principio, no habrán sido incorporados aún en el núcleo inicial.

En medida creciente traerá bajo su control toda la vida política industrial y económica del mundo, como también la religiosa y filosófica. Solucionará los problemas sociales de los hombres hasta el punto de excitar su entusiasmo hacia su persona, pero luego procederá a suprimir sus religiones y presentarse a sí mismo como objeto de la adoración (2 Ts. 2:4; Ap. 13:4). Por fin, habiendo llegado al apogeo de su poder, podrá controlar toda la vida externa e interna de los hombres: el resultado será imponente, pero todo se llevará a cabo como un desafío que se lanza al rostro del Altísimo (Ap. 13:7).

Podemos deducir que llega un momento cuando esta influencia universal y fascinadora sobre todos los pueblos empiece a menguar, y al decaer el entusiasmo, algunas naciones se alzarán contra el dictador, dando lugar a guerras y poniendo en peligro la organización de la raza en una sola unidad. Parece ser que ganará victorias sobre ciertas potencias rebeldes, con referencia especial a Egipto, pero por fin él mismo será derrotado (Dn. 11:40-45).

El capítulo 11 de Daniel nos da a conocer algunas de estas campañas militares del fin del período anticristiano. En primer término el resumen de las guerras entre el "rey del sur" y el "rey del norte" se refiere a los conflictos políticos y militares de Egipto y Siria durante los siglos tercero y segundo antes de Cristo, y se destaca sobre todo la figura de Antíoco Epífanes (175-164 a.C.), el adversario principal del culto de Jehová en Israel, y un tipo señalado del Anticristo. Pero según adelanta la profecía, el tipo y la última consumación del mismo llegan a confundirse hasta verse tan sólo el verdadero Anticristo del "tiempo del fin".

La frase "el tiempo del fin" se halla dos veces en el contexto señalado (Dn. 11:35, 40) y sin duda el profeta la relaciona con el "fin" profético, ya que en el contexto inmediato, Daniel escribe: *"en aquel tiempo* se levantará Miguel, el gran príncipe que está por los hijos de tu pueblo; y será tiempo de angustia, cual nunca fue después que hubo gente hasta entonces, mas *en aquel tiempo* será libertado tu pueblo ... y muchos de los que duermen en el polvo de la tierra serán despertados para vida eterna, y otros para vergüenza y confusión perpetua" (Dn. 12:1-2).

Esta clara referencia a la culminación de la historia de Israel confirma lo que ya hemos visto: que el "rey del norte" llega a ser el Anticristo en persona según avanza el pasaje, y en este contexto se dice: "en el tiempo del fin el rey del sur [Egipto] disputa con él [el Anticristo] ... y él extenderá su mano sobre los países y la tierra de Egipto no escapará" (Dn. 11:40-42). Todo el pasaje, y especialmente el versículo 44, indica que la influencia del Anticristo decae, pues de otra forma tales rebeliones contra él no serían posibles, bien que, por el momento, puede controlarlas. Por fin el mismo Anticristo "vendrá a su fin, y no habrá quien le ayude" (Dn. 11:45). Juntamente con su imperio europeo y sus muchos siervos y vasallos será reducido a la nada por la manifestación de Cristo con los ejércitos celestiales en gloria y gran poder (Ap. 19:11-21; 2 Ts. 2:8).

El fin catastrófico de la gran unidad universal forjada por el Anticristo no implica que Dios se opone a toda unión de la raza humana, pues precisamente es su intención crear una comunión de la humanidad del carácter más íntimo y espiritual posible, y que abarque a todos (Miq. 4:1-4). Pero esta comunión ha de realizarse en Cristo, su Hijo, a quien ha designado como Rey, y Dios mismo será su centro (Sal. 2:6; Ef. 1:10; Jn. 10:16; Zac. 14:9). Resultará en bendiciones para toda la humanidad, y lejos de ser anticristiano, es precisamente la voluntad de Dios que se produzca entre los pueblos el aprecio mutuo y la cooperación en un ambiente de paz. Lo anticristiano, pues, no consiste en la forma externa de la unión, sino en la rebelión de las almas que rechazan unánimamente a Cristo y llegan a una decisión consciente en contra de Dios. Se desarrolla en la esfera de la creencia y de la religión y no en la de la cultura, relacionándose con el *culto* y no con la perspectiva histórica. El anticristianismo es la concentración del odio del hombre en contra de Cristo, la rebelión contra el Altísimo y el intento de destronar al Señor supremo de todos los mundos.

La unión comercial del mundo

Según Apocalipsis 13:17 "ninguno sobre toda la tierra" que no admita la señal de la bestia podrá seguir comprando o vendiendo. Tal estado de cosas será posible únicamente si todos los comerciantes, juntamente con toda empresa social o industrial, se hallen bajo una dirección común, partiendo de algún punto de mando que lo centralice todo, exigiendo la colaboración de todos y ejerciendo un control absoluto sobre el comercio mundial. Eso es precisamente lo que predice el Nuevo Testamento: una organización gigantesca que abarcará a cada individuo, incluso a los obreros y las pequeñas empresas, con monopolio exclusivo del derecho de comercio. Será un ministerio de trabajo y de comercio internacional, sin cuyo permiso nadie podrá negociar. Es probable que los creyentes que rehusen recibir la señal, sufriendo el boicoteo y hasta la muerte, pertenecerán mayormente, como en todos los tiempos, a las clases humildes (Ap. 13:15, 17; 1 Co. 1:26-28).

De nuevo tenemos que insistir en que el elemento anticristiano no es el control del comercio en sí, que ejercido libremente por naciones civilizadas es una necesidad para el desarrollo de la vida nacional y medida indispensable como protección contra injusticia social. Tal control, debidamente organizado, es a menudo una condición previa para conservar la vida y para el progreso de los pueblos. El antagonismo en contra de Dios se verá en el tiempo del fin, no en el control en sí, sino en el hecho de utilizarlo para la batalla en contra de Dios, para la destrucción del cristianismo bíblico y para la opresión brutal de cuantos confiesen su fe en Dios (Ap. 13:17; cp. v. 7; 17:6; 18:24; 20:4).

La unión religiosa mundial

Como hemos visto ya, las manifestaciones más graves del anticristianismo del sistema del Anticristo se desarrollarán en la esfera religiosa: hemos de estudiar pues, los rasgos más destacados de la futura unión religiosa.

1. *El hombre se deifica a sí mismo.* Según las profecías del libro del Apocalipsis, el Anticristo será el objeto de la adoración de los hombres (Ap. 13:8, 12; 14:9; 16:2). Este culto será la culminación impía de la admiración y la honra que las masas entusiasmadas le tributarán, llevándolas a exclamar: "¿Quién es semejante a la bestia, y quién podrá lidiar con él?" (Ap. 13:4). Llega a ser la figura culminante de la humanidad, la encarnación de sus más elevados ideales, manifestando en forma visible el perfeccionamiento del genio de la raza: es el hombre por antonomasia en el sentido más alto que cabe en la mente carnal. Al deificar su propia potencia se exaltará por encima de todo lo divino, sentándose en el templo de Dios, haciendo ver que él es Dios (2 Ts. 2:4).

Pero la adoración tributada a la bestia es, en su esencia, la adoración de la humanidad en general que se halla representada en su persona; quien ofrezca resistencia al Anticristo, pues, obrará en contra de la humanidad. A causa de establecer la adoración del hombre (en contradicción flagrante al principio de que el hombre ha de adorar a Dios) el Anticristo es el rebelde y criminal por excelencia, y caerá necesariamente bajo la sentencia de la destrucción.

El anticristianismo será una asociación político-religiosa en la que el estado y la religión se unirán: se organizará una "iglesia" mundial que por fin no tolerará ninguna convicción en contra de sí misma. Eso desembocará en la denegación de la libertad religiosa e impondrá la religión obligatoria. Sobrevendrá después la esclavización sistemática de la conciencia individual, y la ejecución en masa de ciudadanos respetables sólo por causa de la conciencia (nótense las referencias a los santos, testigos y profetas en Ap. 13:7; 17:6; 18:24; 11:3, 7; 16:6).

He aquí la religión del Anticristo: la detestable doctrina de la divinidad del hombre, de la fe en uno mismo y la deificación del espíritu humano. Será el esfuerzo más importante por escapar de las consecuencias del pecado sin dejar el pecado, el fruto maduro del "progreso" y la consumación de la civilización que quiere independizarse de Dios.

2. *Una religión del estado.* El anticristianismo, pues, no es la ausencia de religión, sino una religión en oposición al verdadero cristianismo, y no procederá por eliminar la religión sino por establecer una del estado; no quitará importancia a la religión, sino que la encarecerá hasta el punto de ponerla bajo la autoridad favorable del estado. Pero por eso mismo llega a ser no meramente el paganismo, sino un superpaganismo, que conquista y rechaza el cristianismo bíblico. La "generación adúltera" glorificará y adorará a sí misma, y el hecho de eregir el "yo" en un dios es la culminación de la impiedad, de toda abominación cúltica y de toda idolatría. No será locura, sino sabiduría humana, no se basará en la debilidad sino en la fuerza del hombre; pasa de ser humano para llegar a ser demoníaco; no será una oscuridad aparente, sino un brillo deslumbrador.

El sistema en su parte externa aparecerá como una unión religiosa mundial, en la que se combinarán los negocios, la política y la fe; o sea una mezcla política de comercio, asuntos internacionales y religión. En cuanto sea la unión del estado, del comercio y de la "iglesia", será la concentración de los tres aspectos de la vida humana que ya se habrán centralizado por separado. La cabeza del sistema será una personalidad que descuella entre todas, un genio en las variadas esferas de la política, de la ciencia, del arte y de las finanzas, pero a la vez interesado en la religión y dotado de poderes ocultos del mundo invisible (2 Ts. 2:9).

Pero detrás de la imponente fachada todo es vacío, y la religión no es más que "la filosofía de la hoja de higuera" del primer hombre (Gn. 3:7), la de la redención propia del primer asesino y el evangelio de la serpiente: "Vosotros sereis como dioses."

3. *La cúspide de la religión.* El Anticristo obra en contra de Cristo precisamente porque es el "falso Cristo" (Mt. 24:5, 23, 24), y su intento no es sólo suprimir a Cristo a los ojos del mundo, sino sustituirle. En cuanto a la cultura humana, no negará del todo la expectación general que los cristianos asocian con la persona de Jesús de Nazaret; al contrario, la hará su punto de partida, pero luego se presentará como su cumplimiento, lo que hará superfluo (en su sistema) al verdadero Cristo. Confirma, pues, la idea intelectual del Cristo, y luego procede a presentarse como el sustituto por el Cristo. Desde luego niega al Cristo personal de la profecía, llegando a ser por lo tanto el gran adversario y el *anti*-Cristo (2 Ts. 2:4).

Este carácter doble de la bestia se expresa por las dos designaciones: "el seudo-Cristo" y "el anti-Cristo". Como el Anticristo se coloca en oposición a Cristo, y como el seudo-Cristo declara que es el Cristo en el sentido de cumplir el concepto mesiánico de un salvador universal.

El Anticristo será, pues, el mesías del mundo, su salvador cultural, y su cabeza regidora. Se presentará delante del mundo como el mantenedor de su orden, como el centro de su esperanza y la meta de su desarrollo. En oposición a la verdad celestial de que Dios, en Cristo, se ha hecho hombre, predicará la mentira diabólica de que el hombre se ha hecho dios (2 Ts. 2:4).

El propósito del Anticristo será el de fijar la fe de los hombres en algo que se halla en el lado de acá del abismo que separa a Dios de la criatura, convirtiendo lo celestial en lo terrenal, y humanizando el concepto de Dios. Desde el punto de vista opuesto, la inteligencia humana se deifica, lo que permite al hombre declararse igual a Dios, y la intención es la de prescindir de lo divino: he aquí el pecado en su forma final y consumada.

3

Las señales de los tiempos

De acuerdo con las Escrituras, se producirá al final de este siglo una rebelión contra Dios que abarcará a todos los pueblos, y al mismo tiempo todas las civilizaciones y sistemas de cultura negarán la verdad del cristianismo bíblico.

Ahora nos toca considerar el panorama mundial para preguntarnos si es posible tal situación mundial, o por lo menos si es probable. ¿Echa alguna luz sobre la cuestión la historia de la civilización?

Hemos de hacer contar en seguida que la civilización en sí no es impía, y mucho menos anticristiana. Al contrario, los adelantos de la cultura forman parte integrante de la nobleza con la cual Dios dotó al hombre en el paraíso terrenal, y es la voluntad de Dios que el espíritu del hombre progrese, siendo fruto de este progreso los inventos, los descubrimientos, la ciencia, el arte, los adelantos y los refinamientos de la civilización. Así la raza "real" de la humanidad toma posesión de la tierra y lleva a cabo la tarea constructiva que Dios ha encomendado a sus honrados siervos: un servicio ordenado por Dios para el gobierno y la bendición del mundo. Sólo así puede cumplirse el mandato original: "Fructificad y multiplicad: henchid la tierra y sojuzgadla; y señoread..." Solamente aquellos que entienden al revés las más sencillas leyes de la revelación divina pueden

186

quejarse de las Sagradas Escrituras, creyendo que enseñan pensamientos retrógrados contrarios a la verdadera cultura. Lo que la Biblia rechaza como algo antagónico a la voluntad de Dios no es la cultura en sí, sino el enajenamiento de Dios de millones de los representativos de la cultura: el intento de alejar al pecador del cielo, las religiones hipócritas, la degeneración de la soberanía del Altísimo, el espíritu de soberbia, el propósito consciente de excluir a Dios del pensamiento humano. En fin, todo cuanto supone la rebelión del hombre contra su Señor que se expresa en el reto: "No queremos que éste reine sobre nosotros" (Lc. 19:14).

Podemos decir, pues, que el armazón de la historia de la civilización no se halla en oposición a Dios, ni mucho menos ha de considerarse como anticristiano. Lo importante es el espíritu, la sustancia moral de los hechos, la forma en que se aplican los adelantos en la esfera moral, y la actitud de cada corazón ante Dios. No debemos olvidarnos de que la política y la historia se hallan estrechamente eslabonadas en el plan de Dios, hallándose ambas bajo el gobierno del Altísimo como el Señor supremo del mundo (Pr. 21:1; 1 R. 11:14, 23).

El misterio del cuarto imperio mundial de la profecía de Daniel

Meditando de nuevo en la visión de Nabucodonosor, interpretada por Daniel en el segundo capítulo de su libro, vemos que el cuarto imperio (representado por las piernas) no cesa de existir hasta la inauguración del reino del Mesías, pues el hierro es continuo desde los muslos hasta los pies (Dn. 2:33). Según la interpretación inspirada de la profecía, eso indica que dura hasta la época actual, y cuando este imperio se despedace, el reino del Hijo del hombre se establecerá *inmediatamente* (cp. Dn. 2:33-35, 44 con Dn. 7:7-14).

No se dice en ninguna parte de las Escrituras en tantas palabras que el cuarto imperio ha de identificarse con Roma, pero sigue en orden cronológico al imperio griego (que se nombra) lo que determina su posición en la historia. Sin duda el antiguo imperio de Roma era la *primera fase* del cuarto dominio universal. Aquel antiguo imperio de Roma se derrumbó por fin a pesar de su fuerza de hierro, y aun durante los dos primeros siglos después de Cristo. A pesar de toda la gloria externa del período de los césares, había claros indicios de una mengua tanto de potencia interna como de poderío externo. Después de la división del imperio efectuado por Teodosio (395 a.c.) existía en dos sectores: el imperio occidental, cuya capital seguía siendo Roma (bajo el emperador Honorio), y el imperio oriental cuya capital se estableció en Constantinopla, y cuyo emperador era Arcadio. Muchos expositores creen que esta división se halla representada por las dos piernas de la imagen de Nabucodonosor. No mucho después el imperio occidental fue destruido por los invasores del norte bajo Odoacer (año 476), mientras que el oriental subsistía aún por mil años más, siendo destruido al fin por los turcos bajo el mando del sultán Mohamed II.

A pesar de este derrumbamiento externo, hemos de tener en cuenta que las tierras que formaban parte de aquel Imperio Romano han sido fuente y origen de poderosos y decisivos impulsos y que éstos han determinado el desarrollo y el carácter de los pueblos civilizados que han seguido ocupando la misma esfera. Este es el hecho que nos ayuda a comprender por qué la profecía bíblica —a pesar de las fluctuaciones de la historia y el colapso del imperio original— habla del desarrollo posterior de los acontecimientos dentro de esta área como algo que ha de relacionarse con el sistema anterior, presentándolo todo como una sola unidad histórica: el cuarto imperio de las visiones de Daniel que persiste desde los primitivos tiempos romanos hasta el fin de la época actual.

La *administración romana* ha persistido en la organización de la Iglesia de Roma, coincidiendo las provincias eclesiásticas con las anteriores del estado y convirtiéndose la ciudad de Roma —la metrópoli del antiguo imperio— en la capital de la Iglesia universal, la sede del papado.

La *lengua romana* ha sobrevivido en el latín de la Iglesia romana, y todavía sigue siendo la lengua técnica e internacional de la jurisprudencia, la medicina y la ciencia natural. Las lenguas romances, hijas directas del latín, se hablan en una parte considerable del territorio del antiguo imperio.

La *ley romana* persiste en la legislación y cuerpos de jurisprudencia de los países occidentales. El *corpus juris romanum* (el cuerpo de la ley romana) del emperador Justiniano (imperio oriental, 527-565) llegó a ser la base de la jurisprudencia de los pueblos latinos y germanos durante la edad media y hasta los tiempos modernos.

El *ejército romano* persiste en los sistemas militares modernos que adoptaron el modelo romano para sus armamentos y métodos de defensa. En todas partes se emplean voces derivadas directamente del latín en el lenguaje militar: capitán, mayor, general, batallón, regimiento, armada, infantería, artillería, caballería, etc.

Carlomagno quiso dar unidad a Europa bajo el nombre del "Imperio Santo y Romano" que persistió en una forma u otra hasta los tiempos modernos. Varios reyes adoptaron el título de "Kaiser" o "Zar", derivándose ambos del nombre personal del verdadero fundador del imperio: Cayo Julio César. Los reyes-emperadores Carlomagno (800 d.C.) y Otto el grande (962) con otros varios fueron coronados por el papa en Roma.

El *espíritu de Roma* persiste en el concepto del estado moderno. El estado de Roma se caracterizaba por una disciplina severa y la voluntad de hierro de sus dirigentes, con la centralización de las funciones del gobierno y la subordinación del individuo a la comunidad. Hay que añadir la devoción del ciudadano al estado, y la creencia en la continuidad de la "Roma eterna". La exaltación del estado se expresó por medio del culto al emperador, y el hombre, como individuo, se perdía en el hombre ciudadano.

Percibimos también una aureola de misterio que rodea la historia de la ciudad de Roma según se destaca del bosquejo siguiente:

- En el año 1000 a.C. era un pueblecito pobre.
- En el año 100 d.C. era una ciudad de un millón de habitantes.
- En la edad media se redujo a una población provincial de tamaño regular.
- Desde el siglo XVI empezó a crecer paulatinamente.
- Desde el año 1870 ha crecido rápidamente.
- Hoy ha llegado a ser de nuevo una ciudad de un millón de habitantes, como en los días de los emperadores romanos.

Los hechos antecedentes nos ayudan a comprender que, aun después del colapso de Roma, y a través del desarrollo de nuevos pueblos en el área del imperio antiguo, opera siempre una fuerza dinámica y continua, informando la historia, manifestándose en formas que se renuevan constantemente, sin perder su vitalidad, permanencia y potencia. De ahí el concepto amplio de un solo reino. Al mismo tiempo esta continuidad, que abarca los siglos, llega a dar un testimonio sublime a la veracidad de los profetas y su comprensión de la realidad del proceso histórico, gracias a la exactitud de su visión profética.

Pero el peso específico de la profecía bíblica en cuanto al cuarto imperio pertenece a una época aún futura. Estrictamente hablando la visión de Nabucodonosor no se enfocaba en las piernas de la imagen imperial, sino en los dedos de los pies, que corresponden a un grupo de estados federados en el último imperio anticristiano, simbolizando lo mismo que los diez cuernos de la cuarta bestia de la visión posterior de Daniel. De estos diez cuernos, o potencias, surgirá el "cuerno pequeño", que como ya hemos visto es el Anticristo (Dn. 2:40 con Dn. 7:7, 8, 20-25).

La forma del renovado cuarto imperio. Las Escrituras no declaran terminantemente en ninguna parte que la última fase anticristiana del cuarto imperio ha de corresponder exactamente a los límites territoriales del antiguo Imperio de Roma, dentro de las mismas fronteras, y con la misma ciudad capital. Durante su larga historia las fronteras del Imperio Romano fluctuaban bastante, y a todas luces un reino no cambia su esencia si sus fronteras se extienden más allá de los límites primeros, ni siquiera si se decide a trasladar la capitalidad a otra ciudad. Así la nación de China persistía aun cuando su capital dejó de ser Pekín y se trasladó a Nankín, y Rusia sigue siendo Rusia a pesar de ser ya Moscú la capital, y no Petrogrado. En la historia de España hubo épocas cuando Valladolid era la capital, y no Madrid, o cuando la corte se radicaba indiferentemente en una ciudad u otra, pero España no dejaba de ser España por tales cambios. Así el cuarto imperio de Daniel seguirá siendo el mismo, aun si resultara que su capital no fuese Roma, sino otra ciudad.

Algunos expositores de nota creen hallar en las Escrituras base suficiente para pensar que en el tiempo del fin habrá de levantarse otra vez la ciudad literal de Babilonia como centro del imperio anticristiano universal. Se llama Babilonia "la madre de las fornicaciones y de las abominaciones" (Ap. 17:5) y el centro de todas las

abominaciones de la tierra, presentándose como el principio y el fin
de toda la apostasía moral y religiosa de la presente historia humana
que quiere prescindir de Dios.

La luz de las visiones proféticas no se ha enfocado plenamente
en los imperios mundiales sino en la medida en que establecían su
sede en Babilonia del Oriente Medio. Así Nabucodonosor, cabeza
del primer imperio mundial señalada por la profecía, levantó Babilonia como su capital. Los medas y persas habían existido por
siglos, pero sólo llegaron a ser imperio mundial en el sentido de las
Escrituras cuando Ciro conquistó Babilonia y trasladó a ella su
capital. Lo mismo pasó con los griegos. Las profecías no se intere-
san en el desarrollo de su elevada civilización a través de los siglos,
pero en el momento en que Alejandro Magno conquistó el oriente y
plantó su capital en Babilonia, su luz se enfocó en el nuevo imperio,
el tercero de la serie. ¿Podrá ser, pues, que el cuarto imperio de
Daniel no llegará a su apogeo hasta que haya vuelto a levantar
Babilonia como metrópoli de su sistema anticristiano? No pretende-
mos ofrecer una solución dogmática para este problema, pero seña-
lamos una posibilidad interesante, esperando que la explicación
completa se vea por medio del cumplimiento de las profecías.

Esperemos las horas que Dios señala, escudriñando la Palabra
profética pero conscientes de las deficiencias de nuestra comprensión. Por lo menos un hecho se va destacando con toda claridad en
la historia contemporánea: las tierras del oriente llegan a ser cada
día más el centro del interés de la política internacional, lo que
indica que será el escenario de tremendos acontecimientos en el
desarrollo final de los planes de Dios para este siglo.

Las señales de nuestro tiempo

Notamos abajo algunas de las muchas señales que indican la
proximidad del tiempo del fin.

1. *El rápido desarrollo de los medios de comunicación.* A la
medida en que la rapidez de los medios de transporte produce un
acercamiento físico de las gentes, los grandes acontecimientos mundiales tienden a extender sus ámbitos y sus consecuencias. Europa
ha perdido tanto su aislamiento como su preeminencia —antes motivos de su orgullo— y desde el siglo xix se va apuntando una

nueva unidad en la historia del mundo que no se ha visto antes. Anteriormente la luz de la historia se enfocaba en distintos sectores de la humanidad con sus típicos sistemas de civilización —la de Asia occidental, la egipcia, la europea, la americana, etc.— pero ahora la política internacional tiene un engranaje en común, y lo que se hace en cualquier sector afecta a todos los demás.

2. *La interdependencia y control del comercio mundial.* El transcurso del siglo XIX empezó a ver la absorción de unidades pequeñas de industria por otras mayores del mismo tipo, o sea, *una unificación horizontal.* El siglo XX se caracteriza por la absorción de unidades industriales de tipo diferentes, para formar *trusts* gigantescos, que pueden controlar minas de carbón, industrias metalúrgicas, puertos, líneas marítimas, producción de azúcar, cinemas, prensa, etc., interesándose en todos los aspectos de la producción y la distribución de los artículos desde la materia prima hasta la venta de ellos al público, o sea que estamos presenciando *una unificación vertical.*

El mismo siglo ha visto el desarrollo del control de la venta al por menor por medio de monopolios, mientras que nos hemos familiarizado con los sistemas de racionamiento por las exigencias de las guerras. Por tales medios, y la aplicación de sistemas de boicoteo, sería fácil controlar toda transacción de compra y venta (Ap. 13:17).

Los estados se preocupan más por el bienestar del individuo mediante sistemas de seguro contra las enfermedades, el paro y la vejez, unidos con programas económicos estatales; pero estas mejoras y reformas se hacen posibles tan sólo por medio de más y más organización y centralización. Hoy en día la economía de las naciones se derrumbaría aparte de tales medidas, que no son en sí anticristianas, sino más bien un factor imprescindible para el bienestar de todos.

Al mismo tiempo la aplicación de métodos científicos a la industria, comercio y comunicaciones, unida con los fantásticos descubrimientos científicos de los últimos años, ha acelerado extraordinariamente la marcha de todos los acontecimientos en todas las esferas.

3. *El desarrollo de la técnica militar.* Las bombas atómicas e

hidrógenas, propulsadas ya por aparatos balísticos (cohetes) —que no sólo son capaces de destruir la vida directamente sobre vastas extensiones de territorio, sino que sueltan también mortíferas radiaciones que podrían afectar al mundo entero— ha hecho posible el exterminio de la raza por los hombres mismos. Si no fuera más que por esta sola razón técnica, se impone la necesidad de una comprensión entre las naciones con el fin de mantener la paz (1 Ts. 5:2, 3).

Los ejércitos se cuentan ya por millones, y cifras como los 200 millones de soldados que se mencionan en Apocalipsis 9:16 no son imposibles. También se hallan plenamente justificadas las profecías de destrucción que podrán alcanzar a la tercera parte del mundo (Ap. 9:15, 18).

Una civilización superlativa en lo material, pero que se olvida de Dios, puede llegar a acabar con la verdadera cultura.

4. *Propagación mundial de religiones.* Los falsos sistemas de religión disponen de poderosísimos medios para ganar adeptos, y al mismo tiempo la idea democrática de la libertad religiosa se halla en peligro, o se ha suprimido ya, en varias partes del mundo. Así el falso profeta hará que todos, grandes y pequeños (excepto los fieles dispuestos al martirio) adoren al Anticristo (Ap. 13:12, 16; Mt. 24:9; Ap. 13:15; 17:6; 18:24).

5. *Guerras y rumores de guerras.* A pesar de los intentos de unir las naciones en consejos de alcance universal, como el de la Liga de las Naciones después de la primera guerra mundial, y la Organización de las Naciones Unidas (ONU) tras la segunda guerra mundial, la profecía de Mateo 24:6, 7 se cumple en guerras universales y locales, en guerras "frías" y "calientes".

6. *La evangelización en escala mundial.* El Señor mismo declaró: "El evangelio del reino será predicado en todo el mundo por testimonio a todos los pueblos, y entonces vendrá el fin" (Mt. 24:14). La profecía se está cumpliendo por medio de la distribución de las Escrituras en una escala nunca conocida antes. Hasta el año 1500 unas pocas Biblias se repartían en 14 idiomas, cifra que se elevó a 71 idiomas en el año 1800. El año 1804 vio la fundación de la Sociedad Bíblica Británica y Extranjera, que dio un impulso extraordinario a la traducción, publicación y distribución de la Palabra de Dios. Había porciones y Biblias completas en 900 idiomas en el

año 1930, y el secretario de la Sociedad declaró entonces que cada seis semanas se sacaba una traducción en un nuevo idioma. En el año 1948 el número de idiomas y dialectos importantes ascendió a 1.100 tratándose de todas las Sociedades Bíblicas, repartiendo la Sociedad Británica sola más de once millones de ejemplares de Biblias y porciones. Estas cifras astronómicas se rebasan todos los años.

Desde el tiempo de Guillermo Carey las sociedades misioneras de los países protestantes han multiplicado la obra de evangelización en casi todas las regiones del mundo. Ultimamente las grandes emisoras evangélicas, siguiendo los pasos de la "Voz de los Andes" (HCJB en el Ecuador; conjuntamente con miles de horas compradas de las emisoras comerciales) hacen llegar la voz del evangelio por todo el ámbito de la tierra. Todos estos medios preparan el terreno para la evangelización de todos los pueblos en el tiempo del fin (Ap. 7:9-11).

7. Israel recobra su nacionalidad. Durante casi dos milenios los judíos han sufrido las consecuencias de su rechazamiento del Mesías, y en el año 70 d.C. el general Tito destruyó la ciudad de Jerusalén, pereciendo un millón de judíos en el curso de la rebelión. Hubo otro intento de liberar al pueblo y de restablecer la soberanía nacional en 135 d.C. bajo el mando de Bar Kochba (*Hijo de las estrellas*) quien tomó su nombre del título mesiánico de Números 24:17. Fue derrotado, y se calcula que 500.000 judíos más perecieron entonces, y como resultado de este movimiento los romanos expulsaron a todos los judíos de Judea y de Jerusalén (Dt. 28:64; Lv. 26:33).

Pero este período de persecuciones y de matanzas ha probado la indestructibilidad del pueblo judío, aun bajo los juicios divinos (Is. 66:22; Jer. 33:20-26; Mr. 24:34). Hoy en día, después de tantos juicios catastróficos, prolongados hasta la segunda guerra mundial de nuestros días, hay dos veces más judíos en el mundo que en el apogeo de su nacionalidad bajo David y Salomón. Como la cuarta parte de los habitantes de una nación son capaces para el servicio militar, podemos deducir de las cifras en 2 Samuel 24:9 que la población total en el reinado de David fue de cinco millones de habitantes, mientras que hoy en día hay doce millones esparcidos por el mundo. Las otras naciones y pueblos de la antigüedad (con la excepción especial de Roma considerada arriba) han declinado, sufriendo hondos cambios raciales, pero los judíos no sólo han sobrevivido, sino que han mantenido su pureza de raza hasta un grado extraordinario.

El cambio de las fortunas de la raza empezó en el día 28 de septiembre de 1791 cuando la Asamblea Nacional francesa anuló todas las leyes restrictivas que pesaban sobre los judíos en su territorio, y el siglo xx ha visto un rápido desarrollo de la influencia de los israelitas en la política, en la dirección de la prensa y (en grado superlativo) en los altos círculos financieros.

El *sionismo* llegó a organizarse formalmente en el año 1897, y desde entonces los judíos han llevado a cabo esfuerzos sistemáticos por volver a la tierra de sus antepasados. La primera guerra mundial aceleró el proceso, y en una conferencia celebrada en San Remo en febrero de 1919, Palestina fue declarada hogar nacional del pueblo judío bajo el mandato británico, conforme a la célebre Declaración Balfour del año 1917. El día 26 de febrero de 1923 se reunió por vez primera tras muchos siglos, el alto Consejo de los judíos (el Sanhedrín) y el idioma hebreo, muerto como lengua común del pueblo desde el cautiverio babilónico, se ha resucitado, convirtiéndose en lengua viva para la intercomunicación de todos en *Erez Israel* (la tierra de *Israel*). En 1918 se estableció la Universidad hebrea en el Monte Scopo, parte de Jerusalén. La población aumentó rápidamente por medio de la inmigración, llegando en 1958 a dos millones.

Importantísima es la fecha de 1948 cuando se estableció un gobierno israelí en Palestina: el primero desde la rebelión de Bar Kochba en 135. La renovada nación ha sabido defender su exiguo territorio (el estado de Jordania ocupa aún una buena parte de Palestina y el sector viejo de Jerusalén) contra las maquinaciones y los ataques de sus vecinos árabes, aprovechando los israelíes toda la técnica moderna tanto en la agricultura como en la industria y la guerra.

El Oriente Medio se despierta, con Israel ya colocado firmemente en su bastión. La higuera símbolo de Israel, echa sus brotes (Mt. 24:32; cp. Lc. 13:6-9 y Mt. 21:19) y los "huesos secos" del capítulo

37 de Ezequiel empiezan a unirse para formar la nueva nación. Israel, la manecilla principal del reloj de Dios, indica que nos acercamos a la hora de medianoche.

Resumen de las evidencias a favor del cumplimiento histórico y literal de las profecías bíblicas sobre el tiempo del fin.
1. *En la esfera política.* El despertar del Oriente Medio (Ap. 16:12; 9:14-16). El retorno de los judíos a Palestina (Is. 11:11). Profundos movimientos en la política internacional (Mt. 24:6-7).
2. *En la esfera económica.* La tensión entre capitalistas y las clases obreras (Stg. 5:1-8). Las marcadísimas tendencias hacia la organización y centralización de todos los aspectos de la vida humana.
3. *En la esfera de la técnica.* El desarrollo de las intercomunicaciones mundiales. El acercamiento físico de los pueblos. El temible perfeccionamiento de la técnica bélica. El peligro del aniquilamiento de los pueblos civilizados. La necesidad que se impone en consecuencia de buscar medios de comprensión entre los pueblos en escala mundial.
4. *En la era religiosa.* El hombre quiere deificarse (2 Ts. 2:3-4). El resurgir del espiritismo (1 Ti. 4:1). Manifestaciones hipócritas de la piedad (2 Ti. 3:1, 5). El resurgir del fanatismo religioso (Mt. 24:4, 5, 11, 23-26). La multiplicación de falsas doctrinas y de herejías (2 Ti. 4:3-4; 2 P. 2:1-2).
5. *En la esfera de la moral.* Los hombres descansan en una seguridad carnal (Mt. 24:37-39; 1 Ts. 5:3) La conducta inmoral se hace cada vez más descarada (2 Ti. 3:1-4). Es una época de la soberbia cuando se burla de las cosas sagradas (2 P. 3:3-4).
6. *En la esfera de la naturaleza.* Se aumenta la frecuencia de los terremotos y de otros desastres naturales (Mt. 24:7; Joel 2:3, 10). Luego vendrán señales en el sol, la luna y las estrellas (Mt. 24:29).
7. *En la esfera de la Iglesia de Dios.* Se aumenta grandemente la circulación de las Escrituras como base de una evangelización mundial (Mt. 24:14). El amor de la mayoría de los cristianos se enfría (Ap. 3: 16; Mt. 25:5; Lc. 18:8; Ap. 3:14-19). Un núcleo de fieles sirven y vigilan (Lc. 12:37; Ap. 3:7-12). Y a la hora de medianoche sonará el grito: "¡He aquí el Esposo viene! ¡Salid a recibirle!" (Mt. 25:6).

Una fuerza y una persona que detienen la manifestación del Anticristo

Las señales indican la proximidad del tiempo del fin y de la manifestación del hombre de pecado, pero hay un pasaje interesante (2 Ts. 2:6-8) que enseña que ciertos poderes determinan *una demora*: "Y ahora sabéis *lo que detiene* que aquel no sea revelado sino en su propia sazón. Pues ya está obrando el misterio de iniquidad: sólo que *hay quien* al presente detiene, hasta que sea quitado de en medio. Y entonces será revelado el inicuo" (trad. lit.). Notemos que dice tanto *"lo que detiene"* como *"quien detiene"*, o sea, se trata de una fuerza y de una persona, o quizá una fuerza encarnada en una persona. Ha habido mucha discusión sobre la identidad de esta fuerza y persona. Según varios padres de la Iglesia (Ireneo, Tertuliano, Jerónimo, Crisóstomo, etc.) se trataba del Imperio Romano. Juan Calvino pensaba que representaba la predicación del evangelio en el mundo. J. N. Darby creía que la Iglesia y el Espíritu Santo en el mundo detenían la manifestación. E. W. Bullinger pensaba que el mismo diablo quiere retener su posición en los cielos de donde ha de ser echado por el arcángel Miguel antes de poder manifestarse el Anticristo. Otros piensan que el Anticristo ya ha vivido en la tierra como rey, y siendo encerrado ahora en el abismo, quisiera adelantar su tiempo, pero que el ángel que gobierna detrás de los poderes de este mundo le detiene (Ap. 17:8, 11; 9:11).

Parece ser que los tesalonicenses ya sabían el secreto (por las enseñanzas del Apóstol sin duda) pero nosotros hemos de limitarnos a recordar que hay algo ordenado por Dios que impide la última manifestación del mal en la tierra antes de que llegue la hora señalada en el calendario divino. El hecho encierra otro aviso contra la locura de intentar la fecha de la venida del Señor.

4

■■■■■■■■■■■■■■■■■■■■■■■■■■■■■■■■■

El juicio sobre el Anticristo

E l apogeo futuro de la historia humana se volverá rápidamente en la hora de su derrumbamiento, y será el Señor mismo quien ejecutará juicio (Dn. 2:24-25).

LA GRAN TRIBULACIÓN

Los terrores del juicio han de conmover toda la tierra, y en especial la tierra de Judea, cuando la gran tribulación, la hora de "la angustia de Jacob", se descargue sobre la humanidad (Mt. 24:16, 21, 29; Lc. 21:21; Dn. 12:1; Ap. 7:14; Jer. 30:7; Ap. 6—19).

Algunas de las grandes catástrofes se señalan en las Escrituras según los símbolos e indicaciones siguientes:

- Los *siete sellos* se rompen y suenan *las siete trompetas* del Apocalipsis (capítulos 6—11).
- La voz de los *siete truenos* (Ap. 10:4) y el derramamiento de *siete vasos* de ira (Ap. 16).
- Los *cuatro jinetes* de la futura guerra mundial (Ap. 6; 9:13-21).
- La *destrucción de Jerusalén* (Zac. 14:2) y la *destrucción de Babilonia* la Grande (Ap. 17:16).

- La *gran invasión militar* que procede del oriente y el "tumulto en el valle de decisión" (Ap. 16:12-16; Joel 3:14).

Factores inciertos. Las Escrituras no revelan muchos de los detalles, y siempre quedan dudas sobre los elementos literales o figurados de bastantes de las profecías sobre el tiempo del fin. Hay diferencias de criterio sobre:

- Si las setenta semanas de la gran profecía de Daniel 9:24-27 se hayan cumplido totalmente o no.
- Sobre la exacta relación entre el discurso profético del Señor desde el Monte de los Olivos (Mt. 24) y las demás profecías del Nuevo Testamento sobre el tiempo del fin.
- Sobre la manera de combinar las profecías de los tiempos cercanos y lejanos en un solo cuadro armonioso.
- En cuanto a la destrucción de Babilonia, la ciudad de los siete cerros (enemiga acérrima de Dios) por el Anticristo que es también el enemigo de Dios por antonomasia (Ap. 17:16).
- Sobre la extensión del territorio bajo el dominio de la bestia y el secreto de su número 666 (Ap. 13:18).
- Referente a la posición del Estado en Israel en el momento de la invasión devastadora de las naciones (Ap. 11:7; Zac. 14).
- Sobre la naturaleza exacta de la batalla decisiva de Armagedón (Ap. 16:16) y el juicio de las naciones en el valle de Josafat (Joel 3:12).

Pero es seguro que la gran culminación corresponde a la manifestación del Señor en gloria y la destrucción de las huestes anticristianas en Armagedón (Ap. 19:11-21; 16:16). Entonces se cumplirá de forma dramática el dicho de Napoleón, él mismo un gran conquistador: "La historia del mundo no se ha de decidir en el occidente sino en el oriente." El nombre *Armagedón* quiere decir la montaña (*har* en hebreo = montaña) de *Meguido* que era la ciudad más importante de la llanura de Jezreel al pie del Monte Carmelo. Por su posición estratégica ha sido siempre el campo de batalla más importante de la historia de Israel.

LA MANIFESTACIÓN DEL SEÑOR

Por fin los cielos se abren y se hace visible la señal del Hijo del hombre en los cielos (Mt. 24:30). Según el simbolismo del Apocalipsis, el Señor aparece montado sobre un caballo blanco a la cabeza de las huestes celestiales; de su boca procede una espada aguda de dos filos y El mismo pisará el lagar de la ira del Dios omnipotente (Ap. 19:11-16). En esta manifestación de Jesús de Nazaret, a quien los hombres despreciaron, los símbolos señalan una obra de juicio:

* Vendrá con vara de hierro (Ap. 19:15; Sal. 2:9).
* Vendrá con ropa teñida en sangre (Ap. 19:13; Is. 63:1-6).
* Vendrá como quien pisa el lagar (Is. 63:1-6; Ap. 19:15).
* Vendrá como quien avienta su era (Miq. 4:12; Mt. 3:12).
* Vendrá como quien siega la mies con la hoz del segador (Joel 3:13; Ap. 14:17-18).

Entonces todas las familias de la tierra lamentarán sobre El porque habrá llegado el día de Jehová, el "día de la ira de su furor", el "día grande y terrible", el "día de tinieblas y de oscuridad, día de nube y de sombra" (Mt. 24:30; Ap. 1:7; Joel 1:15; 2:2; 4:14; Amós 5:20; Is. 13:13; Mal. 4:5; Zac. 14:6). Entonces los rebeldes procurarán meterse en las cavernas de los montes y en las aberturas de la tierra, suplicando a los montes: "¡Caed sobre nosotros!" y a los collados: "¡Cubridnos!" (Ap. 6:15-16; 9:6; Is. 2:19; Lc. 23:30). Pero no habrá manera de escapar de la PRESENCIA DEL SEÑOR quien vendrá como el resplandor de un relámpago, siendo como llama de fuego sus ojos y su voz como la de un león (Mt. 24:27; Ap. 19:12; Joel 3:16; Is. 30:30). Sus carros de combate avanzarán como un torbellino y los muertos de Jehová serán multiplicados (Is. 66:15, 16; Sal. 110:6). De esta manera, destrucción de repente vendrá sobre todos los rebeldes como en los días de Noé y en el momento cuando el juicio de fuego cayó sobre Sodoma y Gomorra (1 Ts. 5:3; Mt. 24:38-39; Lc. 17:28-32).

El Señor ha de manifestarse primeramente en el Monte de los Olivos desde donde ascendió al cielo (Hch. 1:9, 12; Zac. 14:4) y *todo ojo* le verá, *todo contradictor* quedará enmudecido, y *toda lengua* confesará que Jesucristo es el Señor para gloria de Dios Padre (Ap. 1:7; Mt. 24:30; 22:12; Job 9:3; Fil. 2:11).

LA DESTRUCCIÓN DE LA TRINIDAD SATÁNICA

Al quedar destrozada la potencia militar del régimen anticristiano se deshace también su "cuartel general", formado por la trinidad satánica (cp. Ap. 16:13). El Señor destruirá al inicuo con el soplo de su boca y por el resplandor de su *parousía* (2 Ts. 2:8; Is. 11:4; Sal. 110:6). La bestia, pues, con el falso profeta, serán lanzados inmediatamente al lago de fuego (Ap. 19:20), mientras que el dragón, la serpiente antigua, será atado y echado al abismo por mil años. De tal forma se disuevle la trinidad satánica, ya que su primera persona será inutilizada por mil años, mientras que la segunda y tercera personas serán juzgadas y condenadas fulminantemente y para siempre. Así el Cordero habrá triunfado sobre el dragón, el Hijo del hombre sobre la bestia, la Esposa sobre la ramera, y la Santísima Trinidad sobre la trinidad satánica de engaño y mentira.

Pero sobre el funesto campo de destrucción de Armagedón se levanta el Sol de Justicia que traerá salud en sus alas (Mal. 5:2) y al desmoronamiento de la unión externa impuesta por el Anticristo sobre los pueblos seguirá la *comunión interna del reino milenial.* Después del colapso de todos los pobres esfuerzos humanos, el campo estará libre por fin para la demostración de lo que Dios puede hacer en bien de la humanidad.

No habrá nada, pues, que impida la manifestación del reino de Dios en su forma visible sobre la tierra, ya que el diablo se hallará sujeto como condición previa para la inauguración del reino terrenal de gloria. Queda aún una cuestión pendiente: ¿Quiénes de los supervivientes de estos juicios habrán de entrar en el reino?

EL JUICIO DE LAS NACIONES EN EL VALLE DE JOSAFAT

El capítulo 25 de San Mateo señala el momento cuando el Hijo del hombre se sentará sobre el trono de su gloria para juzgar todas las naciones de la tierra, reunidas éstas delante de Él después de su venida en gloria. Según las normas que el pasaje señala, reparará las gentes en dos bandos: "las ovejas" y "las cabras", representando éstas los rebeldes que irán a la perdición eterna, y aquellas los sumisos quienes heredarán el reino preparado para ellos antes de la fundación del mundo (Mt. 25:34-46).

Este es el gran juicio y de las gentes en el momento de inaugurarse el reino milenial, y es muy importante que se distinga bien del juicio final de los perdidos delante del gran trono blanco (Mt. 25:31-46; Dn. 7:9-14; Ap. 20:4; y cp. con Ap. 20:11-15).

Hay diferencia de escenario

El proceso del gran trono blanco tendrá lugar después de la transmutación de la vieja tierra (Ap. 20:11), mientras que el juicio de las naciones tiene por escenario esta misma tierra: el valle de Josafat según Joel 3:12.

Hay diferencia de tiempo

Como hemos visto, el proceso del gran trono blanco corresponde al final de la historia de esta tierra, después del milenio, mientras que el juicio de las naciones se celebra al inaugurarse el reino milenial (Ap. 20: 11; cp. Ap. 20:7-10; Mt. 25:31).

Hay diferencia de personas

Ante el gran trono blanco serán juzgados los muertos que no habrán sido resucitados en la primera resurrección de vida (Ap. 20:12; 13), pero en Mateo 25 se trata de los supervivientes en la tierra después de los catastróficos juicios del día de Jehová.

Hay diferencia de sentencia y de destino

Ante el gran trono blanco se determina por medio de "los libros" el juicio de los muertos, que no habrán sido levantados en la primera resurrección (Ap. 20:12-15), mientras que el juicio de las naciones determina quienes de los vivos han de pasar a disfrutar del reino milenial, y quienes han de pasar a la perdición (Mt. 25:24, 46).

Sin embargo, no deja de existir una relación entre el juicio de las naciones y el gran juicio final del gran trono blanco, a pesar de las diferencias que hemos notado. Ambos procesos judiciales tienen que ver con el establecimiento final de las normas de justicia de Dios frente a sus criaturas, y estas normas son invariables. Dentro de la perspectiva profética se puede pensar que el juicio de las naciones, en ciertos de sus aspectos, es un anticipo del juicio del gran trono blanco, y conjuntamente forman un cuadro que presenta la consumación del proceso jurídico basado en la justicia del trono del Eterno.

Como en otros conocidos pasajes, hemos de tomar en cuenta la perspectiva profética. Por ejemplo, la primera venida de Cristo y la segunda se presentan a menudo por los profetas del Antiguo Testamento en un solo cuadro (Is. 61:1-3; cp. Lc. 4:18-19), y el mismo Señor hizo referencia a las dos resurrecciones "para vida" y "para muerte" como dos aspectos de un solo acontecimiento, mientras que los escritos de Pablo y de Juan, detallando más el programa, nos hacen ver el lapso de tiempo entre ambas (Jn. 5:28-29, con Dn. 12:2-3; cp. 1 Co. 15:23-24; Ap. 20:5, 12).

EL ESTABLECIMIENTO DEL REINO DE GLORIA

El conjunto de estos acontecimientos se llama "el resplandor de su venida" (presencia), y anteriormente hemos señalado el significado de las voces griegas "la *epifaneia de su parousía*" (2 Ts. 2:8). Entonces se verá el triunfo del Crucificado, la revelación de su gloria y la manifestación de su reino (Mt. 26:54; 1 P. 4:13; Lc. 19:11). Sus ángeles le acompañarán (Mt. 25:31; 2 Ts. 1:7), los redimidos estarán a su lado (1 Ts. 3:13; Jud. v. 14) y en aquel día El mismo será admirado por todos los que creyeron (2 Ts. 1:10). En su reino todos le servirán, sin que se manifieste oposición alguna, porque El es "Rey de reyes y Señor de señores" (Is. 60:1-3; Ap. 12:10; 19:16; 1:5).

El reino que el Cristo inaugura es el de Dios, y bien que se halla establecido sobre la tierra vieja, durante el milenio, no es, en su esencia, una creación terrenal sino celestial (Lc. 19:12; Dn. 7:13-14). No es la culminación de siglos de progreso, sino que se funda sobre las ruinas de las civilizaciones humanas; no es el fruto de los esfuerzos de la criatura, sino el don de Dios (Dn. 3:34, 44-45).

Las características del reino milenial

1. *Visto desde afuera* el reino se asemeja a la piedra, aparentemente insignificante, que cae sobre los pies de la imagen colosal del sueño de Nabucodonosor, desmenuzándola, y que luego se agranda hasta hacerse una gran montaña, que llena toda la tierra (Dn. 2:35-45; cp. Mt. 21:44).

2. *Visto por dentro* es el reino del Hijo del hombre que pone fin al dominio de los imperios representados por las bestias sanguinarias de la visión de Daniel, exaltando al trono de la historia internacional, por vez primera, la verdadera humanidad que se encarna en el Hijo del hombre y que se halla ya exactamente en la "imagen y semejanza de Dios" (Gn. 1:27; Dn. 7:13; cp. Dn. 7:2-7; Mt. 25:31; 26:64).

3. *Visto desde arriba* es el reino de los cielos, que desciende de los cielos, trayendo consigo tanto la naturaleza celestial como la felicidad celestial a este mundo material (cp. Dn. 4:23).

4. *Sobre todo es el reino de Dios.*

- Planeado desde el principio (Mt. 25:34).
- El objeto de los esfuerzos de los siglos (Mr. 6:10).
- Fundado por Cristo mismo (Jn. 18:36-37).
- Proclamado por sus siervos (Hch. 20:25; 28:31).
- La esperanza de la humanidad (Ro. 8:19).
- Establecido sobre la tierra vieja (Ap. 11:15; 19:6).
- Anticipo y preludio de la nueva creación eterna (Ap. 21 y 22).

La relación entre el reino milenial y el reino eterno. En numerosas profecías se vislumbran en un mismo cuadro el reino visible de Dios sobre la tierra vieja (el milenio) y los siglos del reino eterno de gloria en la nueva tierra y nuevos cielos, de modo que hemos de evitar conceptos excesivamente rígidos al tratar de estos temas, como también el error de subrayar demasiado la importancia del milenio. Tengamos en cuenta que el reino visible de gloria en el escenario de la tierra vieja no es la meta principal de la esperanza profética, sino la última etapa que precede a la consumación, a guisa de un hermoso vestíbulo que da entrada a la magnificencia del mismo palacio del rey. Desde luego, el vestíbulo forma parte integrante del palacio, pero no puede igualar la sala del trono que se sitúa en el centro de la morada real; de igual forma el milenio es una manifestación legítima del reino de gloria, pero a la vez Dios reserva la consumación del resplandor de gloria para las edades que sucederán el milenio (y el fin catastrófico de la tierra vieja) que verán el triunfo total, sin límites posibles, del reino de Cristo y de Dios (Ap. 21 y 22). (Véanse también notas en los capítulos siguientes, como también mi libro: *La aurora de la redención del mundo*, Sección III, capítulo 8; Grand Rapids: Editorial Portavoz.)

5

■■■■■■■■■■■■■■■■■■■■■■■■■■■■

La realidad
histórica del reino

E l reino de Dios es la meta final de la historia de la salvación, "para que Dios sea todas las cosas en todos" (1 Co. 15:28). Por lo tanto el reino es el verdadero tema básico de la Biblia.

En la primera época de la Iglesia todos los cristianos creían firmemente en el establecimiento del reino visible de Dios en esta tierra: creencia que sólo se iba perdiendo a la medida en que cuajaban los conceptos que habían de desembocar al catolicismo por las enseñanzas de hombres como Clemente y Orígenes (mediados del siglo III) y Agustín (400 d.C.). Anteriormente, padres de la Iglesia como Papías, Justino, Tertuliano, Ireneo e Hipólito, reflejaban todos la creencia general de los tres primeros siglos, esperando un milenio literal. La palabra "milenio" viene de las voces latinas equivalentes a mil años. A pesar del despego actual de muchos evangélicos frente a la idea de un reino literal de Cristo por mil años sobre la tierra, la antorcha de esta doctrina bíblica ha vuelto a brillar durante los últimos siglos, mantenida por grandes enseñadores como Comenio, John Bengel, F.H.R. Frank, profesor Bettex, Franz Delitzsch, M. Kahn, B.W. Newton, J.N. Darby, William Kelly, George Müller, G.H. Pember, A.T. Pierson, etc.

El olvido de esta verdad surge de tres defectos básicos de interpretación: el de no distinguir entre la misión y el porvenir de Israel y los de la Iglesia; la tendencia de aplicar al período presente promesas que se han de cumplir en el porvenir; y una insistencia en espiritualizar, en los intereses de ciertas presuposiciones, las profecías del Antiguo Testamento sobre el reino.

En cambio, la esperanza original cristiana sobre el reino visible de gloria en esta tierra tiene por fundamento inconmovible las cinco verdades siguientes:

- Es la única confirmación adecuada de la fidelidad de Dios en el cumplimiento de sus pactos y promesas.
- Es la única interpretación lógica de las profecías mesiánicas del Antiguo Testamento.
- Es la única explicación del tiempo del fin que concuerda con todas las palabras del Señor y de sus apóstoles.
- Es el único medio por el cual Dios podrá justificar plenamente sus caminos en la historia de la salvación frente a los hombres.
- Es el medio único y necesario para llevar adelante la historia humana desde la etapa actual hasta la meta del reino eterno del Padre.

EL REINO VISIBLE ES LA ÚNICA CONFIRMACIÓN ADECUADA DE LA FIDELIDAD DE DIOS EN EL CUMPLIMIENTO DE SUS PACTOS Y PROMESAS

Pablo declara que "Dios no se arrepiente de sus dones ni de su llamamiento" (Ro. 11:29, VHA), y es manifiesto que Dios dio a los descendientes naturales de Abraham (que no hubiesen perdido sus privilegios por su incredulidad) la promesa de la tierra (Gn. 15:4-7, 18). Tal promesa no se originó en el régimen que estableció Moisés, sino que se dio al patriarca Abraham, de modo que no se basaba en la ley sino en la promesa (Gn. 12:1-3; 13:15; Ro. 4:13-15). Por ende no puede ser anulada por los fracasos de Israel, sino que permanece inmutable por causa del honor del Dios que dio la garantía (Ez.

36:22-23). Depende de la verdad de Dios, quien cumplirá lo prometido por causa de Abraham su amigo (Ro. 15:8; Gá.15-18; Gn. 26:2-5; Lv. 26:42). Como ilustración de la inconmovilidad de la promesa, las Escrituras declaran que es:

* Firme como las montañas (Is. 54:10).
* Firme como el orden de la naturaleza (Is. 54:9).
* Firme como la sucesión del día y la noche (Jer. 33:20, 21, 25, 26).
* Firme como las leyes que rigen los movimientos de los astros (Jer. 31:35-37; Sal. 89:36-37).
* Firme según la eternidad de los nuevos cielos y la nueva tierra (Is. 66:22).

Dios dio estas profecías por boca de sus profetas para que se aceptasen en sentido literal, y el intento de espiritualizarlas, pasandolas a algún otro sistema corporativo, no es otra cosa sino acusar a Dios de romper abiertamente su pacto y fallar en el cumplimiento de sus promesas, cosa de todo punto imposible.

EL REINO VISIBLE ES LA ÚNICA INTERPRETACIÓN LÓGICA DE LAS PROFECÍAS MESIÁNICAS DEL ANTIGUO TESTAMENTO

Tengamos en cuenta que las promesas en cuanto a la primera venida de Cristo tuvieron un cumplimiento literal; a menudo las promesas referentes a la segunda venida se hallan unidas en la misma construcción gramatical con otras sobre la primera venida, de modo que es imposible justificar una exégesis que toma éstas en sentido literal al par que espiritualiza aquellas (véase Lc. 1:31-33). De forma literal se cumplió la profecía de que naciera Cristo en Belén (Miq. 5:2), y de igual forma la que anunció su entrada en Jerusalén montado en un asno tuvo cumplimiento literal (Zac. 9:9). En toda realidad histórica fue traicionado por treinta piezas de plata (Zac. 11:12) y sus manos y pies fueron clavados en el madero (Sal. 22:6). Se cumplió literalmente la profecía de que su costado había de ser traspasado, sin que quebrantase hueso de El (Zac. 12:10; Sal. 34:20). Como hecho histórico, Cristo murió y fue sepultado, siendo levantado el tercer día (Is. 53:8, 9, 12; Sal. 16:10; Os. 6:2). Si hallamos que las profecías sobre la venida en gloria se expresan de idéntico modo, incurrimos en absurdas arbitrariedades al querer esfumarlas en meras metáforas. El gran expositor Bettex pregunta a los espiritualizadores: "¿Hemos de entender, pues, que Jesús no murió sino metafóricamente en la cruz? ¿Es que solamente bebió vinagre figurado y echaron suertes los soldados sobre vestiduras figuradas (Sal. 69:21; 22:18)? ¿Es en sentido figurado que Dios ha esparcido su pueblo entre las naciones (Dt. 4:27)? ¿Es que han quedado *metafóricamente* sin rey, sin príncipe, sin sacrificio, sin altar, sin efod y sin santuario (Os. 3:4)? Sabemos bien que todo ello se cumplió de forma literal e histórica."

En vista de ello, y frente a las repetidas declaraciones que Dios nos da por los profetas de que Él ha de recoger de nuevo al pueblo de Israel de en medio de todas las naciones de la tierra con el fin de congregarlos en la tierra de sus padres, ¿es posible justificar el aserto de que no se trata de otra cosa, sino de metáforas y de figuras? ¿Quién nos ha dado el derecho de entender "cristianos" cuando el texto dice "judíos", o de entender "la Iglesia" cuando un profeta menciona "Jerusalén", o de sustituir "el cielo" cuando las Escrituras dicen "Canaán"? ¿Se ha colocado jamás el "trono de David" en el cielo (Lc.1:32)? ¿Cuándo se han hallado "*esta* tierra" —el Líbano, Galaad, los lugares donde el Señor ha de restablecer su pueblo— en parte alguna sino en este mundo, en el Oriente Medio (Jer. 32:41; Zac. 10:10)?

No excluimos, desde luego, el uso de metáforas poéticas por los profetas, que se han de entender según el sentido original. Es cierto también, como hemos visto anteriormente, que el reino milenial es un trasunto preliminar del reino eterno. No sólo eso, sino que se puede admitir que elementos que se destacan en el reino terrenal han hallado un cumplimiento espiritual en la Iglesia, de modo que no rechazamos *totalmente* la posibilidad de aplicaciones espirituales en la perspectiva eterna. Véanse aplicaciones por escritores del Nuevo Testamento en Romanos 15:12 (Isaías 11:10); 1 Pedro 2:10 y Romanos 9:25-26 (Os. 1:10); Hechos 2:16-21 (Joel 2:28-32); 1 Pedro 2:9 (Ex. 19:6). Lo que condenamos es aquel proceso de espiritualización que tergiversa el sentido claro, sencillo y reiterado de las Escrituras, aplicando *distintos principios de exégesis* a las profecías cuando se trata o de la primera o de la segunda venida de Cristo, haciendo a Dios mentiroso en cuanto a sus promesas a Israel. El retorno de los judíos a Palestina en nuestros días es parte del programa bíblico para su porvenir.

EL REINO VISIBLE ES LA ÚNICA EXPLICACIÓN DEL TIEMPO DEL FIN QUE CONCUERDA CON TODAS LAS PALABRAS DEL SEÑOR Y DE SUS APÓSTOLES

El testimonio de Cristo

Al pronunciar palabras de juicio sobre los fariseos (y sobre Israel en cuanto había seguido sus erróneos caminos) Cristo declaró: "Jerusalén, Jerusalén, tú que matas a los profetas y apedreas a los que son enviados a ti. He aquí, vuestra casa os es dejada desierta. Porque os digo que desde ahora no me veréis, hasta que digáis: Bendito el que viene en nombre del Señor" (Mt. 23:37-39). Es evidente por esta profecía que el Señor enseñaba que la casa de Israel no había de quedar desierta *siempre*, ni para siempre había de quedar bajo juicio con el alma atrofiada y el corazón desmayado, sino que había de venir una época cuando Israel reconocería a su Mesías y le recibiría con cánticos de júbilo. Después de su conversión a su Señor, habían de entregarse a El de todo su corazón, aclamándole con su Mesías y su Rey divino.

Es cierto que el reino del Señor Jesucristo no es de este mundo en cuanto a su origen y naturaleza (Jn. 18:36), pero no es menos cierto que se establece para el beneficio de este mundo. Notemos la promesa que el Señor mismo dirigió a sus apóstoles: "De cierto os digo, que vosotros que me habéis seguido, en la regeneración [es decir, en el tiempo del renacimiento de la creación terrenal en el reino visible de Dios], cuando se sentará el Hijo del hombre sobre el trono de su gloria, vosotros también os sentaréis sobre doce tronos para juzgar a las doce tribus de Israel" (Mt. 19:28). Después de la resurrección del Señor, sus discípulos le preguntaron: "Señor, ¿restituirás el reino a Israel en este tiempo?" (Hch. 1:6). La contestación del Maestro no es una reprensión de los conceptos carnales de los discípulos, como muchos han pensado, ni se niega en manera alguna el establecimiento de un reino visible según la intención de la pregunta, sino solamente se les hace ver que no les tocaba a ellos "saber los *tiempos* o las *sazones*, que el Padre puso en su sola potestad". Ahora bien, la frase "tiempos y sazones" confirma la esperanza de dispensaciones diferenciadas, y la llegada de "aquel tiempo" del reino visible de Dios en la tierra del cual tanto hablaban los profetas (cp. también Mt. 8:11; 26:29).

El testimonio del apóstol Juan

Sin duda alguna el Apocalipsis de Juan adelanta más evidencia sobre la manifestación de este reino de gloria. Leamos los últimos capítulos del libro, donde únicamente en las Escrituras se determina la duración del reino visible como de mil años (Ap. 20:2-7), y notaremos que la sección que trata del reino se coloca *después* de la narración de la venida de Cristo en gloria, con la derrota del Anticristo, lo que indica que hemos de calcular los mil años desde la manifestación de Cristo, con la primera resurrección hasta el juicio del gran trono blanco, con la segunda resurrección (Ap. 20:11-15).

El testimonio del apóstol Pablo

En Segunda Corintios Pablo compara la gloria del antiguo pacto con la del nuevo y en este contexto habla de la incredulidad de Israel durante el período de su ceguera espiritual: "Pero las mentes de ellos —dice— fueron endurecidas. Porque hasta el día de hoy, en la lectura pública del antiguo pacto, permanece el mismo velo ... y aun hasta hoy, cada vez que es leído Moisés, está puesto un velo sobre el corazón de ellos. Mas cuando volviere Israel al Señor, el velo será quitado" (2 Co. 3:14-16, VHA; cp. Ex. 34:34). Obviamente el Apóstol anticipa un momento cuando Israel se volverá al Señor, siendo quitado entonces de su corazón el velo de su incomprensión. Entonces conseguirá su verdadera gloria y libertad. Tenemos aquí, pues, un claro testimonio al hecho de que Pablo esperaba que Israel fuese salvada y recibida al favor divino en un día futuro. Puesto que Pablo tenía esta promesa respecto a Israel, y la seguridad de que Cristo había de revelarse plenamente a ellos, la hora ha de venir en que Israel cesará de honrar una ley que no comprende, llegando entonces a la plena comprensión del significado y propósito de esta ley. Será la hora cuando el pueblo se convertirá a Jesús. Según el relato del Exodo 34:34, Moisés quitaba el velo cada vez que se volvía hacia Dios, y de idéntica forma, cuando el pueblo de Dios del antiguo régimen se convierta a Jesús, el velo será quitado.

Entonces Israel comprenderá que la gloria de Moisés no es digna de compararse con la "gloria del unigénito del Padre, lleno de gracia y de verdad" (Jn. 1:14-7).

Pablo vuelve a señalar la verdad del reino visible en el gran capítulo de la resurrección, 1 Corintios 15. Al hablar de la resurrección corporal de los muertos, Pablo, en un apartado especial, indica tres etapas y órdenes de la misma:

* Cristo, las primicias.
* Los que son de Cristo, en su venida (*parousía*).
* "El fin, cuando entregará el reino a Dios el Padre" (1 Co. 15:22-24).

Según el sentido del contexto, este "fin" no puede significar otra cosa que la *resurreccion del cuerpo*, con el que coincide la entrega del reino por Cristo al Padre. Recordando lo que ya hemos señalado sobre los momentos de la primera y la segunda resurrección, comprendemos que Pablo da su testimonio aquí a un reino de Cristo que subsiste entre la resurrección de la Iglesia, y la de los demás muertos, que será "el fin" según este contexto. Pero, según Apocalipsis 20:12, 13, 5, la resurrección final coincide con el gran trono blanco y la destrucción de la tierra vieja, de modo que tal reino se habrá desarrollado sobre esta *tierra vieja*, y no en la nueva. Sólo después de esta época terrenal de gloria desemboca la historia a la eternidad.

Muy relevante a esta cuestión es la manera en que Pablo prueba que "su evangelio" queda justificado por la historia de la salvación en la gran sección de Romanos que abarca los capítulos 9 a 11. Sabido es que Pablo proclamaba un evangelio libre de la ley, que era medio de bendición para los judíos y los gentiles, sin hacer distinciones de raza (Ro. 3:9, 22, 23; 10:12; Gá. 3:29). Ahora bien, frente a esta proclamación, cualquier israelita que creía las Escrituras tenía que razonar así: Israel fue elegido a una posición de privilegio único y especial, que ha sido inconmovible durante dos mil años. ¿No da este hecho un rotundo mentís al mensaje de Pablo? (Sal. 147:19, 20; Amós 3:2; Ex, 19:5). ¿No queda claro que nos hallamos ante esta alternativa: o que Dios ha quebrantado sus promesas a Israel —cosa en sí imposible (2 Co. 1:20)— o que este

Jesús de Nazaret, según Pablo lo proclama, no es el Mesías que fue prometido a Israel? Pablo contesta esta objeción de la forma siguiente.

1. *Dios es libre en sus operaciones* (Ro. 9). Dios mueve como quiere a los personajes de la historia sobre el escenario de este mundo. Ciertamente Dios no obliga al creyente a creer, ni al incrédulo a no creer, pero de entre el número de los incrédulos escoge ciertos individuos para ser destacados ejemplos de su poder como Juez Supremo, como en el caso de Faraón de Egipto (Ro. 9:14-18); y de forma análoga, elige de entre los creyentes aquellos que han de ser instrumentos especiales para adelantar su obra de salvación, como en el caso de Abraham, Isaac y Jacob (Ro. 9:6-13). Es muy importante que tengamos en cuenta este principio que nos ayudará a comprender que Romanos 9 no trata de llamamiento de *individuos a la salvación*, sino de ciertos propósitos divinos con relación a la *historia de la salvación*. No presenta a Dios tanto como el Dios que redime al individuo, sino como aquel que dirige el curso general de la historia, y se nombran ciertas personas más bien en su capacidad oficial, que no en su carácter privado.

Pablo deduce que la elección de Israel, como instrumentos en la historia de la salvación, depende enteramente de la libertad y soberanía de Dios, y en todo caso, ningún hombre, sea judío u otro, tiene derecho alguno para exigir nada de Dios. Aun cuando no entiende los procedimientos de Dios, le toca callar y confesar con sencillez de corazón la soberanía del Omnipotente, reconociendo su libertad frente al hombre, que se asemeja a la del alfarero que moldea sus vasos de barro (Ro. 9:19-25).

2. *Dios es siempre justo en sus operaciones* (Ro. 10). El capítulo 10 es el complemento obligado del capítulo 9, ya que muestra que la soberanía de Dios jamás se ejerce de forma arbitraria, y en el caso concreto de Israel, ha obrado según normas de perfecta justicia. Israel insistió en querer ser justificado por la ley cuando Dios había ordenado la justificación por la fe (Ro. 9:30—10:3), y aun después de manifestarse la obra de Dios que hizo posible la justificación por la fe, que luego fue ampliamente proclamada, Israel persistió en su actitud negativa, rehusando la oferta de Dios (Ro.

10:4-18). Por lo tanto Israel es culpable y merece el castigo que le ha alcanzado (Ro. 10:19-21).

3. *Las operaciones de Dios siempre resultan en bendición* (Ro. 11). En la tercera parte de su gran prueba, Pablo hace ver que aunque fue necesaria una obra de juicio, Dios no ha desechado a su pueblo, sino que lo deja a un lado durante un tiempo determinado (Ro. 11:1), de modo que Israel puede retener la esperanza a pesar de la dispersión actual (Lv. 26:44, 45; Ez. 11:17). La obra de Dios frente a Israel resulta en cumplidas bendiciones para todos:

- Para el resto fiel que cree en Cristo, ya que ellos reciben el perdón (Ro. 11:1-10).
- Para el mundo en general, ya que recibe el evangelio (Ro. 11:11-15).
- Para la nación del Israel pues por fin experimentará una renovación espiritual, y Dios volverá a recibirla (Ro. 11:16-32).

Así el apóstol enseña que el endurecimiento que ha sobrevivido a Israel es parcial, persistiendo solamente hasta que se haya recogido la "plenitud de los gentiles" (Ro. 11:25). Entonces las ramas quebradas del "olivo" del reino de Dios serán injertadas de nuevo (Ro. 11:23, 24, 16, 17) y el resumen de todo se da en esta contundente frase: "y así todo Israel será salvo" (Ro. 11:26).

He aquí la solución del conflicto aparente entre la vocación especial del pueblo de Israel y la vocación de la Iglesia de entre todos los pueblos de la tierra, viéndose que la reconciliación de lo pasado con lo presente solamente puede efectuarse mediante la obra que se realizará en el futuro, justificándose el período intermedio por el FIN.

Toda la presentación del evangelio por Pablo depende del reconocimiento de estas proposiciones, de modo que el que niega estas profecías niega también la base de la Iglesia, y como consecuencia lógica tendrá que negar además, o la fidelidad de Dios a sus pactos, o la libertad del evangelio de la ley; o sea, pone en oposición la revelación de Jehová en el Antiguo Testamento, y la doctrina dada a Pablo en el Nuevo Testamento.

La cuestión del reino milenial, por lo tanto, no sólo interesa al fin de la historia, sino que toca a la vez el mismo corazón del evangelio en sus grandes rasgos: la libertad de la ley, la universalidad del evangelio y el don de la gracia de Dios. La negación del reino visible hace a Dios mentiroso en relación con los profetas, o hace que Pablo sea un testigo falso en relación con nosotros, y que la doctrina de Romanos 9 a 11 es la vindicación de la doctrina de la justificación por la fe.

Según el testimonio del apóstol, la renovación de Israel producirá potentes efectos en el mundo gentil, que corresponden a la "regeneración" en el reino del Resucitado (Mt. 19:28). Pablo dice aquí: "¿Han tropezado para que cayesen? En ninguna manera, mas por el tropiezo de ellos vino la salvación a los gentiles ... Y si la falta de ellos es la riqueza del mundo, y el menoscabo de ellos la riqueza de los gentiles, ¿cuánto más la plenitud de ellos? Porque si el extrañamiento de ellos es la reconciliación del mundo, ¿qué será el recibimiento de ellos, sino vida de los muertos?" (Ro. 11:11, 12, 15).

En palabras que no es posible tergiversar, Pablo confiesa aquí su creencia en la plena conversión de Israel, y explica que de ella fluirá para la humanidad un maravilloso río de bendición. En comparación con estos nuevos dones de Dios, y las energías vivas de una nueva plenitud del Espíritu (que alcanzará entonces a todas las naciones), toda vida nacional aparecerá como *algo muerto*, al par que todas las riquezas nacionales de antaño se verán como *pobreza*, y todo bienestar de antes se considerará como *miseria*.

Pablo profetiza no sólo la salvación futura de Israel, tanto espiritual como nacional, sino también el significado del acontecimiento en la historia mundial y en el desarrollo del plan de la salvación, pues será medio para efectuar la *salvación* de los pueblos del mundo, como también el de colmar de *riquezas* a las naciones, llegando a ser un día festivo para la humanidad en general cuando recibirán "vida de los muertos" por medio de una resurrección espiritual.

ES EL ÚNICO MEDIO POR EL CUAL DIOS PODRÁ JUSTIFICAR PLENAMENTE SUS CAMINOS DE LA SALVACIÓN FRENTE A LOS HOMBRES

La sección anterior ha señalado en parte el significado del reino venidero y visible de Dios, pero persisten preguntas sobre todo el alcance de este plan. ¿Por qué dio Dios tales promesas a Israel? ¿Cuál es el significado del período de este reino venidero en relación con el plan general de la redención? Bajo el presente epígrafe procuraremos adelantar más contestaciones bíblicas.

Su significado en relación con Cristo

¿No conviene al Altísimo conceder a su Rey Ungido la oportunidad de evidenciar públicamente que El es el mejor legislador y juez, como también el sabio Monarca universal que dirige los asuntos del mundo con mayor acierto que todos los potentados que le han precedido en el ejercicio del poder? Y para que el contraste sea eficaz y convincente, ¿no es preciso que la prueba se realice en el escenario de la *vieja creación*, o sea, en el mismo mundo donde los hombres han vivido, y donde han rechazado al Ungido de Dios? Por milenios ya, ha estado a la vista la demostración de cómo Satanás ha mentido para engañar y corromper los pueblos? ¿No es justo, pues, que Dios, por su parte dé una muestra cumplida de la manera en que El, en Cristo, puede bendecir, salvar y dar la paz precisamente sobre el suelo de esta tierra vieja? Alguien ha declarado: "Sí, de verdad, esta misma tierra, que presenció el rechazamiento y la vergüenza del Hijo de Dios, ha de contemplar su gloria, y esta misma tierra que bebió su sangre, ha de participar en su redención. La justicia de Dios exige esto, pues donde Satanás ha triunfado, es necesario que el Señor Jesús sea coronado."

Su significado en relación con la humanidad

Es digna de consideración la siguiente declaración del gran erudito bíblico Bettex: "Si uno considera esta creencia sobre el reino milenial libre de prejuicios, ha de admitir que es un concepto divino y sublime el que consiste en conceder a esta pobre tierra, y al hombre, el cansado huésped que en ella ha habitado, después de seis 'días' de cargas y de ardua labor, un magnífico 'descanso sabático' durante el cual Cristo mismo quitará las riendas del poder de las manos del hombre pecaminoso para regir este mundo en persona por algún tiempo en rectitud y justicia, según la ley de Dios." Hasta ahora no se ha demostrado jamás cuán feliz y glorioso podría estar un pueblo sobre esta misma tierra al tener a su Señor en persona entronizado en medio de ella, y éste es el gran concepto transformador que nos adelanta la revelación: que todavía es posible el reino de Dios en la tierra vieja. Así Dios adelantará la prueba de que la falta de paz en la tierra no surge de las circunstancias ni de fuerzas elementales inevitables, sino del pecado del hombre y de la corrupción introducida por el diablo.

El reino milenial también constituye la *última prueba del hombre natural*, pues su fin será la más clara demostración de cuán irremisiblemente perdido se halla el hombre aparte de la gracia de Dios. El Apocalipsis (20:7-10) revela la reacción de la humanidad después de la experiencia vívida de mil años de un gobierno divino perfectísimo, ya que las multitudes de Gog y Magog tomarán armas en abierta rebeldía contra el Altísimo en el momento en que el diablo se libre por un tiempo a los efectos de esta renovada prueba. A pesar de haber experimentado condiciones ideales, tanto económicas como políticas, con abundantísimas manifestaciones de la gracia del Altísimo y bajo el gobierno directo del mismo Señor, las naciones habrán aprendido tan poco que, al fin de la gloriosa época, espoleadas de nuevo por la seducción del diablo, se apresurarán a alzarse en la más horrenda de todas las rebeldías humanas (Ap. 20:8). Así quedará demostrado, no sólo que el hombre es incapaz de crear para sí condiciones ideales de vida, sino que es también incapaz de aceptarlas cuando Dios se las otorga, y que la naturaleza del hombre no cambia ni siquiera en una sociedad ideal, a no ser que se arrepienta y que busque personalmente. Quedará irrefutablemente probado que Dios tenía razón cuando, en materia de redención humana, excluyó radicalmente toda fuerza propia del hombre natural con todas sus buenas obras, evidenciándose públicamente delante de todo el universo que desde el principio no podía haber más que un solo camino que condujera la humanidad a la paz, que era el de la gracia de Dios revelado por la cruz del Calvario.

EL REINO VISIBLE ES EL MEDIO ÚNICO Y NECESARIO PARA LLEVAR ADELANTE LA HISTORIA HUMANA DESDE LA ETAPA ACTUAL HASTA LA META DEL REINO ETERNO DEL PADRE

Anteriormente hemos tenido ocasión de notar la norma de que, en todo el curso de los asuntos del mundo, y a través de la revelación profética de éstos, no se distinguen bien al principio el "original" y la "copia", pero en el desarrollo y adelanto del plan, los rasgos esenciales se definen y se aprecian con creciente claridad. Se ve este principio en clara operación en la revelación del plan de la redención en el Nuevo Testamento.

El reino de Dios actualmente se reviste de un carácter de misterio, siendo escondido del ojo del hombre natural, pero la Biblia revela que esta época desembocará a otra, en la que se desplegarán las glorias del reino ante todo el universo: "Es menester que él [el Hijo] reine hasta poner a todos sus enemigos debajo de sus pies" (1 Co. 15:25). Esta sublime frase señala el reino que por fin se manifestará, o sea la consumación de toda cosa visible en la tierra, y la época más gloriosa de la historia humana. Pero aun aquel reino tendrá un carácter transicional, puesto que el Hijo, dentro de la unidad de la Trinidad, se distingue del Padre, siendo el "resplandor de su gloria" y "la imagen del Dios invisible" (He. 1:3; Col. 1:15). En su persona la imagen (exacta representación) de Dios estará presente en el reino visible de Dios, que constituye el período transicional con el fin de trasladar el reino de Dios al Padre mismo. He aquí el significado más profundo y exacto del reino milenial, pues la actividad de Cristo en este reino conduce la historia de la revelación desde esta última etapa preparatoria hasta el "lugar santísimo" al final del camino, a la comunión directa con el Padre.

Ireneo, que ejerció su ministerio hacia el final del siglo ii, siendo discípulo de Policarpo, que a su vez lo había sido de Juan el Apóstol, percibió con exactitud las tres etapas principales del desarrollo del plan de la redención en el Nuevo Testamento, correspondiendo éstas a las tres personas de la Santísima Trinidad. La etapa presente es *la del Espíritu Santo* que glorifica aquí en la tierra al Redentor que ha subido al cielo, ocupándose en llamar a los creyentes fuera del mundo y en edificar la Iglesia (Jn. 16:7-15; 1 Co. 12:3-13). A esta época seguirá el retorno de Cristo y el establecimiento del reino visible de Dios por mil años, lo que corresponde *al reino del Hijo* (1 Co. 15:25. Pero al fin el Hijo entrega el reino al Padre, a quien se somete, estableciéndose *el reino del Padre*, la consumación eterna de todas las cosas, cuando "Dios será todas las cosas en todos" (1 Co. 15:28).

Desde este punto de vista el reino milenial se considera como el único medio para llevar adelante la historia de la humanidad, bajo la dirección del Hijo, hasta llegar a la consumación del reino del Padre. Entonces "los justos resplandecerán como el sol en el reino del Padre" (Mt. 13:43).

La profecía bíblica señala dos avances gloriosos del reino venidero de Dios, que resultan de dos grandes manifestaciones de poder, y que se relacionan de forma especial con las dos personas divinas, el Hijo y el Padre:

- La manifestación del reino del *Hijo* al principio del milenio, que tiene por escenario la tierra vieja.
- La manifestación del reino del *Padre* en el triunfo de la consumación, cuando serán recreados en gloria el nuevo cielo y la nueva tierra.

A estas dos etapas principales de la renovación del mundo corresponden también las *dos resurrecciones de la raza humana,* realizándose la primera *antes* del reino milenial, y la otra *después* de él. De igual manera los *dos principales juicios* sobre los malvados y sobre la trinidad satánica se celebrarán antes y después del mismo período. Tomando todos estos datos en su conjunto, llegamos a comprender, no sólo el hecho de que la consumación final no ha de manifestarse hasta después del reino milenial, sino también el *por qué* de este intervalo (Ap. 20 y 21).

6

La gloria del reino de Dios sobre la tierra

Según una declaración del Señor en Mateo 19:28, el reino venidero de Dios será una época de "regeneración" en la que participará el mundo. Al parecer toda la creación terrenal se gozará en la gloria que se manifestará, no sólo Israel, sino las naciones y la Iglesia, correspondiendo a esta última (bajo su Señor) el gobierno celestial y aristocrático del conjunto.

En Ezequiel 10:18-19 con 11:11, 23, se describe la manera en que la gloria del Señor abandonaba por etapas, y como si fuera con pesadumbre, el templo de Salomón, pero se profetiza el retorno del Señor a su templo en toda su gloria de forma repentina y completa (Mal. 3:1; Ez. 43:1-5). El abandono del templo significó el principio de los "tiempos de los gentiles" y el retorno corresponderá al final del mismo período (Lc. 21:24). La meta se señala por el título de la renovada ciudad en Ezequiel 48:35, *Jehová-Shamma* (el Señor está allá) que corresponde a Apocalipsis 21:3: "el tabernáculo de Dios está con los hombres."

CRISTO, EL REY DIVINO

Su gloria personal

David mismo, tipo y antecesor de Cristo el Redentor, nos da una hermosa descripción poética de su divino Hijo en un salmo suyo que se halla en 2 Samuel 23:2-4: "El que gobierna entre los hombres será justo, gobernando en el temor de Dios. Así como la luz de la mañana, cuando se levanta el sol, en una mañana sin nubes, cuando por el brillo tras la lluvia crece la hierba de la tierra" (VM). En El se cumplirán todos los ideales de una realeza perfecta, y bajo su benéfico gobierno todos los aspectos de la vida de los hombres se renovarán como la hierba tras la lluvia.

Sus glorias se revelan a través de los títulos bíblicos por los cuales es designado: Emanuel (con nosotros Dios, Is. 7:14; Mt. 1:23); el Señor triunfante (Fil. 2:11); el Poderoso para salvar (Sof. 3:17); y la Cabeza suprema sobre todas las cosas (Ef. 1:10; Os. 1:11; Ez. 37:34; Zac. 14:9).

Si le contemplamos *objetivamente* le vemos como:

* *El unificador de su pueblo*, cual el David verdadero (Ez. 37:22-24; 34:23, 24; Os. 3:5).
* *El Príncipe de Paz entronado*, quien es el Señor de su antecesor David (Lc. 1:32; Mt. 22:45; Is. 9:6-7).
* *La Bandera de los pueblos*, y punto de su reunión (Is. 11:10).
* *El elevado Arbol* que cobija a los pueblos, sustituyendo los "árboles" que han sido las poderosas naciones de la historia (Ez. 17:22-24 con v. 4).

Por su naturaleza *interna* es:

* El *Retoño y el Renuevo* del tronco de Isaí, además de ser la Raíz. Como tal posee el Espíritu en sus siete manifestaciones (Is. 11:1-2; Ap. 5:6; 4:5).
* El *Rey-Sacerdote*, con las coronas de plata y de oro (Zac. 6:11-13). En el mismo contexto se le llama vástago (cp. Zac. 3:6; Jer. 25:5; Is. 4:2).
* *Jehová, justicia nuestra*, relacionándose este título con su función como Rey divino y Redentor (Jer. 23: 5-6; 33:15-16).
* El *Nazareno*, derivado de *nezer, retoño*, además de la referencia

al ser de Nazaret donde se crió (Mt. 2:23; Is. 11:1). Bajo su gobierno habrá nuevos retoños de vida para Israel y el mundo, y El restaurará el templo de Dios y la "tienda" derrumbada de David (Zac. 6:12; cp. Is. 27:6; 35:1, 2; Os. 14:6-8; Amós 9:11).

"Procedente de mí es hallado tu fruto" dice el Señor a su pueblo restaurado (Os. 14:8), pues el hecho más fundamental de la naturaleza del Mesías es su deidad eterna, que le permite ser a la vez la raíz y el retoño, el origen y la corona, el principio y la meta de la casa real de David (Ap. 22:6; 5:5). El une en sí mismo la promesa y el cumplimiento, siendo la estrella nocturna además de la aurora del nuevo día. ¡Hermoso título hallamos en Apocalipsis 22:16: "La estrella resplandeciente de la mañana", heraldo y causa del amanecer eterno!

La adoración que recibe de los hombres

El Rey divino recibirá por fin la adoración que le corresponde, aquí abajo, en el mundo de los hombres: "Desde donde el sol nace hasta donde se pone, es grande mi nombre entre las gentes; y en todo lugar se ofrece a mi nombre perfume y presente limpio; porque grande es mi nombre entre las gentes, dice Jehová de los ejércitos" (Mal. 1:11). En relación con este culto parece ser que ha de levantarse de nuevo un templo en Jerusalén (Ez. 37:26, 28; 43:7), donde se presentarán todas las categorías principales de los sacrificios levíticos, tales como el holocausto, la ofrenda de harina, la de paz, la del pecado (Ez. 43:18-27; 44:11, 15, 27, 29; 45:17; 46:3). El sacerdocio habrá de ejercerse por la familia de Sadoc, "el justo" (Ez. 40:46; 43:19; 44:15). Ezequiel, en los últimos capítulos de su libro, que tratan del futuro régimen mesánico, describe con tanto detalle los cultos del milenio, dándonos tantas medidas y ordenanzas, que no parece posible entenderlos solamente en sentido figurado y espiritual.

Desde luego nos extraña, después de las enseñanzas de la Epístola a los Hebreos sobre la perfección de la obra del Calvario y la cesación de los sacrificios típicos del régimen interior (He. 10:10, 14; 8:13; 7:18; etc.), que se vuelva a establecer un culto basado sobre sacrificios y ofrendas materiales, pero quizá servirán —como el bautismo y la cena del Señor en nuestra dispensación— como *recordatorio*, y mirarán atrás a la obra consumada de la redención, de la manera en que, en el Antiguo Testamento, anticipar la obra futura.

Hay importantes *diferencias* entre el templo del milenio y el de Salomón, ya que no se hallará en el templo futuro ninguna arca del pacto (Jer. 3:16, 17), y no se dice nada del candelero, ni de la mesa de los panes de la proposición, ni habrá velo entre el lugar santo y el santísimo (cp. He. 9:8; Mt. 27:51).

Hemos de recordar el hecho de que, desde la destrucción de Jerusalén por Nabucodonosor, Israel no ha tenido jamás otra arca del pacto. Esto suponía una deficiencia muy seria en el templo que levantó Zorobabel (que duró, restaurado más tarde por Herodes, desde el año 516 a.c. hasta 70 d.C.), porque el templo sin el arca era como una cáscara sin nuez, o como una casa sin habitantes, ya que servía de trono simbólico del Señor, la señal de su presencia en medio de su pueblo, siendo, por lo tanto, el objeto más sagrado del santuario (Ex. 25:22).

Lo que era trágica deficiencia en el segundo templo, será maravillosa ganancia en el templo del reino visible, ya que el Señor estará presente personalmente, teniendo su trono en Jerusalén, de modo que no hará falta el arca para simbolizar la realidad, y la nube de gloria, la *shekinah*, indicará siempre que "El Señor está allí" (Ex. 40:34-38; Jer. 3:17; Is. 4:5).

Esta ausencia del arca en el templo literal futuro, expresa exactamente la naturaleza del reino milenial como período transicional que desemboca a la eternidad, pasando a la Jerusalén celestial, centro de la nueva creación, no hará falta ni siquiera un templo, ya que todo simbolismo se habrá cumplido en la plena manifestación de Cristo (Ap. 21:22). En el reino visible desaparece la parte principal del simbolismo, pero juntamente con el germen de la perfección en la presencia visible de Cristo, quedará aún la "cáscara" de este viejo mundo. Por lo tanto este período es a la vez el cumplimiento de la profecía y el preludio de la consumación, tanto el fin de la condición temporal como la aurora de la eternidad.

Pero los profetas del Antiguo Testamento no distinguían claramente entre el tiempo y la eternidad, de modo que para ellos el fin de lo temporal se fundía con el principio del reino manifestado al otro lado del gran cambio de la nueva creación, uniéndose la Jerusalén terrenal y la celestial en un solo y magnífico cuadro. Isaías, por ejemplo, habla de un nuevo cielo y una nueva tierra, pero señala sin embargo que podrá existir allí el pecado y la muerte como algo excepcional (Is. 65:17, 20; 66:22), lo que indica que contempla el *reino terrenal*, donde el pecado es aún posible, y a *través de él* percibe el reino eterno, donde mora tan sólo la justicia. De forma análoga habla de la Jerusalén del tiempo del fin, indicando que no necesita la luz ni del sol ni de la luna, porque el Señor es su lumbrera; pero, a la luz del Nuevo Testamento, hemos de pensar que en último término contempla las características de lo eterno a través del cristal, aun material, del reino terreno (cp. Ap. 21:23). Esta visión profética espiritualiza el reino visible en un sentido legítimo, noble y sublime, pues solamente al pasar a la revelación del Nuevo Testamento se traza una frontera bien delimitada entre el tiempo y la eternidad.

Bosquejo: los templos de las Escrituras

1. El *tabernáculo de Moisés*, desde 1500 a 1000 a.C.
2. El *templo de Salomón*, desde 1000 hasta 586 a.C.
3. El *templo de Zorobabel*, restaurado por Herodes, desde 516 a.C. hasta 70 d.C. (véase Jn. 2:20).
4. El *templo del Cuerpo de Cristo* (Jn. 2:21).
5. El *templo espiritual de la Iglesia universal* (Ef. 2:21).
6. El *templo de la iglesia local* (1 Co. 3:16-17).
7. El *templo del cuerpo del cristiano individual* (1 Co. 6:19).
8. El *templo de los tiempos del fin* (Ap. 11:1-2).
9. El *templo del milenio* descrito por Ezequiel (Ez. 40—44).
10. La *nueva Jerusalén*, que será toda ella un templo (Ap. 1:3, 22).

La función de un templo es la de manifestar la gloria de Dios, hasta que se llegue al estado eterno del cual se declara: "He aquí el tabernáculo de Dios está con los hombres, y él habitará con ellos."

EL PUEBLO DE ISRAEL

El retorno de Israel y su reunión en Canaán

El recogimiento de los israelitas dispersos para tomar otra vez posesión de su tierra es una de las promesas que más se reiteran en los libros de Moisés y en los profetas: "De cierto te reuniré todo, oh Jacob, y recogeré ciertamente el resto del Israel" (Mi. 2:12; Is. 27:12-13; 60:4; Os. 11:10-11, etc.). Por Moisés Dios declaró: "Si hubiera sido arrojado hasta el cabo de los cielos, de allí te recogerá Jehová tu Dios, y de allá te tomará" (Dt. 30:4). Esta gran obra de Dios no ha de confundirse con el retorno actual de una parte de Israel a Palestina, pues el movimiento que vemos hoy día, si bien obedece a los designios de la providencia de Dios, ha de entenderse como una obra de los hombres, quienes actuan mayormente en incredulidad, sin haber reconocido aún a su Mesías. Los medios y las circunstancias del retorno final se indican por las escrituras que citamos a continuación.

- El retorno de Israel se efectuará por mediación de naciones y reyes gentiles (Is. 49:22, 23; 60:9, 10; 61:5; 66:20).
- Habrá un acompañamiento de señales y maravillas visibles (Miq. 7:15; Is. 11:15-16: 35:5-10; Zac. 10:11).
- El mismo Señor dirigirá la operación (Is. 52:12; Miq. 2:13; Os. 1:11; Jer. 31:9).

El retorno de un resto de los israelitas de Babilonia, por permiso de los reyes de Persia, y bajo la mano de Zorobabel, Esdras, etc. (véanse libros de Esdras y Nehemías) puede considerarse como un tipo y anticipo del retorno final, pero el acontecimiento último es superior en todo al movimiento histórico, como podemos percibir por los factores siguientes:

1. *Es superior por la amplitud del movimiento.* El retorno de Babilonia fue un movimiento de un resto que salió de una sola nación, pero el recogimiento de la dispersión futura será de todos los pueblos (Dt. 30:3; Is. 11:11-12; 43:5-6; 60:9; Jer. 23:8; 29:15; 31:8-10; 32:37; Ez. 34:12). El primero interesaba especialmente a las dos tribus de Judá y Benjamín (Esdras 2), bien que con fragmentos de otras que se adherían al movimiento, pero todas las doce

tribus participarán en el retorno final habiéndose terminado la separación del reino del norte (Israel o Efraín) de Judá (Jer. 3:18; 30:3; 31:1, 6; 33:7; 50:4; Zac. 10:6; Is. 11:13; Ez. 37:15-24; Os. 1:11).

2. *Es superior por su permanencia y seguridad.* La comunidad que se formó por el retorno bajo Zorobabel perdió de nuevo su existencia a causa de la destrucción de Jerusalén y la dispersión de los judíos por los romanos en los años 70 y 135 d.C., pero la comunidad futura disfrutará de perfecta paz y prosperidad durante el milenio, y los salvados pasarán al estado eterno, de modo que Jerusalén y el resto, regenerado espiritualmente, "morará en seguridad" y "nunca más serán arrancados de su tierra" (Zac. 14:11; Jer. 24:6; 30:10; 32:37; 33:16; Os 2:20; Amós 9:15). La ciudad de Jerusalén ha sido destruida más de veinte veces en el curso de su aciaga historia, pero después del retorno final podrá desarrollar su vida en perfecta seguridad (Jer. 31:38-40; Is. 54:15; 32:18; 52:1; Joel 3:17).

3. *Es superior por la condición interna y espiritual del pueblo reunido.* Sin duda el retorno bajo Zorababel correspondía a un avivamiento del pueblo, que nunca jamás desde aquella fecha volvió a caer en la idolatría, pero la renovada vida pronto degeneró en mera ortodoxia y creencia intelectual, hasta tal punto que fue esta comunidad precisamente la que rechazó a su Mesías. En cambio, el retorno futuro se relacionará con la plena salvación mesiánica, resultando en una fe que brotará del corazón, juntamente con una vida espiritual vigorosa y constante. La idolatría desaparecerá, no sólo de Israel, sino de todas las naciones de la tierra (Is. 49:8-13; Os. 2:17). (Véase más abajo.)

Todas estas consideraciones, y muchas más que podríamos aducir, lo hacen imposible aplicar las profecías del retorno final de Israel al limitado y flojo movimiento de un pequeño resto que emigró de Babilonia a Jerusalén en el año 536 a.C. Además de lo expuesto arriba, notemos también los puntos siguientes:

• Isaías profetizó expresamente que había de haber un segundo recogimiento de Israel de entre las naciones (Is. 11:11).
• Zacarías, sobre el año 520 a.C., es decir, después del retorno del resto bajo Zorobabel en 536 a.C., volvió a predecir que

había de haber una reunión todavía futura, de todo Israel, recogiéndose la dispersión (Zac. 9:11-13; 10:8-10).

• La extensión, duración y circunstancias de las profecías sobre el retorno final no coinciden en muchos pormenores con lo que sabemos del acontecimiento que se realizó en el año 536 a.c. Por lo tanto, se espera el cumplimiento de todo en un hecho futuro.

Evidentemente hallamos algunas predicciones que, según la perspectiva profética, hacen referencia a los dos retornos, pero hay muchas otras que no pueden aplicarse sino al último.

La conversión de Israel al Señor

La evidencia bíblica pone de manifiesto que una parte del pueblo de Israel habrá vuelto a su tierra antes del reino del Anticristo.

• El Anticristo ha de oprimir a los israelitas en la tierra de Judea (Mt. 24: 16-22; Ap. 11:1-14).
• Es en el "lugar santo" donde el Anticristo erigirá la "abominación del asolamiento" (Mt. 24:15; Dn. 9:26-27; 11:31; 12:11).
• En el curso de su guerra contra los judíos, el Anticristo invadirá y asolará la tierra de Palestina (Zac. 14:1-2; 12:2; Joel 3:12).
• El Mesías, al descender del cielo, librará a su pueblo por la victoria de Armagedón, "el Monte de Meguido", que se halla al lado de la llanura de Jezreel en el norte de Palestina (Ap. 16:16).
• El juicio de las naciones se celebrará en el valle de Josafat (Joel 3:12-18; Zac. 14:3-5; 12:3-9).

Repetimos que estos acontecimientos (menos el último) se realizarán al hallarse Israel aún en un estado de incredulidad respecto a su Mesías, pero vuelve en nuestros días a Palestina, no como pueblo de Dios, sino como la "nación israelí", y no tanto por motivos religiosos como por móviles políticos. Los huesos secos de la visión de Ezequiel (cap. 37), que significan la nación de Israel, habrán de juntarse y volver a vivir por un soplo de vida que es la potencia del Espíritu de Dios, lo que corresponde al retorno que Dios ordenará directamente.

Hay claras noticias proféticas de una rápida serie de acontecimientos en relación con Israel que seguirán la manifestación del Mesías en gloria.

1. *La revelación del Mesías.* Apocalipsis 1:7 resume el sentido de varios otros pasajes: "He aquí que viene con las nubes y todo ojo le verá, y los que le traspasaron..." (cp. Zac. 14:4; Mt. 26:64).

2. *Israel lamenta su rechazamiento del Mesías.* Entonces "todas las tribus de la tierra [Palestina] lamentarán sobre él ... harán llanto sobre él como llanto sobre unigénito, afligiéndose sobre él como quien se aflige sobre primogénito" (Ap. 1:7; Zac. 12:10-14).

3. *El arrepentimiento de Israel.* Los israelitas lamentarán sus pecados, y especialmente el crimen de haber dado la muerte a su Mesías (Zac. 12:10). Por fin el judío reconocerá su perversidad como algo abominable y aborrecible (Ez. 36:21, trad. lit.) y aquellos que se hicieron detestables delante de Jehová a causa de sus pecados serán aborrecibles a su propia vista (Lv. 26:30; Ez. 20:43; 36:31). Todo ello les llevará, en lloro continuo, a buscar a Jehová (Jer. 50:4; Os. 3:5; Jer. 31:9).

4. *La confesión de Israel.* Isaías 53:3-6 ha de entenderse como la confesión del pueblo que por fin reconoce su crimen al haber dado la muerte a su Mesías: "Despreciado fue, y no hicimos aprecio de él. Ciertamente él ha llevado nuestros padecimientos, y con nuestros dolores él se cargó; mas nosotros le reputamos como herido, castigado de Dios y afligido. Pero fue traspasado por nuestras transgresiones, quebrantado fue por nuestras iniquidades, y el castigo de nuestra paz cayó sobre él, y por sus llagas nosotros somos sanados" (VM). He aquí la sentida confesión de Israel en el tiempo del fin, cuando se avergüence de su ceguera a la luz de la manifestación del Señor.

5. *El nuevo nacimiento de la nación.* La obra de gracia que se realizará en la nación de Israel será tan profunda que hay que conceptuarla como un "nuevo nacimiento", basado, desde luego, en la expiación de la cruz: "En aquel tiempo habrá manantial abierto para la casa de David y para los moradores de Jerusalén, para el pecado y la inmundicia" (Zac. 13:1). Dios perdonará los pecados de su pueblo, cubriendo su iniquidad, lavando su inmundicia y sanando las heridas de su apostasía (Jer. 33:8; Is. 44:22; 4:4; Os. 14:4).

Además, quitará su pétreo corazón, cambiará su espíritu venal, expiará la culpabilidad de sus crímenes de sangre, y vivificará los "huesos secos" de su estéril nacionalidad (Ez. 11:19; 36:26; Zac. 14:21; Is. 4:4; Ez. 37:9; Os. 6:2). En su gracia Dios rociará a los suyos con agua limpia, derramando sobre ellos un espíritu de gracia y de súplica, y aun les llenará de su Espíritu Santo (Ez. 36:25-28; Lv. 14: 1-7; Zac. 12:10; Ez. 37:14; 39:29; Is. 44:3; Joel 2:28-29).

Toda esta maravillosa operación de gracia constituirá el nuevo nacimiento espiritual de Israel, y la nación, en lugar de ser *Loruhama* (no amada) llegará a ser *ruhama*, (la amada). En los tiempos de su rebeldía Dios tenía que denominarla *Lo-ammi* (no pueblo mío) pero en la restauración será *Ammi*, (mi pueblo) (Os. 1:6, 9; 2:1, 23). Después de esta renovación espiritual Israel podrá aceptar un pacto de gracia, que será eficaz en su vida interna, disfrutando también de las bendiciones de un matrimonio espiritual con Jehová (Jer. 31:31-34; Os. 2:18-20; Is. 62: 5; 61:10).

El escenario será la tierra prometida de Canaán, y se efectuará este gran cambio en un solo día. "Grande es el día de Jezreel" (Os. 1:11) cuando Jehová apresurará su obra de la nueva creación (Is. 60:22). Así en un día "una tierra entera será creada" y "de una vez" nacerá una nación, viendo todo ojo esta obra "cuando el Señor vuelva a traer a Sion" (Is. 66:7-9; 52:8).

6. *La santidad del pueblo.* Desde entonces en adelante Israel será un pueblo santo, según la profecía de Isaías 4:3: "Acontecerá que el que quedare en Sion y el que fuere dejado en Jerusalén será llamado santo, todos los que en Jerusalén están escritos entre los vivientes." Los rasgos más destacados del pueblo serán el conocimiento del Señor y la justicia: "No harán mal ni dañarán en todo mi santo monte; porque la tierra será llena del conocimiento de Jehová, como cubre la mar las aguas" (Is. 11:9). Hasta tal punto será santo el pueblo que se grabará hasta sobre los cascabeles de los caballos la frase de dedicación sacerdotal: "Santidad a Jehová" (Zac. 14:20; cp. Ex. 28:36). El mismo signo se hallará aun sobre los pucheros de Jerusalén y Judá, que serán santos para Jehová de los ejércitos (Zac. 14:21).

La justicia futura de Israel será perfecta, ya que no dependerá de sus esfuerzos bajo un pacto legal, sino que surgirá del "manantial" del Calvario, siendo claro y brillante, ardiendo su salvación como una antorcha (Is. 62:1). Su pureza se compara a la del oro y de la plata, y su hermosura será cual preciosa diadema en las manos de Dios (Zac. 13:9; Mal. 3:3; Is. 62:3; 28:5-6).

La capital de la nación será ciudad santa en medio de la nación justa, siendo Palestina por fin el adorno de todo el mundo, y brillando los israelitas cual joyas sobre el suelo de su propia tierra (Joel 3:17; Is. 52:1; 26:2; Jer. 3:19; Zac. 9:16).

Jerusalén será llamada la "Ciudad de la Verdad", siendo sus murallas "salvación" y sus puertas "alabanza", porque el Rey, la Roca de los siglos, estará en medio de ella (Zac. 8:3; Is. 26:1; 60:18; 26:4). A causa de todo ello cada corazón rebosará de gozo (Is. 65:19; 12:1-6).

7. *La bienaventuranza del pueblo.* Las tragedias que han resultado de la rebeldía de Israel se trocarán en la más completa felicidad, cuando, según la profecía de Isaías 35:10; 51:11, "los redimidos de Jehová volverán y vendrán a Sion con alegría, y gozo perpetuo será sobre sus cabezas; y retendrán el gozo y la alegría, y huirá la tristeza y el gemido". Añade el mismo profeta en 54:11-12: "He aquí —dice el Señor— tú, pobrecita, fastigada con tempestad, sin consuelo; Yo cimentaré tus piedras sobre carbunclo y sobre zafiros te fundaré, y sus ventanas pondré de piedras preciosas".

Seguramente estas elocuentes y poéticas frases vislumbran también la Jerusalén que desciende de arriba, pero en primer término hemos de entender la ciudad literal, ya que la celestial nunca habrá conocido tiempos de miseria ni de desconsuelo. Las Escrituras declaran sin ambages que la ciudad terrenal es "la ciudad del gran Rey", "la Sion del Santo Dios de Israel" (Mt. 5:35; Sal. 48:2; Is. 60:14), y a causa de esta dignidad real ha de ser reedificada como "casa magnífica" (Lc. 21:24; Is. 58:12; 60:7, 13).

La seguridad de Jerusalén se recalca en pasajes como Jeremías 24:6; 32:37; Zacarías 14:10-11, etc., y se habrá alejado la amenaza de las enfermedades (Dt. 7:15; Is. 33:5-6; 65:20-23). La cobardía de los israelitas durante el período de su rechazamiento se trocará en valor y heroísmo, siendo el más flojo como la casa de David, ya que el Ángel del Señor le capitaneará (Zac. 10:3-5; 12:8; Is. 33:24). No hará falta muralla, pues el mismo Señor será como muralla de fuego en derredor (Zac. 2:5; Sof. 3:17).

El trono del Mesías en medio del pueblo

Jerusalén será el lugar del trono del Mesías, y por lo tanto, Sion será ensalzado por encima de todos los demás montes, es decir, naciones (Jer. 3:17; Is. 24:23; 2:2; Miq. 4:1; Sal. 48:1-2). Alrededor de este trono se hallarán los de los doce apóstoles (Mt. 19:28) quienes, a la cabeza de jerarquías más amplias de jueces y de príncipes, gobernarán en justicia las doce tribus (Is. 1:26; 32:1; 60:17; Jer. 23:4; Abd. v. 21). De la manera en que el judío ha sido término de reproche y de maldición, así en el reino visible, llegará a ser bendición en tal grado que si uno desea el bien de otro, dirá: "¡El Señor te bendiga como ha bendecido a Sion!"

Gloriosos nombres del pueblo de Israel

* *Individualmente* serán sacerdotes, siervos de Dios y los redimidos del Señor (Is. 61:6; 62:12; 58:12).
* *Corporativamente* serán "el pueblo santo", "delicia" de Jehová (Is. 62:12, 4).
* La *tierra misma* se denominará "la esposa de Jehová", "deleite" de todo el mundo (Is. 62:4; Sal. 48:3).
* La *ciudad capital* es la "ciudad de verdad", la "montaña de justicia", la "ciudad fiel", el "Sion del Santo de Israel", "ciudad de justicia", nombre que refleja el título del Rey mismo quien es "Jehová nuestra justicia" (Zac. 8:3; Is. 1:26; 60:14; Jer. 33:16; 23:6; Ez. 48:35).

Es necesario recalcar que todo ello es obra de Dios, y no dependerá en lo más mínimo de la fuerza humana o nacional. Por sus orígenes Israel era "el más pequeño de los pueblos", y en su desarrollo parecía como las espinas de una zarza a causa de su rebelión, llegando a ser abominación a Jehová por la abundancia de sus pecados (Dt. 7:7; Miq. 7:4; Ex. 3:2; Lv. 26:30). Su transformación, pues, al principio de la nueva época, será un milagro espiritual, basado sobre la obra de la cruz que por fin será aceptada por ellos (Is. 53), y toda la honra y toda la gloria será del Señor. "No lo hago por vosotros, oh casa de Israel, sino por causa de mi santo nombre, el cual profanasteis vosotros entre las gentes donde habéis llegado; y santificaré mi gran nombre ... y sabrán las gentes que yo soy Jehová" (Ez. 36:22, 23, 32; cp. 20:44; 39:25). Así la renovación de Israel llega a ser el medio de glorificar universalmente a Dios, siendo suya la alabanza y quedando el pueblo como símbolo y testimonio de la misericordia de Dios. Israel será muy consciente de ello y humildemente exclamará: "No a nosotros, oh Jehová, no a nosotros, sino a tu nombre da gloria por tu misericordia y por tu verdad" (Sal. 115:1; cp. Is. 60:20; 43:6-7; 49:10; 54:10).

El servicio evangelizador de Israel
Hay indicaciones de que la nación renovada habrá de ser el evangelista de Dios entre los pueblos: "Desde Sion saldrá la ley y la palabra de Dios desde Jerusalén ... Este pueblo crié para mí y mis alabanzas publicará ... para que cuenten en Sion el nombre de Jehová y su alabanza en Jerusalén, cuando los pueblos se congregaren y los reinos para servir a Jehová" (Miq. 4:2; Is. 2:3; 43:31; Sal. 79:13; 102:21-22).

Es quizá con miras a este servicio futuro que Dios les ha dado un don especial para aprender idiomas y hacer propaganda, y aquella asombrosa capacidad de adaptarse a la vida de diversos pueblos, al par que mantienen con tanta tenacidad su propia nacionalidad. Durante los siglos de su incredulidad Israel era maldición entre los pueblos, pero más adelante Dios se valdrá de sus dotes especiales para bendición siendo el pueblo el portador y el testigo por excelencia de las buenas nuevas del reino. Entonces el Señor se dirigirá a su pueblo diciendo: "¡Levántate, resplandece, que ha venido tu lumbre, y la gloria del Señor ha nacido sobre ti!" (Is. 60:1; cp. Jer. 24:9; 25:18; Zac. 8:13; Mt. 4:23; 9:23, 35; 24:14).

De entre los salvos de las naciones Dios escogerá también mensajeros que visitarán los pueblos más distantes de la tierra: "Tiempo vendrá cuando junte todas las gentes y lenguas y verán mi gloria; y pondré entre ellos señal y enviaré de los escapados de ellos a las gentes ... que no oyeron de mí ni vieron mi gloria; y publicarán mi gloria entre las gentes" (Is. 66:18-19). Estos escapados serán sin duda los gentiles que se habrán librado de la destrucción del Anticristo y sus huestes, sin haber llevado su señal.

La analogía entre Saulo de Tarso e Israel de los últimos tiempos

* Tanto Saulo como Israel perseguían a los cristianos, odiándose por no comprender que Jesús era el Mesías esperado (Hch. 9:1; 1 Ts. 2:15-16).
* Tanto el Apóstol como la nación se convierten por la manifestación del Señor en gloria (Hch. 9:4-8; Mt. 24:30).
* La nación, a la manera de Saulo, llega a ser mensajero a las gentes (Hch. 26:17-18; Is. 66:18-19).

La experiencia de Israel, que corresponderá a la de Saulo en el camino a Damasco, se verificará en el Monte de los Olivos, y la nación pasará de la vista a la fe para emprender luego su misión universal a las gentes (Zac. 14:4; Ap. 1:7; Jn. 20:29; Is. 12:4).

LAS NACIONES

La meta de Dios no es sólo la bendición de Israel, sino la de toda la raza humana, siendo el pueblo escogido el instrumento para una finalidad universal. Por eso Dios dice a su siervo el Mesías: "Poco es que tú me seas siervo para levantar las tribus de Judá, y para que restaures los asolamientos de Israel; también te di por luz de las gentes, para que seas mi salvación hasta los postreros de la tierra" (Is. 49:6; 42:6-7; Lc. 2:30-32).

La conversión de las naciones del mundo

Las naciones evangelizadas por medio del mensaje del reino se someterán con agrado a Cristo como su gobernador y Rey, deshaciendo todo ídolo, y rechazando toda religión humana, de modo que sólo el Señor quedará como Rey sobre la tierra entera (Miq. 4:2; Is. 43:21; 66:18-19; 59:19; 2:18-20; Sal 102:21-22; 96:10; 98:9; 99:1-2; Zac. 23:2; Jer. 16:19-21). Como rasgo muy significativo de esta transformación, Dios "deshará en este monte la máscara de la cobertura con que están cubiertos todos los pueblos, y la cubierta [velo] que está extendida sobre todas las gentes" (Is. 25:7). Es decir, el velo de la incomprensión carnal desaparecerá, y los hombres tendrán una visión directa de la gloria del Señor en lugar de la "visión de la fe" de los creyentes en nuestra dispensación. Pueblos y tribus, convertidos al Señor, percibirán claramente que el Nazareno despreciado es de verdad el Rey de gloria (Sal. 24:7-10; Fil. 2:11; Ef. 1:10). Entre las naciones se hacen mención especial de los antiguos enemigos de Israel: Asiria y Egipto, y al recibirlos el Señor dirá: "Bendito el pueblo mío Egipto, y el Asirio obra de mis manos e Israel mi heredad" (Is. 19:25).

La consumación del reino visible será la sumisión total de todo el mundo a Cristo (Sal. 22:28-29; 47:7-9; 50:1-2; 72:8-11; 86:9; 99:12; 113:4-3), y la labor de evangelización universal resultará en la salvación de todos los pueblos, de modo que el milenio será el período misionero más importante de todos los tiempos. Por la primera vez habrá naciones cristianas, y asociaciones de tales naciones, según el verdadero sentido de las Escrituras (Is. 45:22-24).

La conversión de naciones, y no sólo de individuos, tendrá como motivo la visión completa de las maravillosas obras de Dios en el tiempo del fin, que incluirán la glorificación de la Iglesia, la manifestación de Cristo en gloria, la batalla decisiva de Armagedón, el juicio de los pueblos en el valle de Josafat y el glorioso salvamento de la nación de Israel: "Cuando Jehová hiciere tornar la cautividad de Sion; seremos como los que sueñan, entonces dirán entre las gentes: ¡grandes cosas ha hecho Jehová con éstos!" (Sal. 126:1-2). "Tú levantándote, tendrás misericordia de Sion, porque el tiempo de tener misericordia de ella, porque el plazo es llegado ... Entonces temerán las gentes el nombre de Jehová y todos los reyes de la tierra tu gloria" (Sal. 102:13, 15). Tengamos en cuenta que los endurecidos se habrán quitado de en medio, o por la destrucción de Armagedón o por el juicio de las naciones (Mt. 25:31-46), siendo sujeto el diablo a fin de que no pueda seducir las naciones durante esta época.

La santificación de las naciones

La conversión de las naciones resultará en su santificación, según la profecía de Sofonías 3:9: "Por entonces volveré a los pueblos el labio limpio, para que todos invoquen el nombre de Jehová, para que de un consentimiento le sirvan" (cp. Jer. 3:17; Miq. 4:2). Por fin habrá un desarme por el consentimiento de todos, y las naciones perderán su deseo de oprimir a las demás, en su afán de buscar más y más poder para sí. En lugar de guerras frías y calientes habrá intercambios pacíficos por los cuales cada uno buscará el modo de honrar y enriquecer a los demás, y eso porque todos servirán al Señor de todos, al Rey divino (Is. 2:4; 1:23; 66:23; Zac. 14:9). El hermoso cuadro profético incluye la sanidad del cuerpo, trabajos provechosos, la justicia social, ayuda mutua entre diversas comunidades, la limitación de ciudades gigantes, fronteras trazadas con rectitud e igualdad de derechos según las ordenanzas de Dios (Is. 35:5-6; 66:23; 65:20-23; 11:3, 4; 58:7; Zac. 14:9; 3:10; Hch. 17:26; Miq. 4:3). Continúa, pues, la vida nacional y normal de las naciones, pero en su conjunto han de constituir un organismo armonioso, sintiendo todos una comunidad de vida como la que rige en los miembros de un solo cuerpo, deseosos todos de promover el bien de todos: en fin, una verdadera familia de pueblos que manifestará sus variados rasgos dentro de una estrecha unidad.

Pero esta santificación nace de una profunda devoción de corazones que tienen sed del Dios que les amó y les salvó, y toda bendición ha de entenderse en relación con el Cristo glorificado, el retoño de la raíz de David que será como "bandera" para reunir los pueblos que por El inquirirán (Is. 11:10). Es a causa de su nombre que "las gentes se congregarán en uno" y "la tierra será llena del conocimiento de la gloria de Jehová como las aguas cubren el mar" (Jer. 3:17; Hab. 2:14).

La adoración de las naciones

Las naciones salvas participarán en la adoración del milenio que ya hemos descrito, como dice el Señor: "Desde donde el sol nace hasta donde se pone es grande mi nombre entre las gentes, y en todo lugar se ofrece a mi nombre perfume y presente limpio" (Mal. 1:11; cp. Zac. 8:21-22; 14-16; Is. 56:7; 60:7; Sal. 102:21-22; 72:11).

El Rey de las naciones

Emanuel, el Rey divino, será el centro de todo, y la gloriosa profecía de Isaías 9:6 se cumplirá en su plenitud: "Un niño nos es nacido, hijo nos es dado, y el principado sobre sus hombros; y llamaráse su nombre: Admirable Consejero, Dios fuerte, Padre eterno, Príncipe de paz". El juzgará a los pueblos en justicia, y a los pobres y humildes con rectitud. El dará paz a las naciones y creará el bienestar a favor de todos, siendo árbitro de los pueblos y Príncipe de los reyes de la tierra, como también Cabeza universal de toda obra de Dios (Sal. 67:4; 96:10; 72:1-2; Is. 11:3-4; 29:19-21; 1 S. 2:8; Zac. 9:10; Miq. 4:3; Ap. 1:5; Ef. 1:10). Por medio de El "habitará el juicio en el desierto, y en el campo labrado asentará la justicia como la tierra produce su renuevo, y como el huerto hace brotar su simiente, así el Señor Jehová hará brotar justicia y alabanza delante de todas las gentes" (Is. 32:16-17; 6:11).

Las bendiciones de las naciones

Estas bendiciones pueden resumirse en el bosquejo que sigue:

- Las naciones serán admitidas a las bendiciones prometidas. El momento se señala por el juicio del valle de Josafat, o sea el de las naciones (Joel 3:12; Mt. 25:31-46).
- Las naciones experimentarán una renovación espiritual por medio de conversiones nacionales (Is. 2:3; 19:21, 24, 25).
- Las naciones aceptarán un perfecto orden político por medio del Redentor divino (Ap. 1:5; Is. 2:2; 45:22-23).
- Las naciones llegarán a un acuerdo internacional por las disposiciones del árbitro del mundo (Is. 2:4; Zac. 9:10).
- Las naciones conseguirán la armonía civil por adoptar perfectas medidas de justicia social por indicación del legislador (Is. 11:3,4: 29:19-21).
- Las naciones llegarán a una bienaventuranza externa por tales bendiciones como la salud física, longevidad, trabajos productivos y la fertilidad de la naturaleza (Is. 35:5-6; 65:20-23; Zac. 3:10; Is. 30:23-24; 41:18-19; 43:20; 55:13).
- Las naciones llegarán a una santificación interna por medio de la comunión con el Eterno (Sof. 3:9; Hab. 2:14; Is. 11:10).
- Las naciones participarán en el culto verdadero de Jehová por elevar sus alabanzas en sus localidades, además de acudir a las fiestas del templo en Jerusalén (Miq. 4:2; Zac. 8:21; 14:16; Is. 56:7; 60:3; 66:23; Mal. 1:11).

LA IGLESIA

¿Dónde aparece la Iglesia en esta época del reino milenial? Por lo que podemos deducir de las Escrituras, habita regularmente el cielo, con Cristo, y no la tierra, ya que, después del recogimiento, habrá de "estar siempre con el Señor" (1 Ts. 4:17). Lo más importante es el hecho de que los miembros estarán íntimamente ligados a la Cabeza, teniendo parte en su soberanía y gloria, reinando con Cristo, según la promesa: "Al que venciere, yo le daré que se siente conmigo en mi trono" (Ap. 3:21; cp. 2 Ts. 2:14; Col. 3:4; 1 Co. 1:9; 6:2-3; 2 Ti. 2:12; Mt. 19:28).

Al considerar la manera en que la Iglesia ha de reinar durante el milenio es necesario tomar en cuenta que el velo entre las esferas terrenales y celestiales no existirá, que Satanás y sus jerarquías habrán sido desalojados de las esferas celestiales, y que el cuerpo de los creyentes será parecido al cuerpo resucitado y glorificado del Señor, siendo no ya terrenal sino celestial (Fil. 3:21; Co. 15:40-49). Los miembros de la Iglesia, pues, serán distintos en cuanto a su modo de existencia de los israelitas y de las naciones, quienes pertenecerán aún a la tierra vieja. Sin duda aparecerán también sobre la tierra en el cumplimiento de la misión y el gobierno que el Señor les habrá encomendado, pero de una forma semejante a las manifestaciones del Señor, a los suyos después de su resurrección. Como "glorificados" pertenecen al mundo celestial, pero como Cristo resucitado, podrán tomar parte también en la vida terrenal, y posiblemente hasta el punto de poder comer y beber (Mt. 26:29; Lc. 24:29-43; Jn. 20:27). Pero no conviene investigar demasiado estos misterios sino quedar dentro de los límites de lo revelado. Lo importante es que nos gocemos en la esperanza de la gloria venidera dejando los detalles de la realización de todo ello en las manos del Omnipotente.

Jerárquicamente la posición de la Iglesia es superior a la de Israel durante este período, siendo los judíos los súbditos en el reino de Cristo, mientras que los miembros de la Iglesia reinan conjuntamente con El; la Iglesia es la Esposa, el conjunto del pueblo celestial, mientras que los israelitas componen el pueblo terrenal, de modo que, a la manera en que el cielo es más alto que la tierra, así son superiores las bendiciones del pueblo celestial con respecto al terrenal (2 Ti. 2:12; Mt. 19:28; Is. 60:21; Ef. 1:3).

De nuevo percibimos una "tri-unidad" al considerar el reino milenial, siendo las naciones el cuerpo del organismo, Israel el alma, y la Iglesia, conjuntamente con Cristo, el espíritu. Mudando el símil, y pensando en el templo, las naciones forman el atrio, Israel corresponde al lugar santo, mientras que la Iglesia glorificada, en la que mora Cristo, llega a ser el lugar santísimo.

Del lugar santísimo las bendiciones de Dios rebosarán para llenar el lugar santo y el atrio, pues la "Jerusalén celestial", la Iglesia glorificada, es el manantial desde donde el Señor hará que fluya su gracia y su paz para el refrigerio de la Jerusalén terrenal, que, a su vez, será centro de bendición para todos los pueblos de la tierra (Gá. 4:26; He. 12:12; Is. 2:3; Ez. 47:1-12).

LA NATURALEZA

Es lógico suponer que la habitación del hombre ha de compartir las bendiciones del reino visible, y que la tierra toda reflejará la gloria de su Señor; y efectivamente la revelación del Señor a la cabeza de una nueva generación de hombres redimidos significará la libertad de toda la creación de su "yugo de vanidad y de corrupción" (Ro. 8:19-22).

El reino vegetal

El reino vegetal, bajo maldición a causa de la caída de su señor, se librará de su pesada carga, y será contestado el "gemido esperanzado" que se eleva de las llanuras, montañas y campos de la creación, renovándose entonces la gloria de la naturaleza (Gn. 3:17; Ro. 8: 19-21; Os. 2:21-23). En aquel tiempo "se alegrarán el desierto y la soledad, el yermo se gozará y florecerá como la rosa, la gloria del Líbano le será dada, la hermosura de Carmel y de Sarón —declara Dios— en los altos abriré ríos, y fuentes en mitad de los llanos; tornaré el desierto en estanques de aguas y en manaderos de aguas la tierra seca" (Is. 35:1-2 con 41:18). La gloria de la naturaleza renovada "será para Jehová por nombre, por señal eterna que nunca será raída" (Is. 55:12-13; cp. 32:15; 35:6-7; 43:19-21; Joel 2:21-23).

Sobre todo Canaán llegará a justificar la descripción proverbial

de su fecundidad como "tierra que fluye leche y miel", convirtiéndose en un paraíso, como el Edén del principio (Joel 3:18; Jer. 11:5;
Is. 51:3; Ez. 36:35).

He aquí algunas de las glorias de la tierra: vergeles floridos
(Amós 9:14), campos fructíferos (Ez. 36:29-30; 34:27; Sal. 72:16),
montes que rebosan trigo, mosto y aceite (Joel 2:19); las lluvias
tempranas y tardías de bendición (Ez. 34:26; 2:24; Amós 9:13-14).

En su conjunto Canaán será una tierra deleitosa, bien que todos
los países participarán en su medida en el gozo y la alegría de una
naturaleza renovada (Is. 55:12). Por ende subirá un cántico de alabanza al Creador desde toda la tierra: "Cantad alabanzas, oh cielos,
y alégrate tierra, y prorrumpid en alabanzas o montes; porque Jehová ha consolado a su pueblo y de sus pobres tendrá misericordia"
(Is. 49:13).

El reino animal

El *rasgo más notable será la paz que se establecerá entre las
bestias* según la poética profecía de Isaías 11:6-7: "Entonces morará
el lobo con el cordero, y el tigre con el cabrito se acostará; el becerro,
el león y la bestia doméstica andarán juntos, y un niño les pastoreará.
La vaca y la osa pacerán, sus crías se echarán juntas, y el león como
el buey comerá paja" (cp. Is. 65:25; 30:23-24; Joel 2:22).

De igual forma habrá par entre el hombre y las bestias, volviendo la creación animal a aquella sujeción que correspondía al Edén,
cuando Adán andaba aún entre las bestias con su inocente majestad.
"En aquel día haré por ellos concierto con las bestias del campo,
con las aves del cielo y con los reptiles de la tierra" (Os. 2:18).
"Haré cesar de la tierra las malas bestias y habitarán (los hombres)
en el desierto seguramente y dormirán en los bosques" (Ez. 34:25;
Lv. 26:6). Aun la serpiente, bien que no se nota que será redimida,
dejará de ser venenosa, y "el niño de teta se entretendrá sobre la
cueva del áspid y el recién destetado extenderá su mano sobre la
caverna del basilisco" (Is. 11:8).

Las esferas de los astros

Las bendiciones de la creación renovada afectarán en cierto modo
hasta los astros, ya que leemos en Isaías 30:26: "Porque la luz de la

luna será como la luz del sol, y la luz del sol siete veces mayor, como la luz de siete días, en el día en que soldará Jehová la quebradura de su pueblo, y curará la llaga de su herida" (cp. Is. 24:23).

La esfera de la redención será universal, por lo tanto, por lo que el Señor denomina este período la "regeneración" (Mt. 19:28). Pero describe la misma época de esta forma: "vendrán tiempos de refrigerio de la presencia del Señor ... la restauración de todas las cosas, según Dios habló por la boca de sus santos profetas que han sido desde el siglo" (Hch. 3:19-21).

¡Alégrense los cielos, y gócese la tierra!
¡Brame la mar y cuanto en ella hay!
¡Regocíjese el campo, y todo lo que está en él!
Entonces todos los árboles de la selva
Cantarán de gozo delante de Jehová,
Porque viene, sí, viene a juzgar la tierra.
¡Juzgará la tierra con justicia
Y a los pueblos con su verdad!
(Salmo 96:11-13)

7

■■■■■■■■■■■■■■■■■■■■■■■■■■■■■■

La ruina y el juicio del mundo

LA IMPERFECCIÓN DEL MUNDO

A pesar de toda la gloria que hemos notado, el fin del reino milenial será catastrófico, pues ni siquiera este período de paz señalará la meta final, existiendo aún —como existirán— el pecado y la muerte, la posibilidad de que la maldición caiga sobre el culpable y de que comunidades enteras sean afectadas por un espíritu de rebeldía (Is. 65:20: Zac. 14:17-18). Se puede decir que la justicia *ha de reinar* en este mundo durante el milenio, pero que aún *no morará* de forma absoluta en todos los habitantes de la tierra: bendición última que espera la nueva tierra de la nueva creación (2 P. 3:13; Ap. 21:3).

Con todo, Satanás estará atado, lo que elimina su poder para engañar a los hombres (Ap. 20:2-3). Por una parte esto aliviará la suerte del hombre, ya que no le será tan difícil evitar el pecado, pero, por otra parte, aumentará mucho su responsabilidad moral si llega a ofender a Dios, y por consiguiente, los castigos inmediatos sobre el pecado serán más severos en el reino venidero de Dios que ahora. La paciencia providencial de Dios en la historia, frente al pecado de los individuos y de las naciones (lo que no ha rebajado nunca las normas últimas y escatológicas de justicia) no regirá en el milenio, sino que se juzgará fulminantemente toda ofensa (Mt. 5:45; 13:30; Gn. 8:21; Ro. 3:25; 9:22; 2 P. 3:9, 15). Las naciones que no siguen al Rey de voluntad serán pastoreadas con vara de hierro, y quienes resistan, serán desmenuzadas como vaso de alfarero, siendo destruidos los impíos por la palabra del Rey (Sal. 2:8-9; Ap. 19:15; 12:5; 2:26-27). En el momento de inaugurarse el reino se presentará delante de todos la alternativa de la sumisión o de la destrucción; todo profeta falso hallará la muerte; pueblos que no suban a Jerusalén para adorar sufrirán el castigo de la sequía, y toda nación rebelde será talada (Zac. 13:3; 14:17-19; 12:6; Miq. 5:7-8; Abd. v. 18).

LA REBELIÓN DEL MUNDO

La renovada libertad de Satanás, con el fin de que intente seducir una vez más las naciones, obedece a una profunda *necesidad* propia del caso, ya que, como alguien ha dicho: "La justicia de Dios no permite el exterminio de la injusticia hasta que llegue a su plena madurez" (Ap. 20:3, 7, 8; 14:15; Gn. 15:16). Se seguirá esta regla divina aun en el caso de Satanás, y es preciso que el reino milenial se ponga a prueba para que se vea cuál haya sido su fruto. Así será preciso conceder a las naciones del reino de gloria la oportunidad de decidir de su propia voluntad si quieren seguir a su Rey legítimo o unirse a las huestes del diablo, pues nadie ha de servir al Señor en la eternidad por la fuerza. Será preciso, pues, demostrar que aun el período más brillante de la historia humana no habrá podido quebrantar la obstinada resistencia del pecador frente a su Dios.

De hecho, ¿cuál será el resultado de tanta gloria y de tanta bendición desplegadas a través de mil años? *Una terrible rebelión en masa de los pueblos que interesará a vastas extensiones del globo*, ya que desde los extremos de la tierra se reunirán los sublevados contra Jerusalén, siendo en número como las arenas del mar, bajo el mando supremo de Gog y Magog (Ap. 20:8; Ez. 38:2, 9; Gn. 10:1-2).

He aquí la última rebelión de la historia, la postrera guerra religiosa de los pueblos, y el esfuerzo final y convulsivo de la raza humana al alzarse airado contra el Altísimo, llegando con ella el pecado a llenar la medida señalada, pues la humanidad habrá rechazado el señorío visible de la Deidad sobre la tierra, despreciando con vil ingratitud las múltiples bendiciones de Dios y pisando debajo de sus pies la gloria personal del Señor.

La elección es sobradamente extraña, porque en lugar de la guía de Dios manifestada en Cristo, preferirán ser seducidos por Satanás; en lugar de las bendiciones de la unidad y de la paz, habrán optado por una atrevidísima conspiración e insurrección; en lugar del Cristo celestial, habrán elegido a su enemigo mortal, el diablo.

Frente a este último desafío no cabe más que una respuesta: la destrucción y la ruina total de los rebeldes. Ni siquiera llegará a librarse la anhelada batalla, pues antes de trabarse la lucha, fuego del cielo abrasará a los enemigos del Rey, y el diablo, que engañó a las naciones, será echado a su último destino, el lago de fuego, donde ya se encontrarán la bestia y el falso profeta (Ap. 20:9-10). Sin duda este hecho de que Satanás, la primera de las tres personas de la trinidad diabólica, será la última para ser juzgado, obedece a una profunda razón interna que se vislumbra por las consideraciones que siguen.

Recordemos lo que hemos visto ya. En todo el curso de los asuntos de este mundo se confunden en un principio la "copia" y el "original", pero a través del desarrollo de los propósitos divinos, se van definiendo con creciente claridad los elementos esenciales, tanto en el caso del reino de luz como en el del reino de las tinieblas.

Así, en la historia de la revelación de Dios, percibimos tres etapas principales que corresponden a las tres divinas personas: el período de la operación del Espíritu Santo, o sea el de la Iglesia: el del reino visible del Hijo en el milenio; el reino eterno de Dios Padre en la perfección de la eternidad.

Análogamente la autorevelación del diablo se completa en tres etapas: 1) en el siglo presente Satanás opera a escondidas, camuflándose como "ángel de luz", llegando hasta negar su propia existencia, lo que produce el "misterio de la iniquidad" y el espíritu generalizado del anticristianismo (2 Co. 11:14; 2 Ts. 2:7; 1 Jn. 4:3). 2) Después de haber sumergido la raza en la ruina durante milenios por medio de la concupiscencia, las religiones falsas y toda suerte de engañadores, tanto en la experiencia del individuo como en el desarrollo de la historia del mundo, al llegar el fin del siglo, ha de echar de sí la máscara para adelantar a su Anticristo, revelándose de forma específica a través del hombre de pecado la contrapartida satánica del Cristo de Dios (2 Ts. 2:3). 3) Por fin, cuando el inicuo se halle derrotado y sea echado al lago de fuego, Satanás mismo, después del reino milenial, se presentará personalmente, y como el engañador de las naciones, reunirá sus huestes para la batalla. Pero esta etapa será corta, y *en su propia persona* será vencido y echado al lago de fuego (Ap. 20:7-10).

Resumiendo:

1. *En el período de la Iglesia* Satanás desarrolla una actividad demoníaca e invisible en la esfera de los espíritus, que corresponde, bajo signo contrario, a la *operación del Espíritu Santo* de Dios (1 Jn. 4:3).

2. *En el período que antecede el reino del Mesías*, Satanás desarrollará una actividad demoníaca al inspirar y habilitar la persona del Anticristo, de forma visible, lo que corresponde, bajo signo contrario, a la *manifestación del Cristo de Dios.*

3. *En el período que antecede a la consumación de la nueva creación*, Satanás desarrollará una actividad demoníaca por actuar él mismo como cabeza de tal esfera, que será la rebelión final del ser en quien todo el mal tuvo su origen; esto corresponde, bajo signo contrario, a la *victoria final de Dios el Padre, Cabeza de toda la esfera divina y espiritual.*

Vemos pues por qué ha de ser la "primera persona" de la trinidad satánica quien sea juzgado en último término, ya que él, como origen de todo lo demoníaco, no se revela plenamente en su persona hasta el fin de sus operaciones y el fracaso de los intentos anteriores. Es lógico pues, que el Anticristo sea juzgado por la manifestación del visto verdadero de Dios, triunfando la segunda persona de la excelsa Trinidad sobre la "segunda persona" de la trinidad de abajo; y de forma análoga, que la primera persona, Cabeza jerárquica de la Santísima Trinidad, triunfe, como acto final del drama, sobre la "primera persona" de la trinidad diabólica. En el reino del Padre se revelarán los elementos más profundos del reino de luz, pero antes es preciso poner en evidencia los elementos más hondos del reino del mal, por la actuación personal de Satanás anterior a su juicio final.

Es evidente, pues, que se halla en el corazón del universo un sublime paralelismo, una ley interna de causa y efecto, que se reconoce claramente en el desarrollo y la consumación de la historia y la suprahistoria.

LA DESTRUCCIÓN DEL MUNDO

Acabada ya la consumación del proceso del mal y la eliminación de Satanás, autor y personificación de este mal, habrá llegado el momento para la renovación total del escenario de este universo, que no consistirá en el aniquilamiento de la materia, sino en su transformación, sin duda por aquellos procesos que los físicos empiezan a vislumbrar en la ciencia atómica. La hora será de la más espantosa sublimidad y se describe de esta forma en 2 Pedro 3:10 y 12: "Vendrá, empero, el día del Señor como ladrón: día en que los cielos pasarán con gran estruendo, y los elementos serán disueltos con ardiente calor; la tierra también, y las obras que hay en ella serán abrasadas." "Los cielos, estando encendidos, serán disueltos, y los elementos se derretirán con ardiente calor" (VM). Otras dramáticas frases bíblicas que describen el fin y la renovación del universo son las siguientes: "El cielo y la tierra se envejecerán como ropa de vestir ... todos los soberbios y los que hacen maldad serán quemados como estopa en el horno ardiente ... la tierra será desmenuzada ... las estrellas serán disueltas ... los cielos serán envueltos como el rollo de un libro" (Hag. 2:6; He. 12:26-28; Mal. 4:1; Is. 51:6; 24:19; 34:4; He. 1:12; Sal. 102:26).

He aquí la contestación final del Omnipotente frente a la vergonzosa rebelión de sus criaturas y la reacción de la potencia del Señor de todos los mundos en vista del alzamiento diabólico de su universo. Tal será la plena revelación de la justa ira de Dios sobre todo el escenario del pecado, tanto terrenal como celestial.

Pero de este juicio ardiente ha de surgir un mundo nuevo y glorioso, de modo que no se trata de aniquilar sino de transformar, sobre la base de la victoria de la cruz y la resurrección, con el fin de llegar a la meta final de los propósitos de Dios. Tal desaparición del universo viejo, bajo la poderosa mano de Dios, senalará la transición a los nuevos cielos y la nueva tierra, libres ya de toda mancha de pecado y aun de la posibilidad de pecar (Ap. 20:11 21:1; Sal. 102:26; He. 1:12; 12:27; Mt. 5:18; 24:35; 2 P. 3:13).

EL JUICIO DEL MUNDO

Según el orden señalado en Apocalipsis 20:7—21:1, el juicio final del mundo coincide con la destrucción del universo viejo y el alumbramiento del cielo nuevo y la tierra nueva, y Juan lo describe de esta forma: "Y vi un gran trono blanco, y al que estaba sentado sobre él, de delante del cual huyó la tierra y el cielo; y no fue hallado el lugar de ellos. Y vi a los muertos grandes y pequeños, que estaban delante de Dios, y los libros fueron abiertos; y otro libro fue abierto, el cual es de la vida; y fueron juzgados los muertos por las cosas que estaban es critas en los libros, según sus obras" (Ap. 20:11-12).

1. El *trono*. El trono se llama "grande" a causa de la majestad del Juez, y "blanco" por su santidad, y delante del rostro del Juez la tierra tendrá que "huir", por haber sido el escenario de los pecados de los hombres, y por llevar la mancha de la sangre del Hijo de Dios. Los cielos han de "huir" también a causa de los pecados de los espíritus perdidos y la malignidad de los "gobernadores de las tinieblas de este mundo", quienes establecieron su sede en los cielos (Ef. 6:12; 2:2). Así todo el escenario de todo pecado ha de ser disuelto.

2. El *Juez es Cristo* mismo, a quien el Padre encomendó todo juicio, siendo el hombre sellado para juzgar la tierra en justicia, y el Juez de los vivos y de los muertos, coincidiendo sus juicios en todo con la voluntad del Padre (Jn. 5:22, 27; Hch. 17:31; 10:42; 2 Ti. 4:8; 1 P. 4:5; Jn. 5:30; 8:16).

3. La *norma del juicio* será la Palabra de Dios. "El que me desecha y no recibe mis palabras, tiene quien le juzgue: la palabra que he hablado, ella le juzgará en el día postrero" (Jn. 12:48).

4. Los *reos* serán los muertos, grandes y pequeños, que abarca a todos los hombres de todas las tierras y de todos los tiempos que no hayan sido levantados al principio del reino milenial. No se hallarán allí ni los santos del Antiguo Testamento, ni los miembros de la Iglesia glorificada, ni los salvos del tiempo de la gran tribulación,

pues todos ellos habrán tenido su parte en la primera resurrección, y habrán comparecido delante del tribunal de Cristo; por mil años se habrán gozado ya de sus cuerpos glorificados, vehículos del espíritu redimido (Ap. 20:4-6; 2 Co. 5:10; Fil 3:20-21).

Por la venida del Hijo se levantarán aquellos muertos que son de El, relacionándose por lo tanto con el Padre como hijos (1 Co. 15:23). En el juicio final se despertarán las regiones más profundas que no hayan sido afectados por la venida del Hijo y tal resurrección será de quienes se relacionan con Dios de una forma más general, y no por ser sus hijos (Ap. 20:5, 12; 1 Co. 15:24). Así es que las dos etapas de la resurrección de todos los hombres corresponden a las dos etapas del adelanto victorioso del plan divino hacia la consumación final: a la manifestación del Hijo antes de la inauguración del reino visible de Dios en la tierra, y a la revelación del reino eterno del Dios y Padre en el universo transformado. De nuevo surge un paralelismo que delata una ley interna del gobierno divino en la historia de la salvación.

5. La *severidad del juicio*. Los muertos restantes han de comparecer ahora delante de este trono de justicia, y las pruebas se hallarán en los libros donde constan todos sus hechos y pensamientos, además de sus pecados de omisión. Cada uno tendrá que dar cuenta de sí, y hasta de toda palabra ociosa, siendo manifiesto todo, aun los secretos más íntimos del alma (Ap. 20:12; Mt. 12:36-37; He. 4:13). El juez buscará la mirada de cada uno con sus ojos que son como llama de fuego y que hacen que cada alma esté transparente delante de El, y eso en relación con cada segundo de la vida pasada (Ap. 1:14; Dn. 7:9-10).

Allí enmudecerán los fanfarrones y los jactanciosos, descubriéndose la lastimosa miseria moral y espiritual de los genios y los héroes de la historia (Job. 9:3; Mt. 22:12; Jud. v. 15; Sal. 2:1-5). En aquel día se quebrantarán todas las columnas que han sostenido las pretensiones de los hombres, y todo sistema religioso se derrumbará, y toda justicia propia se verá como "trapo de inmundicia". No habrá escondrijo donde meterse, y toda ilusión y engaño quedarán desenmascarados por la verdad. Nadie intentará la justificación de sí mismo, y se doblará toda rodilla en asentimiento hecho de la justicia de Dios (Is. 64:6; Sal. 139:1-12; Ro. 14:11; 9:20; Fil. 2:10).

6. *La sentencia.* Las sentencias variarán mucho, pues cada uno recibirá exactamente lo que le corresponde (Mt. 24:51). Así será más llevadero el juicio para Sodoma y Gomorra que para las ciudades alrededor del mar de Galilea que rechazaron el mensaje del Reino de los labios del Maestro mismo, y por la misma razón Tiro y Sidón estarán mejor situadas que Corazín y Betsaida. La reina de Sabá, como también los habitantes de Nínive, se levantarán para condenar los contemporáneos de Jesús, a causa de la grandeza de las oportunidades que éstos rechazaron (Mt. 10:15; 11:21-24; cp. 4:13; Mt. 12:41-42). Los falsos enseñadores que pretendían ser cristianos recibirán las plagas (Ap. 22:18), y en general todos aquellos que hayan fingido la piedad, y que hayan sido "duros de cerviz", oirán la voz del Señor diciendo: "Apartaos de mí, malditos, al fuego eterno preparado para el diablo y sus ángeles" (Mt. 24:41; 7:23).

Sin embargo, no todos serán condenados, y la enseñanza de que *ninguno* de cuantos se hallen ante el gran trono blanco será salvo no puede justificarse plenamente por las Escrituras. El Apocalipsis *no* dice: "Porque *ninguno* fue hallado escrito en el libro de la vida, *todos* fueron lanzados al lago de fuego" sino: "*El que no fue hallado* escrito en el libro de la vida fue lanzado en el lago de fuego" (Ap. 20:15). Hemos de tener en cuenta que las naciones convertidas durante el milenio no habrán sido juzgadas aún, y como es principio básico que toda alma habrá de dar cuenta de sí delante de Dios, éstas tendrán que comparecer delante del gran trono blanco, ya que nada se dice de un juicio especial para ellos. Hemos de entender bien la frase que los muertos fueron juzgados "según sus obras", porque el Señor mismo declaró que la fe puede ser una "obra" en este sentido, pues señala la actitud del alma que corresponde a la voluntad de Dios: "Esta es la obra de Dios, que creáis en él que Dios ha enviado" (Jn. 6:28-29). También es necesario recordar que, en cuanto a las obras específicas de cada cual, existen dos clases distintas: las de la carne y de la ley efectuadas por hombres sin regenerar, las cuales, desde luego, no sirven para justificar a nadie delante de Dios; y las que surgen de la fe del hombre regenerado en la potencia del Espíritu, que lejos de eximirnos de ellas las maravillas de la gracia de Dios y la redención del alma, son exigidas, por esta misma causa, de los justificados (Tit. 2:7, 14; 3:1, 8, 14; Stg. 2:26).

Las Escrituras no revelan plenamente cómo Dios ha de juzgar a los gentiles de los tiempos anteriores al milenio que no hayan escuchado el evangelio, bien que se vislumbran unos principios importantes en Romanos 2:1-16. Nuestra comprensión de lo que Dios nos ha revelado de sí mismo nos lleva a la certidumbre de que El ha de obrar siempre según las normas de la más estricta justicia: "¿No hará justicia el Juez de toda la tierra?" Es notable que cuando preguntaron al Señor: "¿Son pocos los que se salvan?" El no quiso dar cifras, sino que señaló claramente la responsabilidad de cada cual: "Porfiad vosotros a entrar por la puerta angosta" (Lc. 13:23-24). Al final de todo juicio cada ser humano reconocerá que habrá recibido exactamente lo que merecía. "Todo lo que el hombre sembrase, eso también segará" y este principio fundamental debiera bastarnos, para que con toda humildad dejemos todo lo demás en las manos de Dios (Gá. 6:7-8; Ro. 11:34).

7. *La segunda resurrección*. La resurrección llamada "la segunda", se relaciona con el gran trono blanco, distinguiéndose así de la primera que se realiza antes del reino milenial (Ap. 20:12, cp. v. 5). Las Escrituras hablan claramente de una resurrección corporal para los perdidos, llamándola la "resurrección de los injustos", "la resurrección a condenación", "la resurrección para vergüenza y para confusión perpetua" (Hch. 24:15; Jn. 5:29; Dn. 12:2). Tal resurrección sólo podrá efectuarse por el Resucitado, quien "levanta a los muertos", y en relación con esta resurrección para condenación, Dios se ve como aquel que puede destruir tanto el cuerpo como el alma en el *Gehenna* (1 Co. 15:21-22; Mt. 10:28).

La diferencia entre la resurrección para vida y para condenación es trágica en extremo, pues en los dos casos el cuerpo nuevo llevará en sí la naturaleza y la esencia del viejo, pero en sentido contrario, que se desarrolla hasta su último término. En el caso de los redimidos, el cuerpo antiguo era ya templo del Espíritu Santo, siendo sus miembros potencialmente instrumentos de justicia, llevando en la resurrección una semilla de Dios (1 Co. 6:19; Ro. 6:13). En el caso de los perdidos no habrá sido más que un cuerpo de pecado y de muerte, lo que hace que sus miembros sean instrumentos de iniquidad, de modo que, en su resurrección, lleva como elemento esencial la "semilla del diablo", pasando por lo tanto a ser el cuerpo de las tinieblas y de la condenación (Ro. 6:6 con 7:24; 6:13).

De este modo cada "semilla" llega a su apropiada madurez, siendo cada cuerpo la expresión de la realidad espiritual e interna. Por ende, de la manera en que el cuerpo de los salvos lleva el sello de la santidad, así también el cuerpo de condenación de los perdidos llevará el sello de la impiedad, en la esfera de la "vergüenza y la confusión perpetua" (1 Co. 15:42-44; Dn. 12:2).

Los perdidos sabrán por el hecho de su resurrección corporal que no tenían necesidad de haber quedado en la muerte, puesto que aun esta resurrección tan inferior se hará en la potencia de la resurrección corporal del Crucificado (Jn. 5:26-29; 12:31-32; 1 Co. 15:20-22). El Príncipe de la Vida, cuyo poder de resurrección han de experimentar los perdidos en sus propios cuerpos a fines puramente judiciales, habría podido librarles de las ligaduras de toda forma y manera de muerte exactamente como a los salvos. Pero en aquel día tendrán que lamentar que su resurrección no les concede nada en la esfera de la vida verdadera, siendo, según la frase bíblica, solamente una segunda muerte. Pasarán así del atrio del infierno hasta el lago de fuego, del lugar intermedio de tormento, hasta el fuego eterno (Ap. 20:14; 2:11; Lc. 16:23, 28).

No podemos dejar de presentar las descripciones bíblicas de este lugar, y si alguien alega que se trata de simbolismos hemos de preguntarle: "Si éstos son los símbolos, ¿qué no será la realidad?" Se habla de tribulación y angustia (Ro. 2:9), de lloro y crujir de dientes (Mt. 22:13; 25:30), de destrucción eterna (2 Ts. 1:9), de un horno y un lugar de horror (*Tophet*; Mt. 13:42, 50; Sal. 21:9; Is. 30:33), de una cárcel y de un abismo (Mt. 5:25; 2 P. 2:4, *Tártaro*) de *Gehenna* y de tormento eterno (Mt. 25:46), del gusano que no muere y del fuego que nunca se apagará (Mr. 9:43, 48; Mt. 25:41), y de un lago que arde con fuego y azufre (Ap. 20:15, 10; 19:20). "Horrenda cosa es caer en las manos del Dios vivo" (He. 10:31). De Judas dice el Señor, como caso ejemplar: "Bueno le fuera al tal hombre no haber nacido" (Mt. 26:24), y Apocalipsis 14:11 con 20:10 declaran que "el humo del tormento de ellos sube para siempre jamás".

Parte IV

*La consumación del proceso
histórico y la nueva Jerusalén*

1
■■■■■■■■■■■■■■■■■■■■■■■■■■■■■■■■■■

Cielo nuevo y tierra nueva

"Los conceptos eternos son de Dios, pero del hombre son los fluctuantes pensamientos acerca de ellos" (Prof. Bettex).

En visión sublime el vidente Juan contempló la consumación de la nueva creación, describiéndola de esta forma:

"Y vi un cielo nuevo y una tierra nueva; porque el primer cielo y la primera tierra se fueron, y el mar ya no es. Y yo, Juan, vi la santa ciudad, Jerusalén nueva, que descendía del cielo de Dios dispuesta como una esposa ataviada para su marido. Y oí una gran voz del cielo que decía: He aquí el tabernáculo de Dios con los hombres, y morará con ellos, y ellos serán su pueblo, y el mismo Dios será su Dios con ellos" (Ap. 21:1-3; cp. Is. 65:17).

Un mundo nuevo ha de surgir de entre las llamas del viejo y en lugar de este frágil globo de polvo, se manifestará una nueva creación luminosa material celestial. Un supermundo de santa perfección sustituirá el mundo material escenario del pecado, y en lugar del proceso de fluctuante "formación", terminando en la desaparición de lo visible, habrá una permanencia eterna, lo que no excluirá el progreso según los planes divinos para "los siglos de los siglos". "Esperamos cielos nuevos y tierra nueva —dice Pedro— en los cuales mora la justicia" (2 P. 3:13).

EL MUNDO VIEJO Y EL NUEVO

Existirá una relación misteriosa, pero real, entre el viejo mundo y el nuevo, pues éste no será otra creación, totalmente distinta, sino una nueva de la misma serie, pues de no ser así no podría llamarse "tierra". El hecho de que Juan hace una distinción entre el "nuevo cielo" y la "nueva tierra" demuestra que aun en la eternidad nuestro planeta será una cosa distinta de los lugares celestiales. La transformación será radical pero aun en la perfección del nuevo plan del universo habrá alguna correspondencia con el antiguo.

Al considerar anteriormente la naturaleza del cuerpo espiritual de resurrección, hicimos constar que la parte material del cuerpo anterior se incorporará en cierto modo en el nuevo bien que el proceso escapa enteramente a nuestra comprensión ahora. Dios nunca abandona la obra de sus manos, y nunca entregará los gloriosos materiales de su creación a los procesos de destrucción de Satanás, el gran enemigo. Hay una analogía entre la nueva creación en lo que se refiere al alma del individuo redimido, y la nueva creación del universo. En Cristo el creyente es una nueva creación: "las cosas viejas pasaron, y he aquí, todas son hechas nuevas, y todo es de Dios" (2 Co. 5:17-18) pero sin duda es el mismo hombre, la misma alma y la misma personalidad. De forma análoga Dios quemará con fuego su universo material, resolviendo todo él en sus elementos básicos, fusionando los átomos, desligándolo todo de la sujeción anterior, de tal modo que producirá las piedras que han de ser colocadas en la nueva creación por un proceso de transformación de la antigua. Como ilustración podemos imaginar que se coloque un pedazo de carbón negro en un horno completamente cerrado, donde quede expuesto a enormes temperaturas y presiones, de tal forma que primeramente sea gasificado, y luego cristalizado para formar un diamante luminoso. Así Dios cambia la tierra, pero no la aniqui-

la (Sal. 102:26); no tiene el propósito de destruir, arruinar y abolir
su propia obra, sino el intento de redimirla, transfigurándola y orde-
nándola de nuevo.

EL CIELO Y LA TIERRA

No solamente la tierra, sino también el cielo participará en la
redención final ya que el sacrificio del Gólgota ejerce su influencia en toda la historia universal. La salvación de la humanidad es,
sin duda, la parte céntrica de los amplios consejos de Dios, pero
no ocupa toda la esfera de sus designios, y según Hebreos 9:13
aun las cosas celestiales han de ser limpiadas por el sacrificio que
Cristo hizo de sí mismo. Si no por otras causas, tal limpieza se
necesitaría porque los lugares celestiales han sido la morada de
espíritus caídos (Ef. 6:2; 2:2) y porque su caudillo, Satanás, ha
tenido entrada en las más elevadas regiones celestiales como acu-
sador de los hermanos (Job. 1:6; 2:1; 1 R. 22:19-23; Ap. 12:7-9;
cp. Job 15:15; Is. 24:23).

Es cierto que le ha placido al Altísimo concretar los pensamientos eternos de su amor redentor en la salvación de nosotros, los
hombres, y sin esta obra central no existirían los aspectos más
amplios de la misma, ya que Cristo ha realizado su misión como
Hijo del hombre (Ro. 8:19); pero es evidente también que los asuntos celestiales y universales se enlazan con la redención del hombre
de una forma que sobrepasa nuestro entendimiento actual. Frente a
lo que se vislumbra de tan sublime tema en la Palabra, hemos de
inclinarnos para confesar nuestra ignorancia y a la vez, rendir culto
ante aquel cuya sabiduría es infinita.

Nos es posible, sin embargo, percibir el hecho primordial: que la
historia de la redención se relaciona tanto con la humanidad como
con el universo; Dios manifestado en Cristo es el sol que ilumina
todo el proceso, enfocándose este brillo principalmente en las etapas sucesivas del desarrollo de la humanidad, pero alcanzando ciertos rayos los vastos espacios del universo que, apreciado por nuestra
limitada versión, parecen ser infinitos.

En vista del hecho de que la encarnación del Hijo y la santa
humanidad del Redentor forman la base de toda salvación sea en el
cielo, sea sobre la tierra, sigue como consecuencia lógica que esta
morada de los hombres llegará a ser la morada de la Deidad, la

"capital" del Señor de todas las cosas y por ende la capital del
universo entero. Ahora el trono de Dios está en el cielo siendo la
tierra el estrado de sus pies (Sal. 103:19), pero en la nueva creación
este estrado llegará a ser el trono (Mt. 5:34-35). En la visión del
capítulo 21 del Apocalipsis, Juan contempla el descenso de la Jerusalén celestial a la tierra, de modo que, lo que antes se hallaba en la
esfera "de allá", ahora se identifica con la esfera "de acá". La
eternidad transformará el tiempo y la nueva tierra, escenario principal en la redención, llegará a ser la morada del reino universal de
Dios: "El trono de Dios y del Cordero estará en ella" (Ap. 22:3). No
sólo es cierto que los santificados irán al cielo (Jn. 14:2-3) sino que,
en la gran consumación, el cielo descenderá a la tierra; lo que
equivale a decir que la nueva tierra será "el cielo" porque donde se
halla el trono de Dios, allí está el cielo.

LA ETERNIDAD Y EL TIEMPO

Eternidad significa mucho más que una mera extensión de tiempo sin término, puesto que es diferente en su esencia del tiempo, no
sólo en cuanto a su extensión, sino también por su contenido y
naturaleza. No podemos expresar la relación entre ambos sólo por
decir que la eternidad existía antes que el tiempo, que existe durante
el curso del tiempo, y que existirá igualmente después de finalizarse
el tiempo; la relación es más honda y fundamental, siendo a la vez
creadora, vivificadora y transformadora, ya que todo tiempo *se deriva* de la eternidad, *subsiste* en la eternidad y *se dirige* hacia la
eternidad. En su plenitud la eternidad existe tan sólo en relación con
el eterno.

1. En la eternidad se halla el *origen del tiempo*, que es igual que
decir que el tiempo halla su origen en el Eterno, "del cual son todas
las cosas" (Ro. 11:36).

2. La eternidad forma el *fondo del tiempo*, porque "las cosas que
se ven son temporales, mas las que no se ven son eternas" (2 Co.
4:18).

3. La eternidad es el *abismo del tiempo*, ya que la totalidad de lo
eterno queda sin posible explicación para la mente limitada de la
criatura, quien no puede concebir esta plenitud y perpetuidad que
jamás mengua ni se desgasta.

4. La eternidad es la *sustancia del tiempo*, puesto que lo temporal sólo halla su estabilidad en lo eterno, y sólo en Dios "vivimos, nos movemos y somos" (Col. 1:17; Hch. 17:28).

5. La eternidad es la *meta a la que todo tiempo se dirige*, puesto que las obras son creadas para el Creador, siendo no sólo de El y por El, sino también para El (Col. 1:16; Ro. 11:36). Según una expresión de Bengel, "de las fuentes de lo invisible surge todo aquello que se realiza en la esfera de lo visible; pero después de su realización, vuelve a volverse en lo invisible."

6. La eternidad es la *transformación del tiempo*. Es notable que las Escrituras no dicen nada de la terminación del tiempo, sino por lo contrario, hablan de las edades y siglos que constituirán la eternidad para los hombres redimidos, y que se extienden en series sin fin de las épocas de tiempo que nacen de la eternidad de Dios. Así la Biblia no contrasta la eternidad, pues, no es la negación del tiempo, sino aquello que le da sustancia, de modo que, para la criatura, quedará la sucesión de un evento tras otro, aun en lo que llamamos eternidad. Lo que, en efecto, pasará, serán las limitaciones del tiempo tal como nosotros lo conocemos, con sus fluctuaciones y su mutabilidad. ¿Por qué se ha de pensar que Dios destruirá aquel orden del tiempo que El creó, y que rigió antes de toda manifestación de pecado, y que queda incluido en la majestuosa declaración: "En el principio Dios creó... "? ¿No es mucho más lógico pensar que ha de transformar su ley del tiempo en un decreto eterno, desarrollando por su medio, y en grado creciente sus sábados celestes y sus grandiosos jubileos? ¿Por qué ha de ser más gloriosa una eternidad que carece de la medida del tiempo que una que dé su plenitud al tiempo? Es sólo Dios quien es eterno en el sentido de desconocer el tiempo en cuanto a su persona, que existe por encima del tiempo, en absoluta libertad. El es el Monarca supremo, el principio y el fin, el Alfa y Omega, el primero y el último. La eternidad que desconoce el tiempo es sólo de Dios, quien ha otorgado a sus criaturas redimidas una eternidad que será la plenitud del tiempo.

En Apocalipsis 10:6 el ángel jura que "el tiempo no será más", pero la palabra se emplea en el sentido de "demora" o sea que al sonar la trompeta del séptimo ángel, el misterio de Dios había de ser consumado, sin conceder más plazos. Después de la declaración del ángel la historia sigue, con mención de días, meses y años. El tiempo es condición necesaria para todo lo finito, o sea para toda criatura, bien que nunca era necesario para el Creador.

EL CUERPO ESPIRITUAL Y VISIBILIDAD INTRÍNSECA

Corporeidad en el estado externo

Lo material, entendido en sentido especial, existirá en la eternidad, pues, como alguien ha dicho: "Los caminos de Dios tienden a dar forma corpórea a sus obras." Las Escrituras no dicen nada de un cielo, sin espacio, sin tiempo y sin una sustancia material; tampoco presentan un "más allá" pálido y anémico como el último hogar para el alma. El cielo de las Escrituras no consiste en una estructura intelectual, integrada por meros conceptos e ideas, sino que la palabra insiste en que Dios prepara una vida bienaventurada de resurrección, en la que los redimidos poseerán cuerpos luminosos: una transfiguración santa en medio del universo transformado en su parte material. Lo material del porvenir no se puede concebir por nuestra limitada comprensión, de modo que no es posible describirlo sino por medio de gráficos y lenguaje figurado. Pero hemos de tener en cuenta que, en sí es mucho más que la alegoría, siendo una realidad verdadera, que de hecho existe y permanece, incorporando lo espiritual. Por eso la Biblia habla mucho de las piedras preciosas como símbolos de la Jerusalén celestial (Ap. 21:18-21) como también del árbol de la vida, del río de cristal, de las arpas de quienes entonan los salmos y de las palmas de victoria de los vencedores. Esta representación simbólica de las glorias del cielo halla su justificación en el hecho de que hay más que el sentido meramente espiritual en lo que se dice de la luz y del esplendor de Dios, del paraíso y del vergel fructífero, de la bendita fiesta y de la música celestial, ya que la naturaleza de los símbolos terrenos constituye una promesa que señala hacia la consumación de la nueva creación. Es decir, el símbolo se enlaza con la realidad del cielo de la forma en que la sombra se proyecta por el objeto real, y da alguna idea de la forma permanente.

La doctrina fundada en la filosofía griega (especialmente en las enseñanzas de Platón sobre su estado ideal que no contiene elementos corporales) no se halla en la Biblia, que pasa de los grandes hechos de la creación y de la resurrección a la sublime certidumbre de la creación renovada de este mundo visible. El Dios de la Biblia no creó tan sólo la esfera de los conceptos, las almas llameantes y los espíritus inmortales, sino también lo corporal, lo terrenal, lo visible; el mundo de color y de forma. No surge lo corporal y lo terrenal del abismo, sino que sale de la mano de Dios, siendo en su origen bueno y glorioso. Por ende la naturaleza puede comprender su marcha esperanzadora y gozosa hacia la resurrección eterna. El hecho mismo de la encarnación del Hijo de Dios es la demostración palpable del interés profundo que Dios tiene en el mundo que creó, pero la prueba culminante se halla en la resurrección *corporal* del Redentor.

El judaísmo aplicaba las profecías mesiánicas casi exclusivamente a este mundo, pero el cristianismo filosófico y helenístico de Alejandría pasaba al otro extremo, aplicándolas casi exclusivamente al más allá. Pablo, en cambio, subraya con igual énfasis lo que se refiere a esta vida y a la venidera. Así, bíblicamente, el cuerpo no es una cárcel para el alma, ni tampoco una penitenciaría para espíritus caídos, sino una parte integrante de la naturaleza esencial del hombre (2 Co. 5:3-4). Análogamente las Escrituras hablan de la redención *del cuerpo* y no de una redención por medio de la liberación del alma del cuerpo: hecho que se deduce también de la resurrección corporal del Señor Jesucristo (Ro. 8:23; 1 Co. 15).

Es una falta de lógica creer, como lo hacen tantos, que efectivamente Cristo resucitó con carne y huesos, para comer y beber con los suyos (Lc. 24:39-43; Hch. 10:4), y luego mantener un concepto de la totalidad de la naturaleza celestial como si fuera algo puramente espiritual. Al contrario, el Señor Jesucristo, quien resucitó corporalmente de entre los muertos, es el Rey de esta nueva esfera, y por lo tanto, la naturaleza del reino tiene que guardar una analogía con la de aquel que ascendió *corporalmente* al cielo, y con la de su pueblo, que ha de ser transfigurado *corporalmente* en la semejanza de su *Cuerpo* (Mt. 28:18-20; Hch. 1:9-11; Fil. 3:21).

Visibilidad esencial

No hemos de suponer que la visibilidad ha de corresponder necesariamente a la corporalidad, pues aquella es un concepto muy limitado. Vemos los objetos por medio de los rayos de luz que reflejan, pero nuestro aparato de recepción visual (las distintas partes del ojo, con los nervios que transmiten las impresiones visuales, y nos dan la imagen del objeto con la ayuda de los pliegues apropiados del cerebro) no percibe más que una pequeñísima franja de toda la gama de radiaciones luminosas que existen en la naturaleza. Todos han oído hablar de los rayos ultravioleta y de los rayos infrarojos, que pertenecen a extremos del espectro solar invisibles para nosotros, y éstos son típicos de muchísimos otros. De forma análoga, el oído no percibe más que una pequeña proporción de las múltiples ondas de sonido. El Creador pinta en derredor nuestro miles de gloriosos cuadros que no apreciamos, y llena el aire y el éter de incontables sinfonías que no oímos, de modo que la objeción vulgar de que "nadie ha visto jamás el cielo o a los ángeles" carece de todo sentido, pues la falta de visibilidad en relación con nuestro aparato visual actual solamente prueba que nosotros somos ciegos en esa parte, de la forma en que somos sordos a las ondas de sonido que no hacen reaccionar nuestro tímpano.

Contrariamente a las nociones populares sobre el tema, la ciencia moderna se acerca cada vez más a los conceptos bíblicos de la realidad, y nos enseña que cuanto más fundamental e importante sea la materia —pensemos en la constitución del átomo por ejemplo— tanto menos visibilidad tendrá para el limitadísimo alcance de nuestra visión. Suponiendo por el momento que los seres del mundo invisible tuviesen un cuerpo compuesto de éter, podrían pasar por otros cuerpos y objetos.

Creemos, sin embargo, que la materia celestial es por su esencia más sublime y más perfecto que el éter o una mera materia terrenal invisible a nuestros ojos, pues la Biblia indica algo glorificado, bajo el control perfecto del espíritu, siendo supramundana, y supraterrenal, sublimado más allá de todo concepto humano (2 Co. 12:4). Al pasar al estado eterno nuestros ojos se ajustarán a las nuevas condiciones, y entonces, por vez primera, conoceremos tal como somos conocidos (1 Co. 13:9-13). La nueva visión corresponderá a conocimientos perfectos, y a una audición veraz, y sin duda, el cuerpo de resurrección, instrumento perfecto del espíritu será visible para otros cuerpos glorificados.

EL MUNDO ETERNO Y EL SIMBOLISMO

Aun respecto al cuerpo espiritual, lo principal no será el elemento corporal, sino el espiritual, y por "cuerpo espiritual" queremos decir aquel que se controla enteramente por el espíritu. La corporalidad de que hemos hablado no mengua la verdad fundamental de que en la naturaleza eterna la esencia de todo es el espíritu.

De hecho fue así también en la naturaleza terrenal, ya que todo objeto externo incluye en sí dos características: la primera que procede del tiempo y la segunda que surge de la eternidad, siendo la primera manifiesta y visible, y la segunda encubierta. Sin embargo, es la encubierta que constituye la esencia de la manifestada.

Sobre la base de tales consideraciones hallamos el origen del simbolismo, pues todo el lenguaje figurado de la Biblia, todas las parábolas del Señor Jesucristo, y en general, todos los símiles y analogías que forman parte de los medios de expresión del espíritu humano, tienen sus raíces en este hecho fundamental: que lo visible es un trasunto de lo invisible, el vestido de conceptos que de otra forma no serían perceptibles. El simbolismo, pues, llega a ser el medio de representar bajo formas materiales aquellos conceptos celestiales por encima de toda expresión normal: una especie de "escala de Jacob" que une el cielo y la tierra.

Pero al decir esto, manifestamos que todo lo visible es más que un mero símbolo, siendo "una morada de lo eterno", o como dijera Platón: "La tierra está llena del cielo." Lo eterno no sólo da su significado a lo temporal, sino que también constituye su misma esencia, siendo su fuente, su raíz, su condición, su "alma". Los coceptos celestiales son "las melodías que resuenan en las cosas" (Carlyle), y éstas son figuras veladas que representan su propio futuro.

Por consiguiente solamente la naturaleza eterna es la verdadera, reflejando aquí abajo la realidad de arriba. Allí en el cielo halla el original, y aquí abajo la imagen, y no hemos de invertir los términos. El significado interno de cuanto hay en el mundo se halla detrás de lo visible y por encima de toda percepción o como alguien ha dicho: "Los originales están en los cielos." Allí se halla el verdadero comer, el verdadero beber, la verdadera visión y el verdadero oír. En el cielo se encuentran el verdadero tiempo, el verdadero altar, el verdadero paraíso y el verdadero trono. Es verdad que estas funciones y objetos tienen una realidad limitada aquí abajo, pero en comparación con los originales, las formas temporales no son más que toscos y débiles fragmentos.

Se comprende, desde luego, que aquellos "árboles de vida" serán del todo distintos de los toscos árboles materiales de esta tierra; que aquel río será también muy otro que los caudales de agua de esta esfera, como también aquel otro transparente que se halla en palacios reales. Sin embargo, alguna relación existe, bien que misteriosa, ya que aquello es *totaliter aliter*, enteramente diferente (2 Co. 14:4). Esta verdad, sin embargo, es firme e inconmovible: que la vida que allí viviremos será una realidad mucho más efectiva que todo cuanto parezca ser más estable e indiscutible en la tierra, ya que se desarrollará en el reino de la verdad de Dios en los cielos.

En comparación con lo celestial, percibimos la imperfección del símbolo, que no puede ser más que una revelación parcial, ya que no está completamente compenetrado de lo espiritual. En cambio, en lo eterno el espíritu gobierna sin trabas, determinando la medida, forma y naturaleza de lo material, llevando a una expresión perfecta de lo que ordena la voluntad de Dios en tal esfera, haciendo que lo corporal llegue a ser la imagen celestial de lo espiritual. En la nueva creación lo esencial de la naturaleza se percibirá a través de toda obra, y todo el universo redimido de Dios, transformado en su carácter material, será la gloriosa vestidura del poder eterno del Espíritu de Dios.

Parece ser que el elemento de simbolismo pasa a la realidad del estado eterno, ya que en las Escrituras se recarga tanto el énfasis sobre las figuras. Por ejemplo, Jerusalén celestial será una ciudad verdadera —en verdad la primera ciudad en toda la extensión de la palabra— pero a la vez parece ser un símbolo por el que el Espíritu expresa la vida glorificada y perfecta.

2

La nueva Jerusalén

En sus postreras visiones, Juan contempla la meta ya alcanzada, y la consumación de todo el proceso anterior. Jerusalén celestial desciende a la tierra, y la capital del cielo llega a ser de la nueva tierra. La Jerusalén celestial —el original de la terrenal— viene a ser la nueva Jerusalén, la glorificación de la terrena y un "cielo" en este mundo.

Hemos de distinguir la designación de "la Jerusalén celestial" de la otra, "la nueva Jerusalén", bien que ambas expresiones describen la misma ciudad, que tendrá por fin los mismos habitantes. La celestial hace referencia a la ciudad de Dios como la ciudad capital del cielo que también es la madre de la Iglesia, siendo también el original de la Jerusalén terrestre hasta que viene la glorificación del universo (He. 12:22; Gá. 4:26). El adjetivo "nueva" señala el contraste con la vieja, en Palestina, y nos hace ver que la nueva es la meta perfeccionada y glorificada de la vieja sobre el suelo de la nueva tierra (Ap. 3:12; 21:2). Es en su calidad de nueva Jerusalén que la celestial desciende a la nueva tierra.

Situado en un desierto Juan había contemplado la gran Babilonia, la "ramera" (Ap. 17:1-3), pero fue desde lo alto de un grande y alto monte que le fue concedida la visión de la nueva Jerusalén la Esposa: "Ven acá, y yo te mostraré la Esposa, mujer del Cordero" (Ap. 21:9-10). De ella las Escrituras nos dan tres cuadros distintos:

- Como la nueva Jerusalén que desciende del cielo (Ap. 21:9-27).
- Como el templo de Dios perfeccionado, que será el verdadero y eterno "lugar santísimo" (Ap. 21:15, 16, 22).
- Como el paraíso glorificado, el perfeccionamiento suprahistórico de los principios de la historia de la raza (Ap. 22:15).

LA GLORIA DE LA CIUDAD

Gloria es la manifestación de la santidad, de la forma en que la santidad es el alma de la verdadera hermosura, que no puede ser de verdad hermosa a no ser que sea el resplandor de la verdad.

Es en este sentido que Jerusalén será gloriosa (Sal. 87:3) con el brillo del oro celestial, o como un palacio de cristal, iluminado por los rayos del sol (Ap. 21:18, 21, 23, 24). Esta Jerusalén, pues, es la ciudad de la perfección, el paraíso espiritualizado, la "Ciudad Santa", iluminada por la presencia de Dios que la llena totalmente (Ap. 21:2, 10, 27).

En vista de esta consumación de toda perfección, la Biblia describe la ciudad por acumular los simbolismos de los más brillantes colores y de los materiales más preciosos de este mundo —oro, perlas, piedras preciosas— que son en sí profecías de realidades mucho más preciosas, las del cielo, las de los originales de todo esplendor, las de la ciudad venidera de Dios. De ahí las descripciones de las calles de oro, las fundaciones de piedras preciosas, las puertas de perlas, el muro de jaspe, y el río de vida como cristal. Todo representa el hecho de que la meta de la redención es una santa transfiguración, pues habrá una humanidad santa y transformada en una tierra santa, ya transfigurada e iluminada por el resplandor de la gloria de Dios: fuente y origen de toda transformación y de toda santidad (Ap. 21:23-27).

LOS CIMIENTOS DE LA CIUDAD

Según la visión de Juan "el muro tenía doce fundamentos, y en ellos los doce nombres de los doce apóstoles del Cordero". Y los fundamentos de la ciudad estaban adornados de toda piedra preciosa, como jaspe, safiro, esmeralda crisólito y amatista (Ap. 21:14, 19, 20). ¿Qué significa este fundamento, y la inscripción en las piedras de los doce apóstoles del Cordero? Desde luego el Cordero mismo es el fundamento de la ciudad celestial, y aquel que fue crucificado por los habitantes de la vieja Jerusalén es el Monarca coronado de la nueva. Los apóstoles eran los encargados de dar a conocer la verdad en cuanto a su persona, colocando los fundamentos de la Iglesia al proclamar a Cristo crucificado y resucitado; por eso, en la consumación, el mensaje apostólico del Cordero constituye el fundamento, encrustado de joyas, de toda gloria celestial (cp. Ef. 2:20).

En el curso de su descripción de la nueva Jerusalén, Juan menciona el Cordero siete veces, y la voz que emplea significa literalmente "Corderito", como en todas las 29 referencias del libro del Apocalipsis, sirviendo el diminutivo para destacar el triunfo del Crucificado sobre el fondo de su aparente flaqueza.

El Cordero en el libro del Apocalipsis se relaciona con:

- El *fundamento de la ciudad*, ya que se inscriben en las piedras del fundamento los nombres de los doce apóstoles del Cordero (21:14).
- La *vigilancia de la ciudad*, puesto que nadie puede entrar en ella cuyo nombre no se halla en el libro de la vida del Cordero (21:17).
- La *fuente de la vida*, porque el río de la vida brota del trono de Dios y del Cordero (22:1).
- La *iluminación de la ciudad*, ya que el Cordero es su lumbrera, brillando como jaspe y cristal (21:23, 11; Is. 60:19).
- Es el *Amado de la Esposa*, ya que la mística ciudad se describe como una esposa ataviada para su marido (21:9; cp. 2 Co. 11:2-3; Ef. 5:31-32).
- El *templo*, puesto que el Señor Dios Todopoderoso y el Cordero son el Templo de la ciudad, y no hay necesidad de otro (21:22).
- El *gobierno de la ciudad*, ya que el trono de Dios y del Cordero se halla en la ciudad, y sus siervos le servirán (22:3).

EL MURO DE JASPE

Altura del muro

Al considerar las dimensiones de la ciudad, y la altura de su muralla, tenemos que tener en cuenta que estamos sobre el terreno de un elevado simbolismo que presenta así lo inefable e indescriptible de la realidad eterna. Del muro leemos: "Y tenía un muro grande y alto ... y midió su muro 144 codos (80 metros aproximadamente) de medida de hombre, la cual es de ángel" (Ap. 21:12, 17). La altura corresponde a cuatro veces la de las casas de varios pisos en ciudades grandes, y hemos de entender el simbolismo sobre el fondo de ideas del mundo civilizado de la época de Juan; es decir, que no podía ser escalada por ningún esfuerzo humano. En la sociedad redimida, que se representa por la Jerusalén celestial, nadie podrá entrar por el progreso humano, ni por movimientos ascendentes de la cultura, ni por la elevación del espíritu humano, ni por medio alguno de redención propia. Demasiado alta es la muralla para ser franqueada por tales medios, y es necesario ingresar por las puertas de perlas, cuidadosamente vigiladas por ángeles. En otras palabras, nadie puede pasar adentro aparte de los redimidos por Dios mismo.

Su escasa altura relativa

Pero si bien vemos que la muralla es alta en contraste con el esfuerzo humano, es baja en relación con su extensión: ¡80 metros en relación con 2.400 kilómetros! La época de las luchas habrá terminado; las puertas nunca se cerrarán (Ap. 21:25), y entre el "muro de salvación" y la "roca de la eternidad" los redimidos morarán en perfecta seguridad (Is. 26:1-4; Sal. 122:7).

El material de su construcción

"El muro era de jaspe", piedra transparente, que permitirá el paso de los rayos de gloria, irradiándose luz desde la nueva Jerusalén por toda la nueva tierra. La ciudad no quiere retener su luz, sino esparcirla, pues la gloria de Dios es para todos, y las naciones de la tierra andarán en ella, al par que los reyes de la tierra traerán su gloria al mismo centro. La ciudad que tiene el Cordero por sol, llegará a actuar como sol para otros (Ap. 21:23-24; Mt. 5:14).

Los tesoros de la ciudad

El simbolismo recalca la gloria suprema de la ciudad, ya que las más célebres joyas del mundo actual se pesan por gramos, mientras que en la nueva Jerusalén la misma muralla, de una extensión de 2.400 kilómetros, es de jaspe, siendo los fundamentos incrustados de una gran variedad de joyas. Verdaderamente todo lo terrenal palidece y se hace insignificante en comparación con lo celestial, y no sólo los padecimientos de este mundo, sino sus glorias además, no son dignos de ser comparados con la gloria que ha de ser revelada en nosotros (Ro. 8:18). A todo su pueblo afligido ahora se dirige el Señor en estas palabras de consuelo: "¡Pobrecita, fatigada con tempestad, sin consuelo! He aquí, yo cimentaré tus piedras sobre carbunclo y sobre safiros te fundaré. Tus ventanas pondré de piedras preciosas, tus puertas de piedras de carbunclo, y todo tu término de piedras de buen gusto" (Is. 54:11-12).

LAS PUERTAS DE PERLAS

He aquí la descripción de las puertas: "Y tenía doce puertas, y en las puertas doce ángeles, y nombres escritos que son los nombres de las doce tribus de los hijos de Israel ... y las doce puertas eran doce perlas, cada una de las puertas era de una sola perla" (Ap. 21:12, 21).

1. Son *puertas abiertas*. Hay acceso a la presencia de Dios por medio de la obra de la cruz (Jn. 1:51; Hch. 7:55; Is. 26:2; 60:11; Sal. 100:4). Hasta la perla misma puede considerarse como símbolo de redención, originándose en una secreción fuerte de madreperla en el marisco como protección contra una herida de afuera. Así, correspondiendo a la herida del Calvario, vemos las puertas abiertas de perla de la ciudad celestial.

2. Son *puertas orientadas hacia todos los puntos cardinales*, lo que significa el alcance universal de la salvación, y que Dios quiere que su gloria sirva para la bendición de toda la tierra (Ap. 21:13; Is. 45:22 con 43:5-7; Ez. 48:30-35).

3. Son *puertas que brillan de la dulce luz de la gracia de Dios*, que se representa mejor por la suavidad de la perla que no por el fuerte brillo del diamante (Ap. 21:21; Mt. 11:28-30; Ef. 2:5, 7, 8).

4. Son *puertas que dan entrada tan sólo al pueblo de Dios*, representado éste por el número doce (Is. 33:24; Ap. 21:13, 27).

5. Son *puertas bajo la custodia de ángeles*, quienes siempre han sido los ministros y los guardianes de los herederos de salvación (Ap. 21:12; Sal. 34:7; Is. 62:6; He. 1:14). La función de los ángeles delante de las puertas abiertas de perlas se contrasta hermosamente con la obra de juicio de los querubines que se situaban delante de las puertas cerradas del paraíso terrenal (Gn. 3:24).

6. Son *puertas que llevan los nombres de las tribus de Israel*, ya que la "salvación viene de los judíos" según la declaración del mismo Señor a la mujer samaritana (Jn. 4:22; Ro. 11:18; He. 11:10). Abraham es el padre de todos los creyentes, y nadie que no haya entrado por la puerta mesiánica podrá pasar por las puertas de perla. En un día futuro las naciones se beneficiarán de la gloria de la ciudad celestial por su sumisión a la nación de Israel, convertida, renovada y glorificada, en la nueva tierra. Es Jesús, el Hijo de David, quien dice: "Yo soy la puerta; si alguno por mí entrare será salvo" (Mt. 1:1; Jn. 4:9; 10:9). Sólo aquel que entra por la puerta estrecha halla amplia entrada en el reino, y sólo a quien ha hallado "la perla del gran precio" se abren las puertas de perla de la nueva creación (Mt. 7:13-14; 13:46).

LOS HABITANTES DE LA CIUDAD

1. *Dios y el Cordero.* En el centro de la nueva sociedad, eternamente redimida y glorificada, se halla el trono de Dios y del Cordero, y quitadas ya las barreras milenarias, el tabernáculo de Dios estará con los hombres (Ap. 21:3; 22:1, 3).

2. *Millares de ángeles.* Se establecerá hermosa y visible comunión entre los redimidos y los ángeles, quienes, como llamas de fuego, han servido al Omnipotente en el desarrollo del plan de la redención: "Os habéis llegado al monte de Sion, y a la ciudad del Dios vivo, Jerusalén la celestial, y a la compañía de muchos millares de ángeles" (He. 12:22-23; Ap. 21:10-12).

3. *Los redimidos de Israel.* Hemos notado que los nombres de las doce tribus de Israel estarán inscritos en las puertas (Ap. 21:12), y en la nueva Jerusalén morará el resto fiel de Israel de los tiempos del nuevo pacto (Ro. 11:4-5; Ap. 7: 3-8), como también los creyentes del tiempo del Antiguo Testamento que no han de ser "perfeccionados sin nosotros" (He. 11:40; Gá. 3:9, 14). Abraham buscaba

esta ciudad, cuyo arquitecto y constructor es Dios, y con miras a ella los "justos hechos perfectos" —los santos del A.T.— estaban dispuestos a no ser más que peregrinos y advenedizos sobre la tierra: "Por lo cual Dios no se avergüenza de llamarse Dios de ellos, porque les ha preparado ciudad" (He. 11:16 con 11:10, 13; 12:23).

4. *Los salvos de toda tribu y nación que han entrado en la Iglesia por aceptar* el *evangelio.* Esta nueva Jerusalén es madre de todos nosotros" (Gá. 4:26), y nosotros también hemos llegado a la Jerusalén celestial (He. 12:22-23). Ahora también buscamos la ciudad por venir, y los vencedores de todas las naciones llevarán sobre sí el nombre de la ciudad eterna de Dios (He. 13:14; Ap. 3:12).

LA VIDA DE LA CIUDAD

Entonces todos los redimidos de todos los tiempos estarán allí —los profetas, los apóstoles, los mártires y los testigos, los de lejos y los de cerca— todos cuantos, en los variados caminos de la vida, hayan buscado a Dios y se hayan sometido a su verdad. Allí se hallarán, llevando palmas de triunfo y las arpas de Dios en sus manos, cantando salmos como sacerdotes delante de Dios, revestidos de blanca vestidura, y aun del lino puro de las justicias de los santos (Ap. 7:9; 15:2-3; 5:10; 7:9; 19:8). Se hallarán ante el trono del Cordero, siendo ya los siervos que le servirán eternamente los santos que verán su rostro y los sacerdotes quienes le rendirán eterna alabanza y adoración (Ap. 22:3-4; Mt. 5:8). Como colmo de dicha, el Señor mismo estará allí, el sol del celestial paisaje y el centro del universo y del cielo de los cielos (Ap. 21:23). Todos los salvos podrán cantar con Israel: "Cuando Jehová hiciere tornar la cautividad de Sion, seremos como los que sueñan. Entonces nuestra boca se henchirá de risa, y nuestra lengua de alabanza" (Sal. 126:1-2).

Alcanzará entonces nuestra visión renovada y espiritual todo el sentido del simbolismo de las calles de oro, los fundamentos de la ciudad encrustados de joyas, el brillo aureo de la ciudad y el río de agua de vida resplandeciente como cristal (Ap. 22:1). Veremos entonces a los santos que nos precedieron, y a los justos hechos perfectos, a los millares de ángeles, y a todos aquellos que habrán lavado sus ropas emblanqueciéndolas en la sangre del Cordero (He.

12:22, 23; Ap. 21:1, 12; 7:14). Por encima de todas las glorias, fijaremos nuestra vista en aquel, el Rey en su hermosura, al Cordero que fue inmolado, al Vencedor del Gólgota (Is. 33:17; Ap. 5:5-10).

He aquí la Jerusalén celestial, edificada para la reunión en perfecta congregación de todos los salvos, la meta de la redención, anhelada durante tantos largos siglos por la humanidad, vislumbrada en su lejana luminosidad por los peregrinos de la fe, y ya manifestada como el glorioso destino del mundo. Es la herencia guardada en el cielo para los santos, el paraíso que se perdió y que se volvió a hallar (1 P. 1:4; Col. 1:5; Mt. 5:12).

Múltiples serán las bendiciones de los redimidos, los habitantes de la ciudad celestial:

1. *Caminarán santamente en la luz de la presencia de Dios.* Podemos pensar en el oro como si fuera luz cristalizada, como una imagen tangible del sol. A la vez la calle representa un andar, un movimiento activo y vital. Uniendo los conceptos, las calles de oro significan actividades de una vida santa, bajo los rayos de diáfana luz: la vida espiritual ordenada por Dios en la luz de la eternidad que resplandece perfección.

2. *Disfrutarán de una armoniosa variedad.* Cada uno de los redimidos refleja la gloria de Dios, pero cada uno de una forma personal, distinta de la de otros, de la forma en que cada uno de los doce fundamentos de la ciudad se halla adornado de una joya diferente, y cada una de las puertas se halla inscrita con un nombre distinto de las doce tribus (Ap. 21:12, 19, 20). En el reino de Dios, en su perfección futura, toda la rica variedad que se exhibe en el Antiguo y el Nuevo Testamento se hallará glorificada, como se puede deducir de los varios nombres de las tribus de Israel grabados en las puertas de perla, y por el hecho de hallarse los diferentes nombres de los apóstoles en las joyas de los fundamentos de jaspe. De nuevo comprendemos que la meta de Dios al llevar a su pueblo a la gloria no consiste en la disolución de su propia obra, sino en su redención; no en la eliminación de sus siervos, sino en su colocación en esferas perfectas de servicio; no en el aniquilamiento de la personalidad humana, sino en su transfiguración. La santidad no anula la personalidad, sino más bien la enfatiza dentro del marco de la perfección. Por algo se nos presenta el cuadro de la ciudad de

Dios, ya que en su sentido ideal, una ciudad no consiste de un conglomerado informe de gente, sino de una comunión de conciudadanos, formando un organismo bien equilibrado; o sea una multiplicidad dentro de una unidad esencial, una asociación de numerosas fuerzas individuales para crear un potencial de energías mucho mayor que la mera suma de estas fuerzas.

Como significado secundario, el simbolismo de los nombres de las doce tribus de Israel pueden representar la variedad de la gloria de la vida interna de cada uno de los redimidos.

3. *Vivirán en una bienaventurada armonía.* La inmensa variedad de la nueva creación no impide la manifestación de una maravillosa unidad, llamándose la Ciudad de Dios la ciudad de paz, que es el significado de "Jerusalén", escenario ya de la comunión perfeccionada de los santos (He. 7:2). Fue por la providencia de Dios que aquel antiguo príncipe oriental, en tiempos anteriores a los de Abraham, llamase el pueblo que estableció en los montes de Sion *Urusalim*, o sea "castillo" o "ciudad de paz", pues desde entonces el nombre de Jerusalén en sí constituía a través de los largos siglos, una profecía de la "Ciudad de la Paz" de los cielos, señalando anticipadamente la vida en común, en santa armonía, de los glorificados.

Algunos preguntan: "¿Nos conoceremos en el cielo?" ¡Sin sombra de duda nos conoceremos! Nos conocemos en esta esfera material, y no hemos de ser más faltos de entendimiento en el cielo que aquí. ¿No conoció el rico de la parábola a Abraham, a pesar de estar en tormentos, y sin haberle conocido en vida? ¿No conoció también a Lázaro, a quien había dedicado escasa atención en la tierra? (Lc. 16:23). ¿No conoció Pedro a Moisés y a Elías en el Monte de la Tranfiguración, aunque nunca los había visto en el cuerpo? (Mt. 17:3-4). Huelga la pregunta, pues en el cielo no seremos meros jeroglíficos errantes, sino que cada uno conocerá al otro, y más que eso, la mirada de cada uno penetrará en las profundidades del alma de su compañero, viéndole y conociéndole en cierto sentido por vez primera. El conocimiento de ahora se efectúa únicamente por medio de la cobertura de barro donde se anida la maravillosa personalidad humana, y con la ayuda del quíntuplo medio de ojos, voz, acciones, rostro y forma corporal; pero allá la percepción será la de un espíritu que

conocerá a otro por profunda intuición. No habrá posibilidad de disi-
mulos, de pensamientos que se esconden o que se revelan a medias;
todo será transparente, como aquel oro transparente que hemos mencionado, y la percepción de personalidades de cristalina claridad será
inmediata y refulgente como el brillo de un relámpago.

¡Qué gozo será poder cultivar la comunión con todos los santos
que nos han precedido a la gloria, con Abraham, Moisés, con Elías
e Isaías, con Juan y Pedro, con Agustín y Lutero! En fin, con todos
aquellos grandes y pequeños, que han hallado mención en los anales del reino de Dios, juntamente con cuantos hemos conocido
nosotros en la tierra, con aquellos que nos amaban y a quienes
amábamos: la gran compañía cuyos nombres están escritos en el
cielo (Fil. 4:3; Lc. 10:20). ¡Qué gozo más sublime será saludarles a
todos, y unirnos con ellos en un gran coro de alabanza al Redentor!
Unidos todos,

> "Mas cada cual su arpa llevará,
> Su propio cántico entonará"

y el armonioso conjunto, y la canción de cada personalidad redimida, se dirigirá al gran CENTRO, el Señor mismo, quien también guiará
el celeste coro de los redimidos (Sal. 22:22; Hab. 3:19).

4. *Todos se dedicarán a la santa adoración*. La luz de la gloria
de los santos en el cielo puede analizarse en tres brillantes colores:

- En su relación con la *majestad de Dios*, se dedicarán a la santa
  adoración (Ap. 7:9-10; 15:22-24).
- En relación con la *naturaleza de Dios*, habrán sido
  transformados a la imagen de su Hijo (Ap. 22:4; Ro. 8:29).
- En relación con la *vida de Dios*, habrán sido adoptados como
  hijos (siempre guardando las distancias entre el Creador y la
  criatura) (Ap. 22:5).

Pero la consumación de la bienaventuranza se describe por la frase
"y verán su rostro", en beatífica visión. "Bienaventurados los de limpio
corazón, porque ellos verán a Dios." "Tus ojos verán al Rey en su
hermosura" (Mt. 5:8; Ap. 22:4; Jn. 3:2; Is. 33:17). ¡Ver a Jesús, nuestro
Salvador y Redentor, y contemplar al Cordero de Dios quien llevará

siempre, conservadas milagrosamente en su cuerpo de gloria, las heridas del Calvario como señales de su infinito amor! ... ¡He aquí el *summum* de la felicidad, la consumación de toda bienaventuranza, la sustancia espiritual del Cielo de los cielos! (Ap. 5:6).

LAS DIMENSIONES DE LA CIUDAD

Cuando el Maestro quiso indicar que en el cielo habría lugar adecuado para todos, dijo a los suyos: "En la casa de mi Padre, muchas moradas hay" (Jn. 14:2). El mismo concepto se expresa figuradamente por medio de las ingentes dimensiones de la nueva Jerusalén: 2.400 kilómetros de largo, de ancho y de alto, lo que da un contenido de 13.824.000.000 kms. cúbicos. Ahora bien, todos los edificios en el mundo, que se encuentran en todas las ciudades, pueblos y aldeas, con todos los casi 6.000 millones de habitantes conjuntamente, no ocuparían más de 1.229 kms, cúbicos. De modo que en estas dimensiones de la Jerusalén habría sitio para centenares de miles de generaciones humanas.

Desde luego, no hemos de dar un sentido literal a estas dimensiones, sino fijarnos en la inmensa amplitud que se indica, notando también el significado simbólico del número doce que tantas veces se repite en la descripción del vidente. Hemos aducido nuestras razones para creer firmemente que el espíritu se manifestará en forma corporal, pero a la vez hemos de insistir en que el espejo que refleja la figura de lo eterno no es igual que la esencia y el contenido de lo eterno. Juan mismo testifica que la medida del ángel era "medida de hombre" (Ap. 21:17), o sea que el ángel empleaba medidas y formas humanas con el fin de presentar lo infinito a la comprensión del espíritu finito. La descripción se dio en cuadros o gráficos, según conceptos humanos, pero lo eterno en sí es inconcebible, pasando más allá de nuestra percepción por ser supraterrenal, supramundana y enteramente otro. No hemos de deducir de la realidad de la sustancia de lo eterno que las dimensiones sean literales numéricamente, pues la *forma* en que el espíritu toma cuerpo se presenta en lenguaje figurado, bien que el *hecho* de que el espíritu toma su cuerpo particular es real. La revelación que se dio por medio de Juan no pretende dar una descripción de lo eterno en sí, sino solamente una indicación de lo que ha de ser, y lo que importa no es la forma que adopta la revelación, sino la esencia detrás de la forma, ya que el significado se halla en lo absoluto, y no en el símbolo de lo absoluto.

No podemos dejar de notar que el número que rige en toda esta descripción de la simbólica ciudad es "doce": doce fundamentos, doce piedras preciosas, doce nombres de los apóstoles, doce puertas, doce ángeles, doce inscripciones en las puertas, doce veces doce la altura del muro y doce veces mil estadios la extensión de la ciudad en todos sentidos.

¿A qué obedece el uso de este número por doquier? Tomando en cuenta el uso del número tres en todas las Escrituras, deducimos que es el número de Dios, mientras que, sobre la base de analogías parecidas, cuatro es el número del mundo. Tres más cuatro son siete, que es el número del pacto entre Dios y el mundo, llegando a ser el número de la historia de la salvación.

Tres veces cuatro es el número del mundo en cuanto fructifique por la operación de Dios, siendo su viña y labranza, su sementera y cosecha, o sea, el "cuatro" del mundo, multiplicado por el "tres" de Dios representa la creación en cuanto sea desarrollado y bendecido por el Creador. Por consiguiente *doce es el número del pueblo de Dios*, y de la comunión de los santos, como vemos por las doce tribus, doce príncipes (Nm. 1:44), doce estrellas (Ap. 12:1), doce panes de la proposición, doce apóstoles, y doce tronos (Mt. 19:28). Comprendemos, pues, por qué la Jerusalén celestial ha de ser regida por el número doce, ya que será la morada de la Iglesia redimida.

Algo más hemos de añadir. En el número de 12.000 estadios que se da como la medida de la ciudad celestial, doce se halla multiplicado por mil, o sea, 12 por 10 por 10 por 10. Ahora bien, el uso de diez en las Escrituras tiene el significado de conclusión o de consumación, de modo que 12 multiplicado por diez tres veces (siendo tres el número divino) sugiere que en la Jerusalén celestial el pueblo de Dios, la Iglesia, habrá llegado a su meta de completa y gloriosa perfección por la obra de Dios.

Hay la misma idea de perfección en el simbolismo de la ciudad cúbica, siendo igual en todas sus dimensiones, y regida en todas partes por el mismo número (Ef. 3:18; Ap. 21:16). La exacta proporción y simetría significa la armonía total de la gloria eterna.

3

El templo de Dios perfeccionado

"He aquí el tabernáculo de Dios con los hombres" (Apocalipsis 21:3).

Gloria es el resplandor de la santidad y la revelación del carácter de Dios. Por ser la santidad la base esencial de toda gloria, el Dios todo glorioso es a la vez el Dios tres veces santo. La ciudad que Juan vio descender del cielo, habitación final de las familias de Dios, es también, todo ella, un templo, ya que la adoración perfecta es otro aspecto de la meta final de los designios de Dios.

La forma cúbica de la ciudad

Según podemos deducir de las dimensiones que se nos dan para el tabernáculo en el desierto en Exodo 36:15-30, etc., el lugar santísimo tenía la forma de un cubo perfecto, como también el mismo lugar en el templo de Salomón. Como ya hemos notado, la forma cúbica, por la igualdad de las dimensiones en todos sentidos, representa la perfección, y ya que la nueva Jerusalén se presenta en forma cúbica, se enseña que toda ella es el lugar santísimo perfecto y celestial (Ap. 21:6; cp. la forma cuadrada de la ciudad que vio Ezequiel en Ez. 48:16).

La ausencia de un templo

Bajo el régimen del antiguo pacto había un templo dentro de la ciudad de Jerusalén, pero en la consumación toda la ciudad será ella misma un templo. La presencia de un templo en la antigüedad señalaba la distinción que se hacía siempre entre lo que era templo dedicado al culto, y aquello que no lo era, entre el terreno sacerdotal y el que pertenecía al común del pueblo, entre el lugar santísimo y aquello que no era santo en este significado especial (cp. Ez. 42:20). Por su etimología, la voz "templo" se deriva del verbo griego *temno* (cortar) de modo que el edificio santo era una sección aparte, recortada de lo demás, limitada en sí, proyectando una realidad eterna, de forma nebulosa y típica, en la esfera de lo terreno (Col. 2:17; He. 10:1). Pero en la ciudad eterna todo será "Lugar Santísimo", donde se localizará la adoración más pura y espiritual, pues el tabernáculo de Dios estará con los hombres. Por lo tanto no puede señalarse ningún recinto aparte, dedicado a un templo: "No vi en ella templo" (Ap. 21:22). Un templo en la nueva ciudad se destacaría como un elemento del orden antiguo en medio del nuevo, como indicio de la imperfección en medio de la más absoluta perfección, como un principio del mundo de las sombras en medio del mundo de lo esencial y lo consumado. Por lo tanto la desaparición de un templo indica paradójicamente el perfeccionamiento de todo el concepto de templo según se explaya en las Escrituras.

El fundamento de piedras preciosas

Las doce joyas diferentes que se hallan en el fundamento de la ciudad nos recuerdan las doce joyas del racional que descansaba sobre el pecho del sumo sacerdote de Israel, y que representaban las doce tribus. En el simbolismo antiguo señalaba al pueblo de Dios como apoyado por el amoroso cuidado del sumo sacerdote, y por toda la labor que llevaba a cabo. Al ver doce joyas en el fundamento de la ciudad hemos de pensar que toda la estructura de la nueva sociedad, eternamente redimida, tiene por base la obra sacerdotal del Hijo, quien cumplió como hemos visto en secciones anteriores, todo el simbolismo del sacerdocio aarónico, ofreciéndose a sí mismo, para actuar luego como sacerdote según el orden de Melquisedec, Rey y Mediador por toda la eternidad (He. 7).

No se halla ningún arca del pacto en la ciudad

El arca del pacto simbolizaba el trono de Dios en medio del pueblo de Israel, al que se llegaba, protegido por sangre también simbólica, el sumo sacerdote una vez al año, y nadie más que él. Lo que se dijo arriba acerca de la ausencia del templo se aplica igualmente a la ausencia del arca, ya que cuanto significaba el pequeño mueble del lugar santísimo halla su perfectísimo cumplimiento y consumación en la ciudad, *estando en medio de ella el mismo trono del Omnipotente*, lo que indica, no sólo un gobierno divino y perfecto que no halla obstáculo ninguno, sino también que los súbditos, hechos hijos, se hallan en íntima asociación con el trono (Jer. 3:16; Ap. 22:1, 3).

No hay más luz del sol en la ciudad

Recordemos que nunca había luz del sol ni luz artifical en el lugar santísimo ni del tabernáculo ni del templo, ya que se hallaba cerrado, y el candelero con sus siete brazos daba su luz en el lugar santo. El lugar santísimo se hallaba en oscuridad ya que Dios "habita en luz inaccesible" (1 R. 8:12 con Ex. 20:21 y 1 Ti. 6:16). Sólo por la ausencia de toda luz creada podía expresarse en figura el hecho de que el Creador no era visible a los ojos humanos, expresándose la luz esencial por la oscuridad simbólica. Pero la mayor gloria de la nueva Jerusalén será que verán su rostro, de modo que el santuario del día eterno no se hallará en oscuridad, sino lleno de radiante esplendor. "El Señor Dios los alumbrará...." "La ciudad no tendrá necesidad de lumbre de antorcha ni de lumbre de sol; porque la gloria de Dios los alumbrará y su luz es el Cordero" (Ap. 22:4, 5; Mt. 5:8; 1 Jn. 3:2; Ap. 21:11, 22).

El nombre de Dios se halla en la frente de los glorificados

El simbolismo indica posesión y la identificación de cada uno con el carácter y la voluntad de Dios, siendo cada uno de los glorificados consagrado a Dios como fue el Sumo Sacerdote en el régimen antiguo (Ap. 22:4; Ex. 28:36; Zac. 14:20, 21).

La ciudad será toda ella llena de la gloria *shekinah* de Dios

He aquí la visión de Juan: "Mostróme la ciudad santa de Jerusalén, que descendía del cielo, con la gloria de Dios. Su resplandor era semejante al de una piedra preciosísima, como piedra de jaspe, transparente como el cristal" (Ap. 21:10, 11). La gloria que llenaba el tabernáculo (igual que el templo más tarde) se llamaba por los rabinos la *shekinah*, voz hebrea que indicaba el acto de *morar* o *permanecer*. Esta gloria, señal de la presencia de Dios, que moraba en el tabernáculo y en el templo, tuvo que retirarse por fin debido a los pecados del pueblo escogido, pero en la Ciudad-Templo de la eternidad, la gloria de Dios iluminará todo, en grado perfecto, y llegará a ser en toda realidad la gloria *shekinah*, ya que morará para siempre (Ex. 14: 19; 28:36; 40:34-38; 1 R. 8:10; Is. 4:5).

Los siete puntos antecedentes muestran que en Cristo todo se habrá perfeccionado, todo se habrá renovado, siendo El el gran Adalid y Precursor quien ha ido delante para abrir la puerta del santuario y del paraíso de par en par. Todo habrá llegado a su consumación, pues el cielo estará abierto, coincidiendo el cielo con el santuario, y el santuario con el paraíso glorificado.

4

El paraíso glorificado

"He aquí el tabernáculo de Dios con los hombres" (Apocalipsis 21:3).

Hay coincidencia entre el principio y el fin de la historia, correspondiendo la última hoja de las Sagradas Escrituras a la primera, tratándose en ambas del paraíso de Dios (Gn. 1:2 con Ap. 22). Sin embargo, se subraya más el Omega que no el Alfa de los propósitos de Dios, ya que el paraíso futuro no es sólo la reapertura de aquel que se perdió, sino un paraíso celestial y eternamente glorificado.

Podemos señalar los siguientes *contrastes* entre aquel que se perdió, y aquel que simboliza las bendiciones y las glorias del estado eterno.

1. En el paraíso perdido Dios avisó de un *peligro*: "En el día que de él comiereis, moriréis" (Gn. 2:17). En el paraíso glorificado reinará la *más perfecta seguridad*: "No habrá más maldición" (Ap. 22:3).

2. En el paraíso perdido la *serpiente dijo*: "*Seréis como dioses*" (Gn. 3:5). En el paraíso glorificado las *Escrituras declaran*: "*Su*

nombre estará en sus frentes" (Ap. 22:4). Por el nombre de Dios hemos de entender su naturaleza y sus operaciones, con las que los redimidos serán completamente identificados.

3. En el paraíso perdido fue plantado el *árbol del conocimiento* (Gn. 2:9). En el paraíso glorificado no se necesita tal árbol ya que los santos consumados disfrutan de una *visión directa del rostro de Dios* (Ap. 22:1-5).

4. El paraíso perdido *llegó a su fin* a causa de la derrota del hombre por su enemigo Satanás (Gn. 3:24). El paraíso glorificado es el vergel donde se gozarán eternamente los vencedores en Cristo, quienes "*reinarán para siempre jamás*" (Ap. 2:7; 22:5).

5. En el paraíso perdido se hallaba un *árbol de vida* que Adán no aprovechó (Gn. 2:9). En el paraíso glorificado hay un *maravilloso árbol de vida* de amplia extensión, cargado de variados frutos y de hojas sanadoras (Ap. 22:2; 2:7). Al hacer constar la Escritura que las hojas serán para la sanidad de las naciones, no significa que las enfermedades pasarán a la nueva creación, sino que simboliza la perfecta sanidad con respecto a las enfermedades pasadas de las naciones, de la manera en que la frase: "Dios limpiará toda lágrima de los ojos de ellos" no implica que habrá lágrimas en el cielo, sino la perfecta consolación divina en vista de las aflicciones pasadas.

6. En el paraíso perdido hubo un *río de agua* que salía del Edén (Gn. 2:10-14). En el paraíso glorificado habrá un *río de agua de vida* que sale del trono de Dios y del Cordero (Ap. 22:1; cp. Ez. 47). El simbolismo es obvio, pues raudales de vida sin medida ni límites de tiempo fluyen sin obstáculo del trono de Dios y del Cordero, ya que nada habrá que impida el pleno ejercicio de su voluntad en bendición.

7. En el primer paraíso le fue concedido al hombre el *señorío de la tierra* (Gn. 1:28-30; 2:19). En el último el Hijo del hombre será *Rey glorioso de todo el universo*, asociando consigo en este amplio gobierno a los santos (1 Co. 6:2, 3).

8. En el primer paraíso hubo *sol creado para servir de lumbrera* (Gn. 1:14-16). En el postrero, el *eterno Dios Creador será El mismo el Sol* (Ap. 22:5).

En los contrastes precedentes se destaca que la nueva creación será nueva en todas sus partes y aspectos, según el uso del adjetivo en las expresiones que siguen:

* Sobre nosotros se grabará el *nuevo nombre* (Ap. 2:17).
* En nuestra boca se hallará la *nueva canción* (Ap. 5:9; 14:3).
* Alrededor de nosotros contemplaremos la *nueva Jerusalén* (Ap. 3:12; 21:2).
* Debajo de nuestros pies habrá una *nueva tierra* (Ap. 21:1).
* Por encima de nosotros se desarrollarán para siempre *nuevas manifestaciones* del eterno amor de Dios (Ap. 3:12).

Como hemos visto, el nombre indica la naturaleza y la operación de un ser, así que, el hecho de que el Señor ha de poner sobre nosotros su nuevo nombre indica que ha de darnos nuevas revelaciones de su gloria, desplegando siempre ante nosotros las inagotables riquezas de su gloria (Ef. 2:7).

"El que está sentado sobre el trono dijo: He aquí, yo hago nuevas todas las cosas" (Ap. 21:5).

El apóstol Pablo expresa el sentido de la meta final en estas palabras: "Para que Dios sea todas las cosas en todos" (1 Co. 15:28), y de la misma manera contemplamos con rendida adoración la consumación del plan milenial de Dios. Nuestras meditaciones sobre el desarrollo del plan de la redención nos han conducido desde la puerta de la eternidad antes de la existencia del tiempo hasta la puerta de la eternidad que se abre *después* del desarrollo de estos siglos, hallando que la consumación es el principio glorificado y eternamente nuevo, ya que el principio era Dios, y la meta es también Dios "porque de él, y por él y para él son todas las cosas" (Ro. 11:36).

En la nueva creación, Dios mismo, el Rey de los siglos, sacará de su plenitud infinita, más y más siglos (1 Ti. 1:17; Ap. 22:5; Ef. 2:7), y en jubileos celestiales todas sus criaturas redimidas le alabarán en perfección, resonando eternamente a través de las esferas y mundos de la nueva creación este cántico triunfal:

"AL QUE ESTÁ SENTADO EN EL TRONO, Y AL CORDERO, SEA LA BENDICIÓN Y LA HONRA Y LA GLORIA Y EL PODER, PARA SIEMPRE JAMÁS. ¡AMÉN!" (Ap. 5:13-14).

Indice homilético

*(**Lista de los noventa bosquejos para prédicas bíblicas incluidos en el texto**)*

Observaciones introductorias

Nuestra época precisa de la proclamación de los consejos de Dios para salvación. Entre todo el conflicto y controversia con respecto a la esencia del evangelio, la presentación positiva del mensaje divino es el arma más efectiva y victoriosa. Se debe de llegar a una comprensión más clara y profunda del poderoso plan de salvación de Dios, y se debería de poner más energía en su proclamación pública. Con este fin los bosquejos de prédicas esparcidas a lo largo del libro pueden ser de cierta utilidad. Pueden ser útiles a hermanos dedicados a la obra del Señor y pueden incitar a meditar más sobre los temas tratados.

Además, las numerosas referencias a las Escrituras (alrededor de 3.700) están calculadas para ayudar a aquellos que utilicen lo que aquí se ofrece para la preparación de la predicación de la Palabra, y especialmente en el estudio privado de la misma. No es infrecuente que constituyan a la vez una expansión de la línea de pensamiento.

Los bosquejos son en parte muy cortos, proveyendo solamente unos ciertos puntos principales y dejando a propósito la elaboración del tema a la mente del lector (p. ej., pp. 120, 121). Pero se pueden utilizar, en ocasiones, capítulos enteros como bosquejos de prédicas bíblicas o conferencias. En tales casos se halla más detalle y mayor explicación.

No todos los capítulos son bosquejos. El libro no tiene como primer propósito la preparación de mensajes, sino un intento de proveer una visión bosquejada de la revelación histórica del Nuevo Testamento.

En el siguiente *Indice homilético* se señalan los bosquejos cortos con un número de páginas, y los más detallados con más de un número de páginas. En cada caso —en particular con los bosquejos cortos— se recomienda observar el contexto en su totalidad.

Indice de temas

284